FXで究極の海外投資

為替変動に左右されない金利貯蓄型運用

著　者　結喜たろう
監修者　北山広京

Pan Rolling

はじめに

「FXのスワップ運用なんてうまくいかない」

こういう声がたくさん聞かれます。たしかに、2008年9月に起きたリーマンショックでは"高金利"ともてはやされた通貨が軒並み暴落し、FX（外国為替証拠金取引）のなかでも堅実だと思われていたスワップ派も壊滅的な打撃を受けました。以来、スワップ運用が注目されることは少なくなったようです。

スワップ運用とは何でしょうか。ひと言でいうと「通貨の金利差をとる手法」です。

FXでは、例えば一口に「1ドル＝70円で買い」といいますが、これはもう少し細かくいうと「証拠金を担保に、70円を"借りて"きて1ドルを買う」ことを意味します。その後、運良く1ドル＝80円になったときにこのポジションを解消できれば、「買った1ドルを80円で売って、借りたお金を返して、10円の差益を得られる」というわけです。

ただし、お金を借りたら普通は「利子」を支払わなければなりません。また逆に、買ったお金があるわけですから、そちらには「利息」がつくのが普通です。

先ほどの例でいえば、借りた日本円の金利を支払わなければなりませんし、持っている米ドルの金利は受け取れます。その差し引きした

もの（つまり金利差）が、いわゆる「FXのスワップ」となるわけです。

　金利が低めの通貨を借りて、その通貨で金利が高めの通貨を買えば、その金利差を受け取ることができます。例えば、1％の金利で借りた通貨で、6％の金利の通貨を買えば、差し引き5％の金利を得られるのです。もちろん、取引の規模を大きくすれば（レバレッジを高くかければ）、利益も大きくなります。

　レバレッジをかけるほど、高めの金利の通貨を買うだけで、毎日スワップの利益が入ってくるのですから、ありがたいことです。ただし、これには大きな"前提"が必要となります。高めの金利の通貨が値を下げてしまえば、そしてスワップ益を狙ってレバレッジをかけてしまうほど、スワップ益では"焼け石に水"となるような大きな損失をこうむる可能があるのです。実際、リーマンショックで高金利通貨が軒並み値を落とすと、「スワップ派」は壊滅的な打撃を受けました。

　私がFXのスワップ運用を始めたのは、2008年の6月半ばです。結果的に個人投資家の間でスワップ運用が最も過熱した時期でした。そしてリーマンショックの3カ月前という最悪のタイミングです。
　当然、損は出ましたが、幸い、致命的といえるダメージは受けずに済みました。その後もさまざまな出来事が市場を襲いましたが、私は現在に至るまでスワップ派として運用を続けることができています。
　それは単にレバレッジを低くしたからではありません。ある人に、ある"誤り"を教えてもらっていたからです。

　リーマンショックの前にも、個人投資家向けにスワップ運用を解説したものや計算ツールが、たくさん出回っていました。私も当初はそれを利用していたものの、そのほとんどが実は誤った方法で書かれ、作られていると、ある人（実は本書の監修者）に指摘してもらったの

です。本書では、その誤りを統計や金融工学のアプローチから解明していきたいと思います。

「金融工学」「統計」と聞くと「なんだか難しそうだな……」と思う読者もいらっしゃるかもしれません。しかし、自分が運用している方法のロジックをしっかりと理解しておくことは、実践するうえでとても大切なことです。
　資産運用を続けていくなかで、損失が続く時期は訪れて当然ですし、損切り（ロスカット）をしなければならない事態も常に起こり得ます。そのときに、自分の運用にしっかりとした信念を持つ人と、そうでない人との差が歴然と出てくるのです。

　しっかりとした信念を持つためには、仕組みの理解が重要です。資産運用に成功する人と失敗する人の違いは、結局のところ、自分の戦略と、それを実行するためのマニュアルを的確に作成できるかどうかにかかっています。
　知識と理解があれば、より精密な戦略とマニュアルを描けるはずです。ばく然とした知識や理解しかない場合は、戦略やマニュアルもばく然としたものになります。その結果、リスクの許容範囲を超えた過剰なレバレッジ、強制ロスカット、長期間にわたる塩漬けなどの失敗につながるのです。
　投資対象への理解をあいまいにしておくことほど、危険なことはありません。あいまいさは自分勝手な思い込みに支配され、思い込みは現実離れした願望に変わっていきます。そして判断を誤らせ、取り返しのつかない事態を引き起こすことになるのです。

　対象を冷静に眺め、その正体について正確に理解するためには、まず個人の主観による思い込みを捨てて、客観的な視点からひとつひと

つ丁寧に積み上げていく必要があります。その客観的な視点のひとつとして「統計」や「金融工学」が役に立つのです。

　自動車を運転するのに、設計までする必要はありません。しかし、安全に運転するためには、車の操作マニュアルには目を通すでしょう。車の仕組みについて知っておけば、運転中にトラブルが起きても対処できます。
　同じように、投資運用でも金融工学の式を数学的に証明する必要はまったくありません。しかし「いま自分が何をしているのか？」は知っておく必要があります。

　確率・統計を厳密に解説しようとすると、たくさんの細かい話が出てきます。もちろん学術的に追求していく姿勢は大切ですが、それだけにこだわるのは意味がありません。目的はあくまで資産運用に役立てるための知識です。
　ただ、同時にFXの運用に必要な部分はなるべく詳しく説明したいと思う気持ちもあります。そのため、正統な統計書などで紹介する順番とは違った流れになっている部分もあります。数学や経済学を専門とする詳しい方からすると、やや乱暴に説明していると感じる部分もあるかと思います。しかし本書では分かりやすさを優先させ、細かい部分を端折っていることをご了承ください。

　一人でも多くの方が本書で学んだことをご自身の資産運用に役立ててくださされば、著者としてこれほどうれしいことはありません。

　　　　　　　　　　　　　　　　　　　　2012年　結喜たろう

監修者ごあいさつ

　私は現在、大手運用会社に所属し、「クオンツ」として、さまざまな投資モデルを開発しています。
　「クオンツ」は聞きなれない言葉かもしれません。機関投資家として、あるいはヘッジファンドで投資理論や数学的手法を用いて市場分析や投資戦略を専門とするプロフェッショナルのことです。

　2007年の秋、私は個人投資家向けにFXスワップ派の運用理論についてブログ連載を始めました（当時のペンネームはyamakouFXでした）。
　当時はスワップ派と呼ばれる運用スタイルが大流行していたこともあって、多くの方々が読んでくださり、さまざまなご意見をいただきました。著者の結喜たろう氏の協力もあって、ブログ連載をまとめたサイトを開設し、それなりの反響もありました。

　このような投資理論を解説しようと思ったきっかけは、個人投資家向けに書かれたポートフォリオ理論に関する「ある記事」です。読んで大変「ギョッ！」としたのです。
　なぜなら、その記事の解説がどこからどうみても間違っていたからです。ポートフォリオを組むときのリスクとリターンの考え方を、全編にわたって勘違いしたものだったのです。
　「とてもじゃないが、これではリスク管理になっていない！」

クオンツとして、実際にさまざまなポートフォリオを解析している私は、個人投資家がこの間違った解説を信用してポートフォリオを組むのはあまりに危険だと思いました。
　さらに、個人レベルで書かれたさまざまなポートフォリオ理論の情報を集めてみたところ、似たような勘違いが非常に多く、これは大変なことだと思いました。頑張って勉強すればするほど、間違った知識が増えて、逆に運用リスクが高くなるのですから……。笑い話にもなりません。

　さて、資産運用を行うあなたにとって一番大切なことはなんでしょうか。

　資金を増やすこと？　もちろんそうです。しかし、それ以上に大切なことがあります。それは「お金をなくさないこと」です。

　自転車に例えてみましょう。「資産を増やすこと」を「目的地までにかかる時間」とすれば、「お金をなくさないこと」は「安全に目的地に到達すること」です。急ぐあまり、途中で事故に遭ったりしては元も子もありません。資産運用もまったく同じです。

　FXの運用では、スワップ金利の高さが目を引きます。オーストラリアドル、トルコリラ、南アフリカランドなど、これらはレバレッジを効かせなくても、銀行預金よりもはるかに高い金利を受け取ることが可能です。
　それらの通貨を組み合わせて作成したFXのポートフォリオは、このようなスワップ収益狙いのあなたにとって魅力的な運用方法だと思います。特に、多忙なサラリーマンや自営業の方にとって最適な資産運用と言えるでしょう。

でも、少し待ってください。それは、「お金をなくさない＝安全に目的地に到達する」が大前提となります。
　その大前提を守るためには、ひとつだけ条件があります。それは、運用開始前に、少しだけ真面目にFXのポートフォリオについて勉強をする必要があるということです。当たり前ですよね。

　当たり前のことを当たり前にできた人だけが、より安全に目的地にたどりつけるのだということを忘れないでください。
　適切に構成されたFXポートフォリオは、より安全にあなたの資産を目的の額に到達させることができるはずです。

　本書では、FXポートフォリオの効率的な構築方法を、エクセルのツールを使って基本から分かりやすく説明します。
　これまで、FXスワップ派の個人投資家向けに書かれた「正しい」ポートフォリオ理論の情報はほとんどありませんでした。本気で勉強しようと思ったら高度な専門書を読む必要があり、途端にハードルが高くなります。
　そのような状況を踏まえて、本書は次ページにある３つの目標をかかげ、なるべく分かりやすく説明することを心がけました。
　本書によって、少しでも多くの方に正しいFXのポートフォリオ構築を知っていただけることを願ってやみません。

2012年　北山広京

本書の3つの目標

1　なるべくやさしく

　為替取引のスワップ金利を取るロジックは簡単です……と書きたいところですが、実はとても難解です。したがって、本書ではできるだけやさしく書くことに努めています。

　ある程度、基本的な概念の説明が終了した時点で、実際の計算手法などの解説をしていきます。多少の数式は出てきますが、あまりにも難しいようなら、飛ばしてもかまいません。

2　基本ツールは無料

　解説の過程で、理解をサポートするための各種の計算シートやリスク分析ツールを使用します（マイクロソフト社のエクセルが必要）。

　「FXリスク分析ツール」は、もともと連載ブログで限定公開していたものです。今回それを本書用にバージョンアップしてのご提供となります。2008年2月に公開していた旧タイプは、すでに1000人以上の方にご使用いただいています。

3　実践的に

　どんな理論も、実際にどのように使われているかが分からなければ机上の空論、絵に描いたモチです。基本的な概念や数式が、どう具体的にFXポートフォリオ構築方法として成立していくのかを見ていきたいと思います。

CONTENTS

はじめに
監修者ごあいさつ

第1章　スワップ派への入り口　……………　15

　1－1．必然の大損失
　1－2．最悪のタイミングから運用を開始
　1－3．密度の高いマニュアルを作成する
　1－4．マニュアルが間違っていたら
　1－5．リーマンショック前後の3つの運用結果
　1－6．すばらしいパフォーマンスのカラクリ
　1－7．資産運用は人生の一部
クオンツコラム①「クオンツってどんなお仕事？」

第2章　スワップ派運用を詳しく知ろう　…　49

　2－1．スワップ派を厳密に定義しよう
　2－2．スワップ派のリターン
　2－3．スワップ金利の注意点
　2－4．スワップ派にとって不要なこと
　2－5．スワップ派のリスク
　2－6．投資魅力度としてのシャープレシオ
　2－7．シャープレシオを高めるためには
　2－8．スワップ派のための金融工学
クオンツコラム②「ファンドマネジャーに衝撃が走った日」

第3章　金融工学の基礎知識～変化率とは～…　85

　3－1．すべての素は「変化率」にある
　3－2．変化率は「正規分布に」従う

3－3．変化率のバラツキを示す「標準偏差」
3－4．正規分布の決まりごと
3－5．ルートTルール
3－6．「ポジション額」の変化率
3－7．時間の経過と標準偏差の拡大
3－8．シャープレシオと長期投資
3－9．対数正規分布について
クオンツコラム③「リスク・リスク・リスク！」

第4章　金融工学の基礎知識～相関係数～　…141

4－1．ポートフォリオの期待リターン
4－2．ポートフォリオの予想リスク
4－3．相関係数
4－4．正の相関、負の相関
4－5．みせかけの相関
4－6．相関係数の「適正」な計算期間と賞味期限
4－7．相関係数からポートフォリオの標準偏差を求める
4－8．「相関行列」と「共分散行列」
4－9．通貨ウエイト
クオンツコラム④「もっとも重要なリスク管理」

第5章　金融工学の基礎知識～リスク管理～　…195

5－1．リスク管理のお話
5－2．ファットテール問題
5－3．ファットテール対策
5－4．VaRと最大推定ドローダウン
5－5．リスク・リターン平面と効率的フロンティア
5－6．複数通貨ペアのポートフォリオ最適化

クオンツコラム⑤「バリュー・アット・リスクの始まりは？」

第6章　ポートフォリオ作成実践編 ········ 231

6-1. リスク分析ツール
6-2. スワップ派の長期運用に適した業者
6-3. 通貨の組合せとスワップ金利
6-4. 2つの通貨ペアの最適化
6-5. 複数ペアの最適化－通貨を選ぶ
6-6. 複数ペアの最適化－ウエイト調整
6-7. 複数ペアの最適化－リスク分析
リスク分析ツール使用の流れ＆フローチャート
クオンツコラム⑥「シミュレーションの目的」

第7章　運用編 ······························· 260

7-1. 運用計画を立てる
7-2. 運用マニュアルの作成
7-3. スワップ派が仕掛けるタイミング
7-4. リバランスについて
7-5. 安定した資産運用を目指して
7-6. メンタル面について
7-7. トレード派との複合戦略
7-8. 投資家はリアリストであるべき
クオンツコラム⑦「機関投資家 vs. 個人投資家」

あとがき

第1章

スワップ派への入り口

1－1．必然の大損失

　2008年の秋、世界の金融市場を100年に1度と言われる大暴落が襲いました。リーマンショックと呼ばれたこの出来事は、多くの個人投資家に甚大な被害をもたらしました。特にFXのスワップ派と呼ばれる人たちは、壊滅的な打撃を受けたといわれています。
　「スワップ運用なんてうまくいかない」
　当時の様子から、今でもこのような意見を聞くことがあります。
　リーマンショックは各国通貨の大暴落を引き起こし、過剰な円高を誘発しました。たしかに、スワップ金利などあっという間に吹き飛ばされ、強制ロスカットに陥った投資家も多数いたことでしょう。
　スワップ派には「じっくり安定運用」というイメージがあっただけに、その失望感も大きかったようです。
　なぜ、このようなことになってしまったのでしょうか。
　私、結喜たろう自身、リーマンショック以前からFXスワップ運用には興味を持っていました。もともと、個別株や指数先物でメカニカルなアプローチを使った運用を得意としてきたのですが、同時に、安定した収益が期待できるスワップ派にも魅力を感じていたのです。
　私は当時、個人投資家がまとめたFXの長期投資に関するさまざまなブログ、雑誌、書籍に目を通していました。そのなかで特に強く感じたのは「スワップ派はとても勉強熱心だ」ということです。自力で金融工学を勉強して、「ポートフォリオ運用」をしている投資家もいました。

ポートフォリオの一例
複数の通貨ペアを組み合わせて、リスクを分散させます

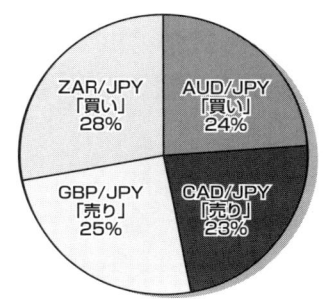

ポートフォリオでスワップ運用かぁ たしかにはやった時期もあるけど… 2008年の**リーマンショック**で **スワップ派は壊滅したでしょ？**

　FXのポートフォリオとは、複数の通貨ペアを保有してリスク分散を図ったものです。ベストなポートフォリオを組むことを「ポートフォリオを最適化する」などと言います。

　最適化のためには、高度な数学的アプローチが必要です。スワップ派の助けになるような計算ツールなどもいくつか出回っていたようです。

　このように熱心なのがスワップ派です。リーマンショックで壊滅的なダメージを受けたのは、けっして「なまけていたから」などという理由ではないはずです。

　私はスワップ運用の参考にしようと、いろいろなメディアで発信される個人投資家向けの情報やツールに目を通し続け、着々と自分なりの学習と準備を進めていました。

　そんなある日、本書の監修者であり、昔から私の投資相談に乗ってもらっている北山氏の口から、思わぬ言葉が発せられたのです。

「そのやり方でポートフォリオを組むと、大損するよ」

　これには大きなショックを受けました。はじめは「少し詳しいからって、カッコつけて他人のやっていることを否定しているだけだろう」と思っていました（往々にして彼にはそういう面がありましたので）。
　しかし少し冷静に考えてみれば、北山氏は大手の金融機関でクオンツとして活躍するプロ中のプロです。クオンツは数量分析を専門とし、市場分析や運用システムの開発をする専門家です。もしかしたら自分のやり方は本当に間違っているのかもしれない……。そう思ったら冷や汗が出てきました。
　彼の説明は続きました。
　「FXのスワップ金利目的の運用は、生半可な学習で知ったような気になると大損しちゃうよ」
　私も疑い深いので、説明をもとにいろいろと調べてみました。その結果、たしかに、個人投資家の間に広がるポートフォリオの最適化に関しては、大きな誤りがあるようでした。

第1章　スワップ派への入り口

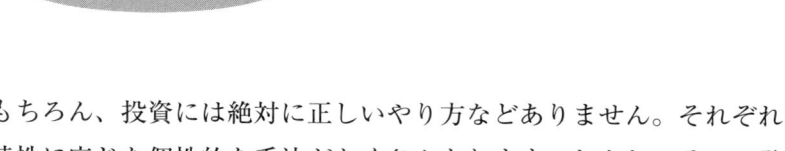

　もちろん、投資には絶対に正しいやり方などありません。それぞれの特性に応じた個性的な手法がたくさんあります。しかし、そこで発見した誤りはそういう"個性"とはまったく次元の異なるものです。
　例えるなら、石油ストーブにガソリンを入れるような、明らかな過ちです。部屋を暖めようと点火したら、爆発して火事になるような誤りです。これではシャレになりません。
　結局、私はゼロからスワップ派について勉強し直す羽目になりましたが、それで良かったのかもしれません。もし、あのまま何も知らずに運用を開始していたら……と思うと、ゾッとします。
　「いろいろな情報を集めて頑張って勉強してきたのに、自分はなんて運がないんだ」
　勉強熱心な投資家は、リーマンショック当時を振り返ってこのように思うかもしれませんが、運が悪かったせいではなく、回避できたはずのリスクを、始めから背負っていた可能性もあるのです。遅かれ早かれ、その大損失は必然だったのかもしれません。
　本書では、FXスワップ派の正しい運用理論をご紹介するなかで、いままで個人投資家の間では、ほとんど触れられてこなかったスワップ派の「誤り」についても徹底的に検証していきます。

17

１－２．最悪のタイミングから運用を開始

　ここで、私自身の運用経緯を簡単にご紹介したいと思います。
　すでにお話ししましたが、私がスワップ運用を始めたのは2008年の6月半ば、リーマンショックの3カ月前という最悪のタイミングでした。
　運用前の下準備には相当な時間をかけたつもりです。「そもそもスワップ派とは何か？」から始まり、金融工学の学習を積み重ね、監修者である北山氏の協力でポートフォリオの計算ツールも開発しました。とにかく万全と思える体制を整えたのです。
　目標利益は、証拠金に対して年利10％前後、レバレッジは2～5倍以内に抑えて、かなり堅実な戦略をとったつもりでした。
　図1.2.1は、直近までの運用成績をグラフにしたものです。なお、分かりやすく100万円当たりに対する評価額推移として表していますが、実際の運用額は100万円ではありません。
　グラフは、レートのみの利益と、レートにスワップを足した評価額の両方を表示しています。
　直近までの運用成績を大まかに見れば、資産の推移は比較的きれいに右肩上がりなのが分かります。純粋にポジションを保有している期間だけで見れば、平均年利10％は確保していると思います。
　しかし、途中3カ所の空白部分があります。これはいずれもいったんポジションを閉じたあとに、しばらくして再びポジションを取った

図1.2.1　2008年8月～2011年10月までの運用成績

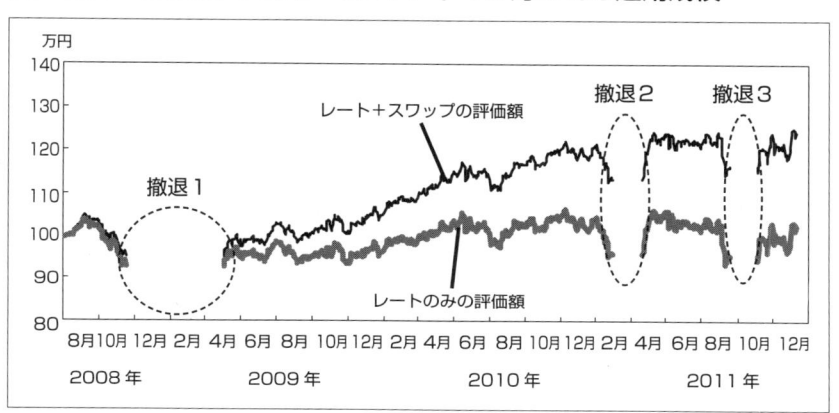

ことを表しています。

　まずは、「儲かっている」という話ではなく、この3回の撤退について詳しく説明したいと思います。

最初の撤退

　まず、最初の撤退です。

　2008年の6月半ばに運用を開始してから、わずか1カ月半で5％超の資産増となって大喜びしました。このときは「1年もすれば50％は簡単に稼げるだろう」と、すっかり浮かれていたのを思い出します。

　しかし同年9月に入ってから、突如として市場が荒れ始めました。私のポートフォリオも、ほんの数週間で10％超のドローダウンが発生していたのです。

　「10％なんてたいしたことないじゃないか」と思われるでしょうか。しかし、運用前に行っていたポートフォリオの将来のリスク推定によれば、このときのドローダウンは100年に1度しか起きない確率でした（図1.2.2）。

図1.2.2　事前のドローダウン推定

 資産減少の速さも尋常ではなく、見ていて寒気がしたほどです。結局、あらかじめリスク計算から決めていたロスカット基準に沿って、ポジションをいったん閉じました。
 致命的な被害にはなりませんでしたが、それでもあれだけ準備を整えて始めた運用なのに、半年もたたないうちにいったん閉じることになったのはショックでした。しかし、あのまま放置していたら、もっと被害が大きくなっていたでしょう。
 この時期に市場を襲った大暴落は、100年に1度の金融危機とまで呼ばれました。事前のリスク推定で「100年に1度の確率」のドローダウンが発生したのも、あながち偶然ではなかったようです。
 しばらくは市場も荒れ放題で、とても再エントリーができる状態ではありませんでした。日経平均もあっという間に6000円台という見たこともない水準にまで落ち込んでいきました。
 年も明け、春の季節となった2009年3月末、半年ぶりに再びスワップ運用のポジションを取ることにしました。各国通貨が回復の兆しを見せ、少しずつ市場が落ち着きを取り戻してきたからです（**図1.2.3**）。

図1.2.3 最初の再エントリー

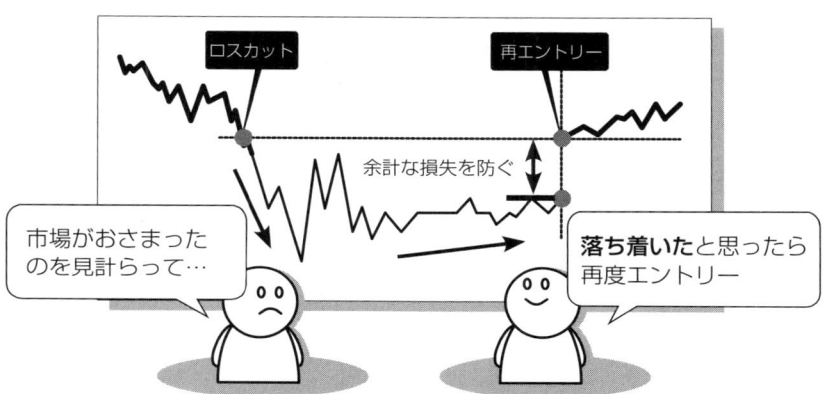

　ただ、リーマンショック後は、各国ともに大幅な利下げが繰り返され、市場の様相は一変していました。そこで、当面は市場の変化に対応するために、ほぼ1～3カ月に1回のペースでリバランス（ポートフォリオの再最適化）を行うことにしました。幸い、組み入れていた通貨ペアが順調に回復したこともあって、この再エントリー後は、順調な資産推移で安定運用ができています。

2度目の撤退

　次は2度目の撤退です。
　順調に運用を進めながら迎えた2011年1月。奇妙なドローダウンが発生しました。リーマンショックのときのような激しい動きは市場にありませんでしたが、組み入れたすべての通貨ペアが、一斉にジワジワと評価額を下げ始めたのです。
　「なんでだろう？」と首を傾げましたが、徐々にドローダウンは加速し、事前のリスク計算で推定した値に抵触したので、そこでいったん運用を停止しました。

図1.2.4　2回目の再エントリー

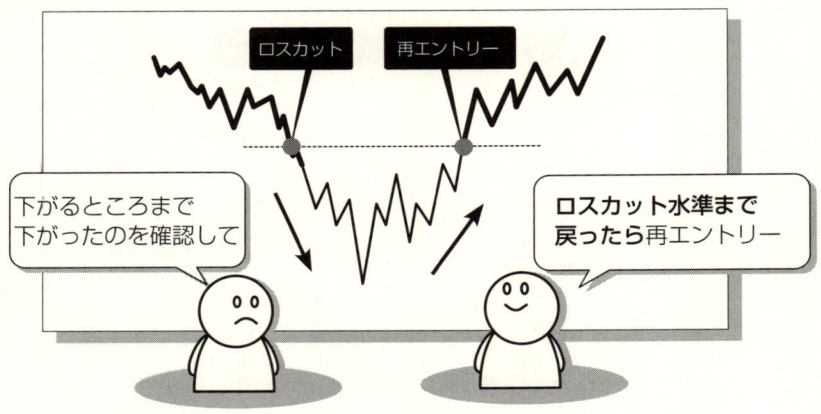

　原因を探ってみると、中東情勢やエジプトの政局不安から、金利の高い通貨が売られ続けたことが原因だったようです。いずれにしても不穏な気配を察したので、あらかじめ決めていたとおりにポジションを閉じました。
　そして3月も半ばを迎えようとしていたある日、突然の大災害が日本を襲いました。東日本大震災です。私自身も震災の被害を受け、投資どころではありませんでしたが、地震発生前にポジションを持っていなかったのは不幸中の幸いでした。
　当然ながら市場は大混乱していました。地震後の週明けは急激な円高が発生、そして協調介入による突然の戻しと、目まぐるしい変化でした。そのような乱高下の間、災害による変動は一時的と判断した私は、そこに飛び乗る感じで再エントリーしました(**図1.2.4**)。案の定、市場の動きは徐々に収束し、その後は順調に推移しています。
　余談ですが、私の経験上、マーケットが不穏な動きをするときは、どういうわけか戦争や災害、テロなどが起きる前触れであることも多い気がします。この因果関係は分かりませんが、いずれにしろ、運用前のリスク推定は、運用中のリスク管理において非常に頼もしい指針

3度目の撤退

　最後に、3度目のロスカットについてお話ししましょう。震災の傷もまだ癒えていない2011年7月ごろから、ニュースは連日のように米国債のデフォルト騒動や、破綻寸前のギリシャに端を発する欧州の経済危機を報道していました。

　「運用リスクが高まっているかな……」と身構えていた矢先、1日で5％近いドローダウンが発生しました。

　またしてもリスク推定を大きく超えた数値が発生したことに加えて、今回の経済危機の騒ぎはまだしばらく続くと判断して、3度目の撤退を決断しました。

　10月に入ってから、多少落ち着きを取り戻したと判断して再エントリーしました。今後、どのような資産推移をたどるのかなどの運用状況については、私のブログ（http://portstudio.blog136.fc2.com/）で随時ご報告していきます。

休むのも相場

　2008年のリーマンショックは当然として、2011年も、2度も撤退するというかなり不安定な市場状況でした。

　東日本大震災、ユーロ発足以来の危機など、大きな出来事が連続した年ではありましたが、幸いリスク推定計算によって、事前に適切な撤退ができたことで、最大損失はせいぜい10％程度に抑えられ、収益もプラスを保っていられました。

　さて、この計3回の撤退を、もし撤退しないで強引に保有していたとしたら、果たしてどうなっていたでしょうか。

図1.2.5　ロスカットしなかった場合の運用成績

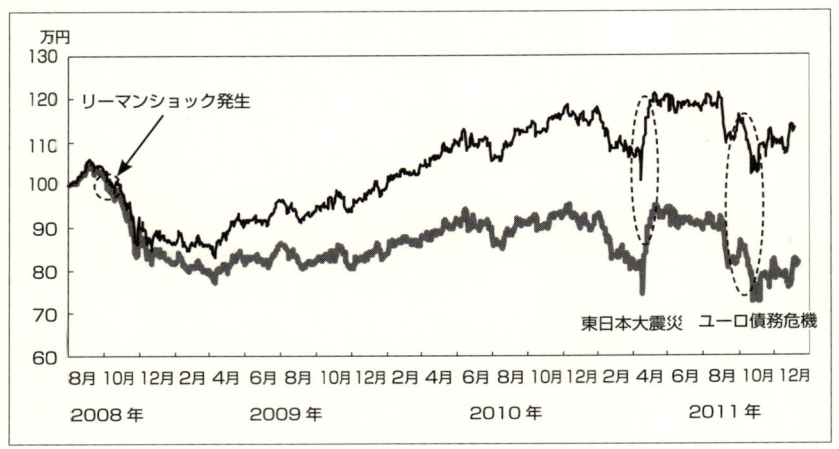

　図1.2.5は、ロスカットせずにポートフォリオをそのまま運用した場合、どのような資産推移となったかをつけ加えたものです。

　撤退中のスワップ付与については、撤退時点のものが続いたとして計算しています。

　リーマンショック発生後、最大20％強のドローダウンとなっていますね。仮に放置していたとしても、その程度で済んでいるのはかなり優秀といえるのではないでしょうか。

　どのような事態が起きても破産するほどの損失は発生せず、またドローダウン期が過ぎたあとには順調な回復が見られます。

　ここで比較対象として、純資産総額が3兆を超える、最大規模のある投資信託（毎月分配型）の運用成績を見てみましょう（**図1.2.6**）。運用開始は私と同じ時点からとして、ここでも分かりやすく100万円当たりに対する評価額推移として表しています（運用中、定期的に引かれる1.25％の信託報酬は考慮済み）。

　グラフは月次データで作成したので、日次データから作成した私の運用成績グラフよりは、多少滑らかに見えるかもしれません。

図 1.2.6　最大規模を誇るある投資信託（毎月分配型）の運用成績

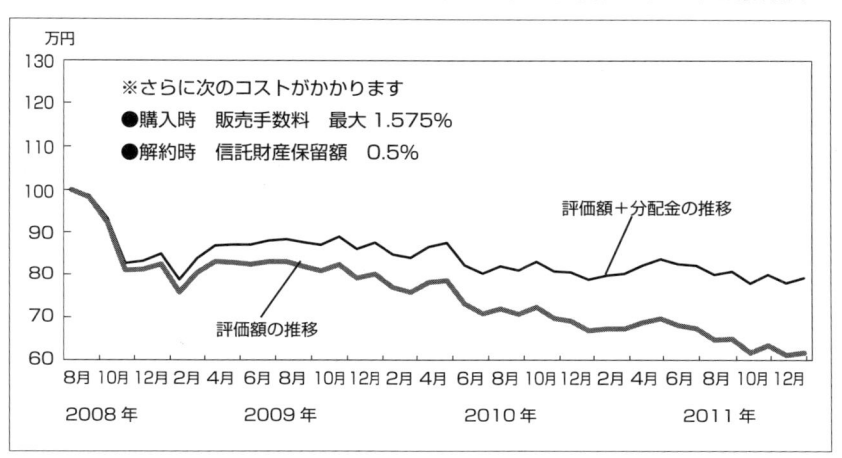

　ぱっと見た感じ、分配金を加えた状態でも、3年半で20％もの資産を失っているようです。また、グラフには反映していませんが、この投信は購入時に、最大1.575％の販売手数料、解約時には0.5％の信託財産保留額が引かれますので、成績はさらに落ちるはずです。

　もちろん、純資産総額の規模が違いすぎるので、運用の難易度は個人の資産レベルとは段違いでしょうし、投資信託の運用にはさまざまな厳しい制約があるので、単純な比較や批判はできません。しかし「自分の大切なお金を運用する」という視点に立てば、納得のいく成績とは言えません。

　もし興味があるようでしたら、証券会社のウエブサイトなどから、ほかの投資信託の評価額推移も調べてみてください。おそらく、ほとんどのファンドが、リーマンショックで発生した損失をいまだに回復していないはずです。実際のところ、リーマンショックをまたぐ3年半の期間で、良好な運用成績を残せている投資信託はほとんどないと思います。

1－3. 密度の高いマニュアルを作成する

　ここまで、簡単に私自身の運用の経緯を報告してきましたが、成功例として自慢するために紹介したわけではありません。正直に言えば、たまたま利益が出ただけのような気もします。運が悪ければ5～10％ぐらいの損失にはなっていたでしょう。

　しかし、破産確率を限りなく低くし、一定以上の損失は出さないよう、厳密に考え抜いた運用であったことは確かです。そして、特に強調したいのは市場へ資金を投入する前に、密度の高い運用マニュアルを作成していたという点です。何かが起きてからオロオロするのではなく、「これが起きたらこう行動する！」とハッキリ決めるだけの材料を持って臨んだのです。これには私なりの信念がありました。

"リスク管理さえシッカリすれば、利益はあとから自然とついてくる"

　リスク管理の話は、今までもいろいろなところで聞いた方も多いと思います。投資関係の本やセミナーでは必ずリスク管理についての話が出てきます。

　以前、博物館で宇宙飛行士のマニュアルを見て、非常に細かく書かれているのに驚きました。飛行中のリスク管理全般について、どんなに些細なことでも「こういうことが起きたら、こう対応する」と、事細かに記述されているのです。宇宙開発には、ばく大な資金と人命がかかっていますから、当然かもしれません。

図 1.3.1 リスクを想定しておこう

何かが起きてから慌てふためくのではなく…

最初から想定しておく！

　彼らは、何かが起きてからオロオロとうろたえたりはしません。リスク発生からすぐに迅速に動きます。映画「アポロ13」を見れば、宇宙飛行士たちがリスクに対していかに迅速で、合理的に対応しているのかが分かるでしょう。NASAの管制室も1分1秒ムダなく対応しています。そういう行動を可能にしているのが、不測の事態に対する準備ではないかと思います。

　飛行士たちの肉体的・精神的な訓練はもちろんのこと、まずは発生する可能性を拾い上げて、それらの対応を完備しておくことは、生き残るために必要不可欠なことなのです（**図1.3.1**）。

　幸い、資産運用をするのに宇宙飛行士ほどの労力と才能は必要ありません。事前に想定するリスクといっても、せいぜい3つ4つ数える程度です。

　マーケットという宇宙空間へ自分の資産を放り込み、それを無事に自分の口座へ帰還させるためには、それ相応の準備と密度の濃いマニュアルが確実に必要です。それは精神論などの単なる抽象的な言葉の羅列ではなく、根拠のある正しい計算方法から導かれた確率的な数字であることが重要です。

1－4. マニュアルが間違っていたら

　資産運用は、リスク管理のためのシッカリしたマニュアルを想定してのぞむ必要があることはお分かりいただけたと思います。しかし、スワップ派として運用をするには、多少複雑な考察を必要とします。そのため、自分が想定したそのマニュアルが正しいのか間違っているのか分かりにくいという問題があります。

　スワップ派は、トレード派のように為替レート変動のキャピタルゲイン（売却差益）で利益を出すわけではありません**(図1.4.1)**。スワップ派と言うからには、まずスワップ金利が収益のメインとなります。トレード派とは、投資への取り組み方がそもそも違います。インディケーターの使い方を覚えるのとはわけが違い、ポジションを取るための理論もそれなりに難しくなります。

　理論が難しいため、頑張って勉強したことが、「実は間違っていた」ということもあります。しかも、学習のために参照したサイト、記事、書籍などに間違いがあった場合はもうお手上げです。私たちには、メディアに記載されていれば、それだけで正しいと思い込んでしまう悪い習慣があります。

　投資用語の読み間違えなどは何の問題もありません。「日次（にちじ）データ」を「日次（ひじ）データ」と読んだところで、損失リスクが上がるわけではありません。しかし、リスク推定に関わる部分で計算方法を間違えていると致命的です。

　5メートルの落とし穴があるような道を、せいぜいあっても50セン

図 1.4.1　トレード派はレート変動で利益を得る

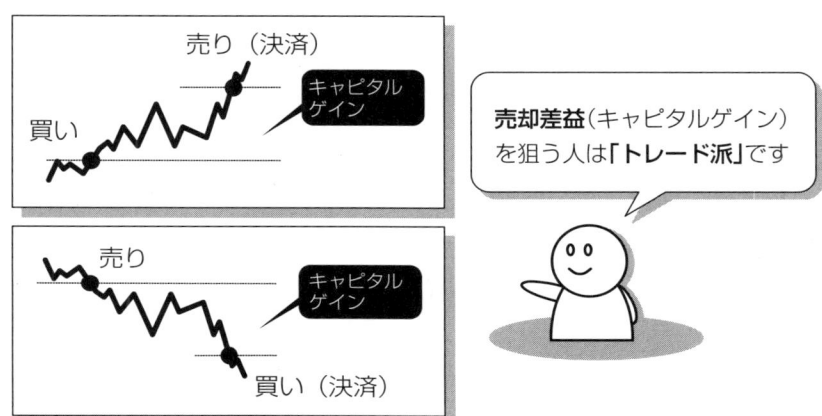

チ程度の落とし穴だろうと思い込んで歩くようなものです。「1回ぐらい落ちてもかまわないだろう」などという気持ちで歩いていたら、命を失いかねません。

　もう少し具体的に言いましょう。

　「スワップ派は複数の通貨ペアを保有して、リスクを分散させることが有効である」と当時から言われていました。いわゆるポートフォリオ運用というものです。これ自体は間違っていません。ポートフォリオによるリスク分散は、今も昔も非常に有効な戦略です。

　問題は、そのポートフォリオを組む方法なのです。その方法論が間違っていたら話になりません。

　当時、個人投資家向けに書かれた解説や計算ツールのほとんどが、その方法論を誤っていました。これは結構ショッキングな話なのですが、今ひとつピンとこないかもしれません。そこで、過去にさかのぼっていくつかの検証をしてみたいと思います。

1−5．リーマンショック前後の3つの運用結果

　「正しい」方法論でリスクを分散させたポートフォリオで、リーマンショック直前の2008年8月末という最悪の時期から運用を開始して、丸1年間そのまま放置した場合、何が起きたかというシミュレーションをしてみましょう。運用資金は500万円、レバレッジは3倍とします。

　同時に、「誤った」方法論で最適化したポートフォリオを同じ条件で運用した場合のシミュレーションもして比較してみましょう。

　さらに、今も当時も大人気の通貨ペア、AUD/JPYだけを保有した場合についても、比較対象として同時に検証してみます。

　果たして、この3つのポジションは100年に1度の金融危機を無事に生き残れたでしょうか。それとも破産したでしょうか。

　まずは前提条件を整理します。

【 基本条件 】
●期間は2008年の8月31日〜2009年8月31日の1年間
●運用資金は500万円（スプレッドや手数料は含めず）
●レバレッジは3倍（運用開始時のレートに対して）

【 補足条件 】
ポートフォリオ①　AUD/JPYだけで運用
ポートフォリオ②　資金を13の通貨ペアに分散して運用

ポートフォリオ③　上記とは別の13の通貨ペアに分散して運用

【 目的 】

下記表の①②③、3種類のポートフォリオのパターンを比較

ポートフォリオ①		ポートフォリオ②		ポートフォリオ③	
通貨ペア	保有単位	通貨ペア	保有単任	通貨ペア	保有単位
AUD/JPY	160,000	AUD/CAD	10,000	AUD/SEK	5,000
		AUD/USD	10,000	CAD/JPY	-5,000
		CAD/MXN	-20,000	CAD/MXN	-25,000
		CHF/TRY	-15,000	CHF/TRY	-5,000
		EUR/ISK	-5,000	EUR/AUD	-5,000
		EUR/TRY	-5,000	NOK/SEK	15,000
		ISK/JPY	1,500,000	NZD/MXN	-10,000
		NZD/CAD	25,000	NZD/NOK	-5,000
		NZD/JPY	-10,000	NZD/ZAR	5,000
		NZD/USD	5,000	TRY/JPY	40,000
		USD/HUF	-15,000	USD/CHF	-5,000
		USD/MXN	-5,000	USD/ISK	-5,000
		USD/NOK	-5,000	USD/JPY	-35,000

結果は、次ページの**図1.5.1**をご覧ください。

図 1.5.1　3つのポートフォリオ運用結果

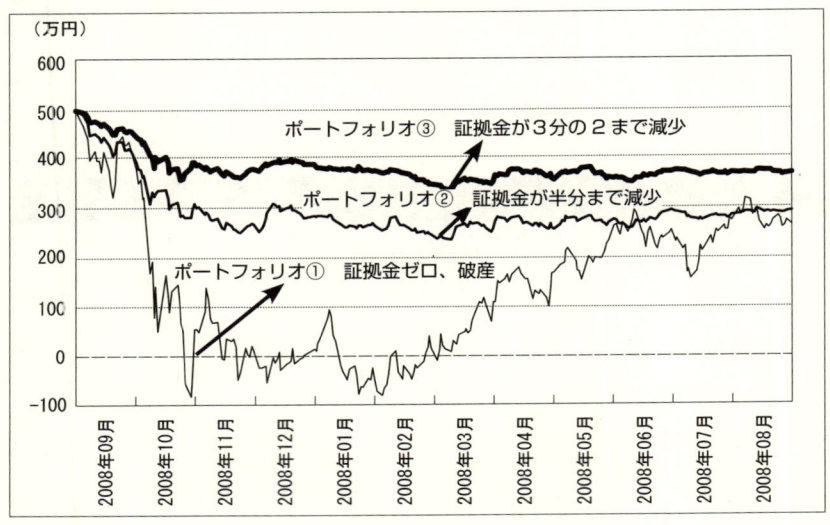

ポートフォリオ①　AUD/JPYのみの運用

　悲惨です。2カ月足らずで破算してしまいました。

　リーマンショックの前までは「多少レートが下がっても、時間がたてばスワップポイントでプラスになっている」といった意見をよく耳にしました。しかし、リーマンショックは、その発想を簡単にひっくり返してしまったのです。

　規律あるトレーダーであれば、事前に決めた位置でロスカットするでしょう。ところが、スワップ派は「長期投資だから」と構えていることで、案外、ロスカット基準をあいまいにしたままでいることが多いようです。当時の知り合いには、マージンコール回避のため、口座へ入金を繰り返しながら耐えていた人もいました。

　スワップ派の運用法として、たとえ3倍程度の低レバレッジでも、単一通貨ペアのみのポジションは、大きなリスクを背負っていることを理解してほしいと思います。

ポートフォリオ②　資金を 13 の通貨ペアに分散して運用

　13の通貨ペアでポートフォリオを組んだ場合です。証拠金500万円は、最大で約230万円まで目減りしました。最大ドローダウンは54％ですが、①のAUD/JPY一点集中投資よりははるかにマシです。複数の通貨ペアによるリスク分散の大切さが分かると思います。

ポートフォリオ③　上記とは別の 13 の通貨ペアに分散して運用

　これは②とは別のパターンの13通貨ペアでポートフォリオを組んだものです。

　証拠金500万円は最大330万円前後と３分の２まで落ち込みましたが、最大ドローダウンは証拠金の３分の１程度に抑えられています。相当きついドローダウンではありますが、なんとか耐えられるレベルです。

ポートフォリオ②と③の違い

　では、②と③は何が違ったのでしょうか。
　２つとも現代ポートフォリオ理論に基づいて作成したものですが、方法論が異なっています。②は誤ったやり方、③は正しいやり方でポートフォリオを最適化しました。

　ポートフォリオを最適化するには、いろいろな理論や数式を使って、基本的には、リスクが最も低くなるように相性の良い通貨ペア同士を調べながら組み合わせます。その相性判断を間違えると②と③のような結果の違いが出てくるのです。

　両者とも2009年３月以降は大体似たような形になっていますね。厄介なことに、平時はそれほど大きな違いはありません。しかし、有事には「より早い速度で、より大きい暴落に見舞われる」といった具合に、明らかな違いが出てくるのです。

ただ、大量の通貨ペアの中から最適な組み合わせを選ぶことは、大変な作業です。無数にあるパターンの中からベストのものを選ばなければなりません。方法論が「正しい、間違っている」という以前に、通貨ペアの組み入れシステムを作るのに、高度な知識が要求されます。

たとえ間違った方法論だとしても、このレベルにまでリスク分散をさせたポートフォリオを作ること自体、非常に難易度が高いのです。なんだかんだ言って、②のケースでもドローダウンは50％超ぐらいには収まっていました。

当時、自力でこのレベルの最適化ができた個人投資家は少なかっただろうと思います。逆に、ここまでのレベルに到達していた人でも、ちょっとした方法論の違いで、結果にこれほどの違いが出てしまったわけです。

"高金利"を条件にしたシミュレーション

また、ポートフォリオはリスクを減らすためのものであって、とりあえず複数のものを保有すればよい、という考えで組むものではありません。リスク低減を考えながら、通貨ペア同士を組むには、それなりの難しさがあります。

例えば、豪州ドル、トルコリラ、南アフリカランドの高金利通貨を3つ選んで、すべて日本円で買い建てたとしましょう。運用開始時のレートでレバレッジ3倍とし、AUD/JPY、TRY/JPY、ZRA/JPYを均等に保有したとします。

これを、先程と同様に、2008年8月末から運用開始していたとしてシミュレーションしてみました（図1.5.2）。果たして、これはポートフォリオによるリスク分散と言えるでしょうか。

図1.5.2の資産推移を見てください。運用開始から2カ月足らずで

図 1.5.2　3通貨ペアのポートフォリオ評価額推移

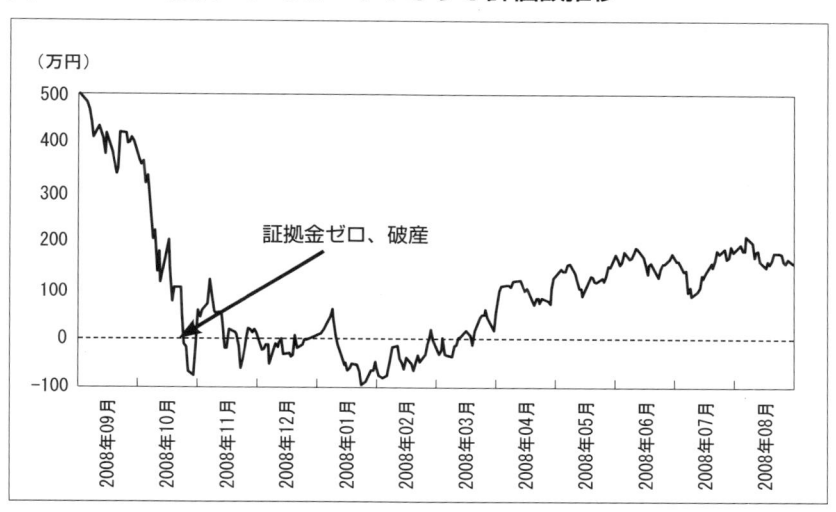

通貨ペア	保有単位
AUD/JPY	64,000
TRY/JPY	121,000
ZAR/JPY	525,000

破産しています。

　当時は、このような保有までも「ポートフォリオによるリスク分散」などと言っていた人が一部にいたようです。

　もっとも、2008年当時、各国の政策金利はオーストラリア7.25％、トルコ16.75％、南アフリカ12％、イギリスでも5.0％という高さでした。ですから、リーマンショックが発生するまでは、多少のキャピタルロスはスワップ金利で取り返すことができたかもしれません。

　しかし、政策金利はその後、世界各国で大幅に下がりました。当時とはまったく違う状況です(**図1.5.3**)。金利が徐々に回復しつつある国もありますが、当面はこの水準が続くかもしれません。

　それでは、スワップ派にはもう、投資機会がないのでしょうか？

図1.5.3　2008～2011年の政策金利推移（4カ国）

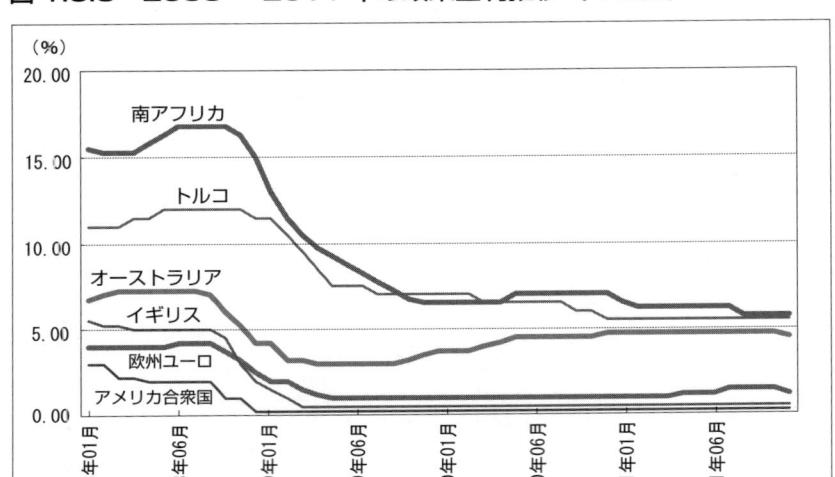

　いいえ、たとえこの水準が長期に続いたとしても、依然としてスワップ派には投資機会があります。

スワップ派の現在、過去、未来

　リーマンショック以降、金融市場の様相は一変しました。現在の金利は各国とも当時に比べて大幅に下がっています。スワップ運用は、昔ほど気軽にできる投資法ではないかもしれません。
　しかし、そういうデメリットを差し引いても、依然スワップ派は魅力的な運用法です。なぜなら、FXを使った運用法の中でも、特に安定した運用を期待できるからです。
　資産運用では安定性が何よりも大事です。安定した運用は複利の効果を最大限に生かせるからです。
　ハイリスクハイリターンの投資法ではなく、ある程度まとまった資産で、堅実に資産運用をしていきたいと考える投資家や、少ない資金

> 安定した運用ならどちらも可能です！

- 複利で長期運用
- 単利で毎月おこづかい

で時間を味方につけて20代、30代からコツコツとローリスクで堅実に資産運用をしていきたいと考える投資家にとっては、スワップ運用は非常に適したやり方だと思います。

　マーケットが好調なときは、ほとんどの人が利益を上げられます。ところが不調になれば、損失を出す人が多くなります。好調時の利益などあっという間に吹き飛んでしまいます。

　しかし、スワップ派は、最適なポートフォリオ運用を続けていけば、それほどひどい資産の乱高下を繰り返すこともなくなります。

　現在は、昔のような過熱感はおさまり、真面目に学習を積み重ねた投資家の方が着々と利益を上げやすい状況になってきているように思います。本来の意味で、資産運用が行える環境が整ってきているのではないでしょうか。

1-6. すばらしいパフォーマンスのカラクリ

「堅実」や「安定」という言葉は、短期間で100万円を1億円にしてやろうという野心的なトレーダーにとっては、あまり魅力を感じないかもしれません。

今いる自分の職場や仕事に嫌気が差し、一刻も早くまとまった資産を築いて、早々に悠々自適の生活を送りたいと考えるサラリーマンも多いことでしょう。

書店の投資コーナーでは『100万円を1年で1億円にした投資術』のような本をよく見かけます。年利何百パーセントと、驚異的なパフォーマンスを出した人はたしかにいるようです。

「もしかしたら、自分も同じように今すぐ稼げるかもしれない」と思うでしょうか。確かにその可能性もゼロではありません。ただ、そこには、それなりのカラクリもあります。

例えば、世界60億人全員が参加するジャンケン大会が開催されたとします。勝ち抜きトーナメント方式だとすれば、33～34回を1回も負けずに連続で勝てば、優勝です。トーナメントですから、必ず1人は優勝者が出ます。「100万円を1年で1億円」というのは、その優勝者が『ジャンケンで世界一になれる方法』という本を出すと大して変わりません。

ジャンケンは心理的な人心誘導がうまければ勝率を多少上げることは可能でしょうが、基本的には運任せです。投資の場合、勝ち負けの予測はジャンケンほど不確定ではないかもしれません。しかしいずれ

図1.6.1　エクセル教材＆分析ツールダウンロード

1

パンローリングの本書紹介ページにアクセスして「教材＆ツールダウンロード」の案内を読み、本書の中からアクセスキーを確認します。
http://www.panrolling.com/books/gr/gr104.html

2

「教材＆ツールダウンロード」をクリックして、購入特典ダウンロードページにアクセス。
アクセスキーを入力し、送信すると、メールアドレスとパスワード（お好きなものを各自設定します）、購入書店の登録画面になります。

3

登録後、メールアドレスにダウンロードアドレスが届きます。アドレスをクリックして、ファイルを入手してください。

にせよ、市場参加者の中で短期間にものすごいパフォーマンスを出す者は一定の確率で出てきます。しかし、そのほとんどは「まぐれ」の要素が強いのです。年利何百パーセントを何年にもわたって安定的に維持できる人など、ほとんどいないでしょう。

まぐれ勝ちの資産推移

　実感していただくために、エクセルを使った簡単なシミュレーションを用意しましたので、ダウンロードしてみてください（図1.6.1）。
　ファイルを入手したら、エクセル教材chapter1「1.月利ランダム」のタブを開いてください（図1.6.2）。

図 1.6.2　月利ランダムのエクセルファイル

経過月数	月利(%)	資産(万円)	年利(%)
0		100	
1	-23.104	77	
2	51.886	117	
3	-48.067	61	
4	94.982	118	
5	-19.848	95	
6	32.201	125	
7	5.289	132	
8	-14.227	113	
9	30.448	148	
10	32.776	196	
11	-57.092	84	
12	61.130	136	135.52
13	97.202	267	

　折れ線グラフがあります。これは36カ月（3年間）にわたって、月利を－100％から100％の間でランダム発生させた場合の資産推移を表しています。運が良ければ1カ月で100％と2倍になります。悪ければ－100％と全額なくしてしまいます。超ハイリスクハイリターンですね。月当たり複利で増えますから、最高に運が良ければ、1年以内に1億円を超えるでしょう。

　F9キーを1回押してください。乱数が発生してグラフが変化します。出てきたグラフを見ると、おそらく3年以内に資産はゼロ、つまり破産していると思います。

　何度も押してみましょう。かなり条件が厳しいので、なかなか増えるパターンが現れないと思います。それでも延々と押し続けると、やがて1億円を超えるものも出てきます **（図1.6.3）**。

　このグラフは偶然生まれたパターンのひとつにすぎませんが、わずか1年で1億円を超えています。ものすごいパフォーマンス、まさに『100万円を1年で1億円にした投資術』です。

　この結果は完全にランダムですから、単純に言えば、100万円を元手にして、ハイリターン狙いで、過剰なリスクを取りながら、ハチャメチャな運用法を続けたのと同じです。普通はそのようなことをすれ

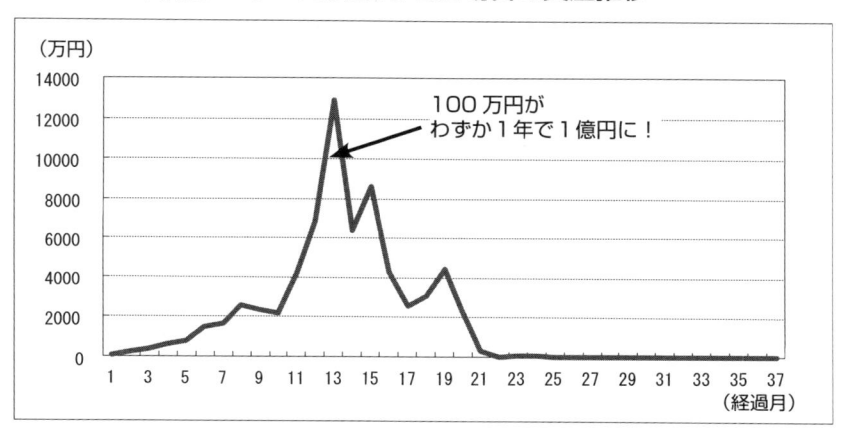

図1.6.3　月利ランダムを発生させた場合の資産推移

(グラフ: 縦軸 万円、横軸 経過月。ピーク時に「100万円がわずか1年で1億円に！」の注釈)

ば、ほとんどの場合、短期間で破産してしまいます。

　それでもF9キーを押し続ければ（投資家が何千人もいれば）、ごくまれに、短期間で資産が何千万円、何億円にも増えるパターンが出てきます。ハチャメチャな売買をしている投資家が無数にいれば、その中から一定の割合で、短期間にものすごいパフォーマンスを叩き出す者は、必ず出てくるのです。これは統計的に見れば当たり前なのです。

　もちろん、それなりのリスクを取りながら、マーケット状況に応じた手法を使って、ハイリターンを狙う方法はあると思います。そういう攻撃的なトレードそのものを否定しているわけではありません。

　ただ、短期的に稼いだ自分の手法が、果たして運なのか実力なのかは、結局は分からないのです。運も実力のうち、と言いたいところですが、問題はそれが継続されるかどうかです。

　図1.6.4を見てください。**図1.6.3**に解説を加えたものです。わずか1年で1億円を超えた資産は、その後あっという間に減少し、最後にはゼロになっています。連続して月利マイナスが発生しています。市場が変化して、手法が通じなくなったという状態でしょうか。過剰なリスクを取っているせいで、資産を失うのもあっという間です。

図 1.6.4　よく見てみると……

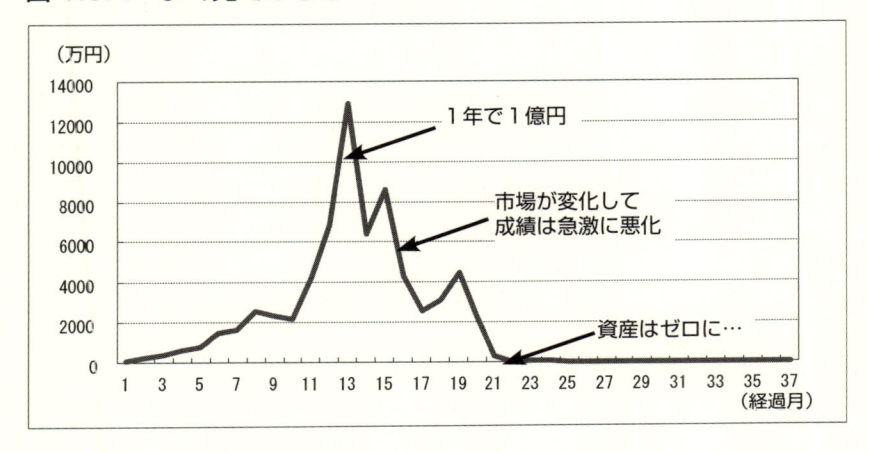

（グラフ内ラベル：1年で1億円／市場が変化して成績は急激に悪化／資産はゼロに…　縦軸：万円、横軸：経過月）

　短期間で、ものすごいパフォーマンスを叩き出した人たちはたしかに存在します。しかし、その後も同じ成績をコンスタントに残せている人がいるかというと、ほとんどいないというのが現実なのです。

継続性が重要

　世界的に有名な投資家、ウォーレン・バフェットが運用で叩き出す平均年利は20％程度だそうです。意外と低いなと思うでしょうか？
　彼のすごいところは、40年にわたってそのパフォーマンスを維持していることです。単純に20％が多い少ないというのではなく、それを何十年以上も続けているところがすごいのです。
　ここまで安定した運用ができる投資家はほとんどいません。だからこそ「オマハの賢人」と呼ばれ、世界中からその動向が注目される投資家であり続けているのです。
　もちろん、バフェットと個人投資家では立場も環境も違います。ですから一概には比較できませんが、長期的に安定した運用は、それほどまでに難しく、そして価値あることなのです。

1-7. 資産運用は人生の一部

　ここで、安定運用の生み出す"複利パワー"について少し触れておきたいと思います。
　実は、現代社会では、誰でも資産運用を行っています。これは何も証券会社やFX業者に口座を開いている人だけに限った話ではありません。普通の社会生活を送る人であれば、銀行や郵便局へお金を預けて利息を受け取ったり、保険に加入したりと、必ず何らかの運用を行っているはずです。つまり資産運用とは、一生涯かけてつきあう「人生の一部」と言ってもいいでしょう。
　適切な資産運用は非常に大切です。ある程度まとまった資産を保有している人は、資産が目減りしないような保守的な運用で十分かもしれません。それほど資産を持たない人は、早い段階からコツコツと運用を積み上げていき、人生の中盤以降に大きく資産を増やすことが重要です。
　方法も目標も人それぞれです。しかし、いずれにしても「運用」を目的とした場合には、安定性がなければうまくいかないことは、もうお分かりでしょう。

年利10％を続けた場合の資産増加

　私たちがバフェットの20％には及ばないとしても、毎年10％の利益をコンスタントに出せたとします。手持金を300万円から始め、年利

図 1.7.1　複利運用のエクセルファイル

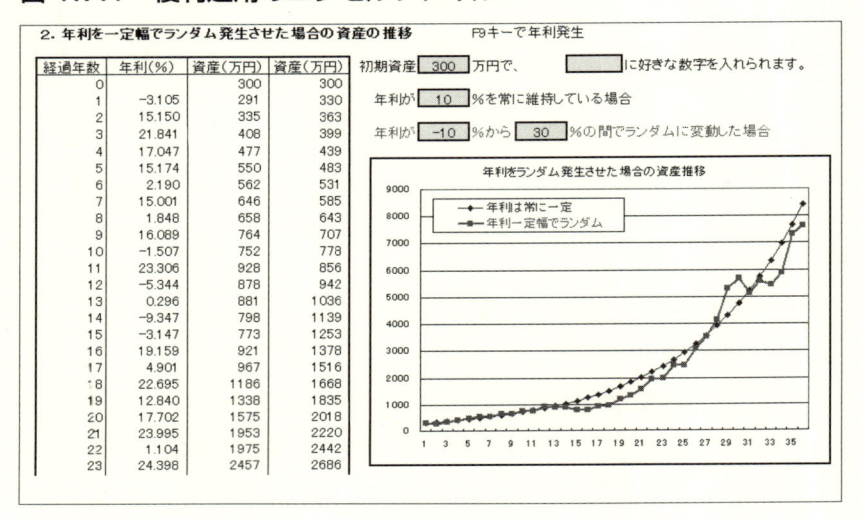

経過年数	年利(%)	資産(万円)	資産(万円)
0		300	300
1	-3.105	291	330
2	15.150	335	363
3	21.841	408	399
4	17.047	477	439
5	15.174	550	483
6	2.190	562	531
7	15.001	646	585
8	1.848	658	643
9	16.089	764	707
10	-1.507	752	778
11	23.306	928	856
12	-5.344	878	942
13	0.296	881	1036
14	-9.347	798	1139
15	-3.147	773	1253
16	19.159	921	1378
17	4.901	967	1516
18	22.695	1186	1668
19	12.840	1338	1835
20	17.702	1575	2018
21	23.995	1953	2220
22	1.104	1975	2442
23	24.398	2457	2686

初期資産 300 万円で、□に好きな数字を入れられます。
年利が 10 %を常に維持している場合
年利が -10 %から 30 %の間でランダムに変動した場合

10％で安定的に増やし続けた場合、どのくらいの資産増加が見込まれるか、グラフ化してみました。エクセル教材のchapter1「2.年利ランダム」タブを開いてください（図1.7.1）。

2本のグラフが表示されています。

まず、青い線グラフは年利10％で長期運用に成功した場合の資産推移です。300万円は35年後に8000万円を超えています。例えば、自邸を35年住宅ローンで購入する一方で、300万円から運用を開始すれば、老後の自己年金として着々と資産を増やしていくことができます。

しかし現実的には、毎年コンスタントに10％のパフォーマンスをあげるのは相当難しいでしょう。どのような運用法でも、結果はマーケット状況に左右される部分があります。そういう事柄も考慮すると、毎年の年利にはもう少しブレが出ますから、きれいな複利曲線よりも多少はいびつな形になるはずです。

それを考慮したものが、もうひとつの赤い線グラフです（図1.7.2）。これは年利が－10％から30％の間でランダムに発生するよ

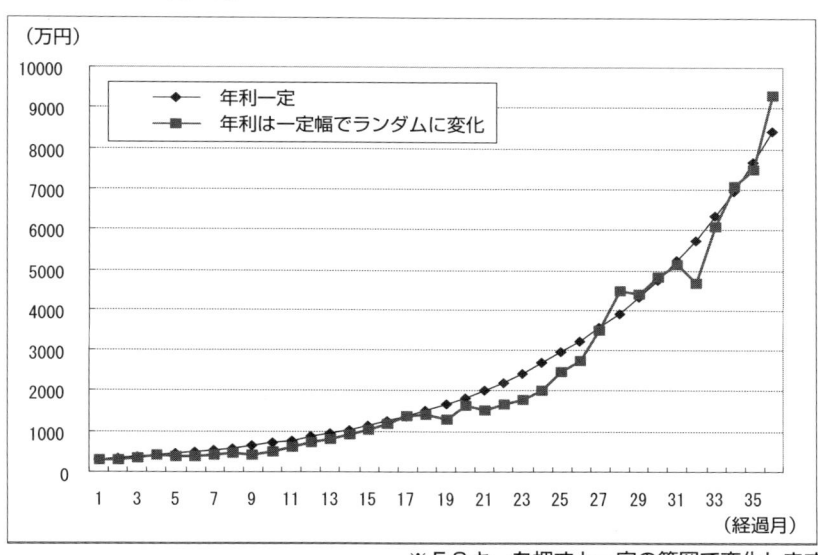

図 1.7.2 複利運用のグラフ

※F9キーを押すと一定の範囲で変化します

うに設定したものです。こちらも、F9キーを何度も押してもらえば、いろいろなパターンが出てきます。運用成績にランダム要素が入り込めば、資産増加はジグザグしてきますが、短期間で高い収益を上げようとして破産するような過剰リスクをとっていた「1.月利ランダム」シートのパターンに比べれば、はるかに安定していると思います。

初期資産を500万円ぐらいから開始すれば、もっと大きな資産増加が望めますし、損失が出る側の年利を−10％から−5％にすると、運用成績は向上します。

このシートは緑色のセルに自分で数値を入れて設定できるようになっています。いろいろな数字を入れて体感してみてください。

なお、安定した収益を得るためには、ランダムに発生させる数値は損失側を−30％以内に抑え、利益側は50％ぐらいを上限としておくとよいでしょう。

この点を参考にして、各セルに図1.7.3に示した範囲で数値を入れ

図 1.7.3 数値を変更してみよう

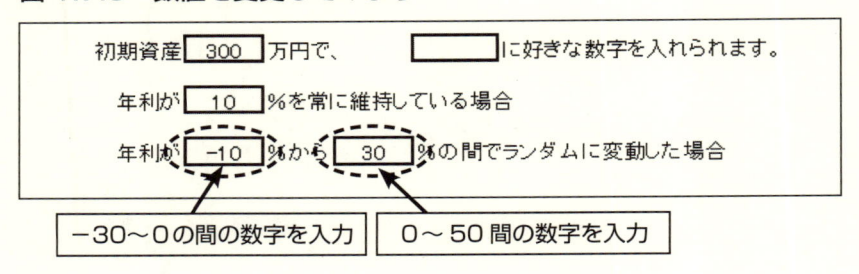

```
初期資産 [300] 万円で、    [     ] に好きな数字を入れられます。
年利が [10] ％を常に維持している場合
年利が [-10] ％から [30] ％の間でランダムに変動した場合
```

[-30～0の間の数字を入力]　[0～50間の数字を入力]

てみてください。

　数字を変えることで資産グラフの変化のパターンが変わります。動きが激しいものは、ハイリターンを狙えるもののリスクも高い攻撃的な運用法、それほど激しく動かない場合はローリスクの保守的な運用法だと言えます。

　現実的な数値としては、最初に入力していた「－10％から30％の間でランダムに変動」というあたりではないでしょうか。

　ここまで、安定した運用の利点について触れてきましたが、最大の問題は、そのような安定性を実現できる手法があるのか、ということです。

　エクセルシートは、「こういう利率で増えたら、こういう資産推移になる」ということを示したものにすぎません。言ってしまえば、単なる計算ソフトのお遊びです。

　いくら安定した運用が大切だと言っても、絵に描いたモチでは意味がありません。そこで本書は、その運用法として「スワップ派」に焦点を当てているのです。

　次の章では、「スワップ派とはそもそも何か？」という点から整理していきます。スワップ派というものをもう一度ゼロから考え直し、改めてそのメカニズムを調べてみましょう。

北山広京のクオンツコラム①
クオンツってどんなお仕事？

「クオンツ」は、個人投資家の方にとっては、あまり聞きなれない言葉かもしれませんね。私も自分の職業を誰かに説明するときは、「運用会社でいろいろとやっています」程度にしか説明しません。おそらく、細かく話しても、聞いている方はよく分からないと思うからです。

クオンツ分析は1970年代に始まりました。語源は英語のquantitative analyst、直訳すると「定量分析家」が省略されて、やがて quants（クオンツ）と呼ばれるようになっていったようです。

いわゆる証券アナリストの一種と言えますが、一般的な企業アナリストが主に企業の定性的な判断をするのとは対照的に、クオンツは「数値化できるもの」を片っ端から分析の対象にするところに特色があります。

簡単に言えば、データを大量に集めて、数学的な根拠をもとに運用モデルの開発や投資分析をする仕事です。ただ、それだけというわけではなく実際の運用に直接関わることも多くありますし、さまざまな業務があります。ひと言で説明するのはとても難しいのです。

以前、本書の著者である結喜たろう氏が、こんなことを言っていました。

「そういえば、個人投資家向けのメディアでは"ディーラー"という肩書きはよく見かけるけれど、"クオンツ"という肩書きはほとんど見かけませんよね？」

たしかにそのとおりだと思います。クオンツはプロの機関投資家のなかでも大きな役割を担っていると思いますが、クオンツをやっている人（私を含めて）は学者肌または職人気質が多く、口下手を自覚しているためか、

あまり前には出たがらないのです。
　本書では監修者としてのコラム欄を用意していただき、ちょうどよい機会ですから、普段はあまり皆さんの耳に入らないであろうクオンツの現場をお話ししてみたいと思います。

　かつては、大規模なコンピュータを手に入れ、データベースにも高額な使用料を支払う必要があったため、個人投資家がクオンツの一端を知ったとしても、実際の運用まではとても手が届きませんでした。
　しかし、今や安価で高機能なPCが購入でき、インターネット経由で簡単にデータが入手できるようになりました。まったく同じ環境とは言いませんが、個人投資家でも努力次第でプロの機関投資家とほとんど遜色のない投資環境が整えられる時代です。これを利用しない手はないでしょう。

　本コーナーが、少しでも皆さんの投資のヒントになればと思います。

第2章

スワップ派運用を詳しく知ろう

2−1. スワップ派を厳密に定義しよう

　まず最初に「スワップ派とは何か？」をハッキリさせておきましょう。

　世間ではなんとなく「低レバレッジで長期保有するスタイル」というイメージをもたれていると思います。もちろん、それは間違った解釈ではありません。しかし、正しく資産運用をしていこうとするのであれば、スワップ派というものをもう少し厳密に定義しておきたいところです。

自分の収益源をハッキリ認識しよう

　「自分はいま、何に対して投資しているのか？」という意識があいまいな状態は危険です。自らのスタンスが明確でないと、予想外の出来事に対処できず、被害を拡大する原因になるからです。

　「塩漬け」という言葉をご存じでしょうか。ポジションが自分の意図する方向と反対に動き、損失を出したままずるずると損切れない状態のことです。

　「どうせ、いつかは戻るだろう」「スワップが貯まれば1年後には証拠金は回復だ」などと自分を納得させて持ち続けるものの、一向にレートが戻らず、それどころか、ますます含み損が増大し、スワップ金利も下がって完全に身動きが取れなくなる……。典型的な塩漬けパターンです。

> スワップ派とは何か？
> と聞かれたら
> 何と答えますか？

　最初はキャピタルゲイン（売却益）を狙ってポジションを取っていたはずなのに、都合よく途中からスワップ目当てに切り替えて失敗するのもありがちな例です。

　自分が投資する対象、つまり収益の源をしっかり理解していないと、こういう状況に陥ります。

　当たり前の話ですが、最初からキャピタルゲインを狙ってポジションを取るのであれば、自分の思惑と反対方向へ行ってしまった場合に備えて、ロスカットを適切に行うマニュアルを作っておかないといけません。最初からスワップを狙ったトレードをするのであれば、為替レートの変動と、スワップによる収益のバランスを考えて、長期の保有にも耐えられる適切なポジションを取る必要があります。

　どのようなやり方をするにしろ、自分の投資がもたらす利益と損失について、明確に定めておきましょう。それらを厳密に決めたところから「どうすれば利益を増やして損失を抑えるような、うまいやり方があるのだろうか」という視点で戦略を練ることができるのです。

　そこで、本書ではスワップ派を以下のように定義します。

"スワップ金利を目的とし、キャピタルゲインは狙わない運用法"

　繰り返しになりますが、適切に資産を運用するためには、さまざまな前提条件を整理しなければなりません。上記のようにハッキリと"収

スワップ派とは…
「**スワップ金利のみを狙う手法をとる人**」
です！

益の源泉"を決めておく必要があります。これによってスワップ派という運用法へのアプローチが非常にクリアになります。

やり方はさまざま

　スワップ運用をしながら、キャピタルゲインを収益のメインに据えている投資家もたくさんいます。「キャピタルゲインで利益を狙うトレード派」と、「金利差で利益を狙うスワップ派」が、必ずしも明確に分かれているわけではありません。その中間的なタイプもいます。
　また、円だけの資産に偏らせないために外貨預金の代わりとしてFXを利用するなど、通常とは異なる目的を持っている人もいます。
　それぞれ投資をする人の資産状況や立場の数だけ、運用手法があるといってもよいでしょう。前提条件があいまいなまま、それらのバリエーションをひとつひとつとりあげて「このやり方が誰にとっても一番です」と決めつけることは、単なる主観のぶつかり合いとなるだけで、意味のあることとは思えません。
　「スワップ派はスワップ収益のみを狙う投資法」と限定することで、このようなあいまいさを排除し、投資の範囲を絞って考察していきましょう。

２－２．スワップ派のリターン

　通常のFXトレードでは、決済のときに生じるキャピタルゲイン（売却益）がリターンで、キャピタルロス（売却損）がリスクとなります。一方、スワップ派のリターンはスワップ金利だけになります。

　スワップ派の魅力は、なんと言ってもキャピタルゲインと違って「毎日お金がもらえる」という点です。基本的にはポジションを保有した日数分がもらえます。

スワップ金利とは？

　スワップ金利とはそもそも何でしょうか。

　金利には大きく分けて、長期金利と短期金利の２つがあります。スワップ金利に関係するのは、短期金利のほうです。

　短期金利は政策金利（中央銀行が一般の銀行に融資するときの金利）として、各国の中央銀行が発表しています。一般的に、景気が良ければ高く、景気が悪ければ低く設定されます。平常時はそれほど急激に変わることはありませんが、金融危機のような非常事態には、短期間に大きく変動することもあります。

　FXでは、ある通貨で別の通貨を売ったり買ったりします。その２国間の政策金利の差が、スワップ金利に近いものになります。実際には需給バランスやFX業者のコストなどによって、微妙に値が変化します。

図2.2.1　金利差の考え方

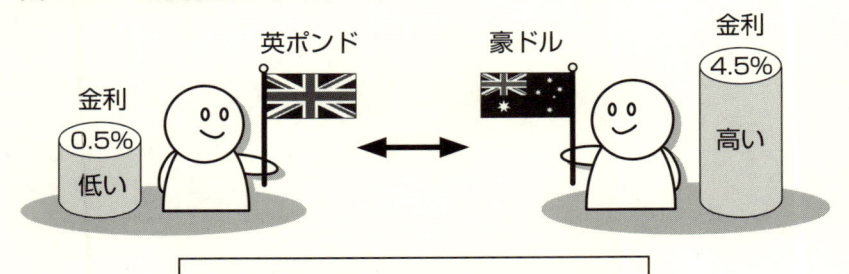

金利 0.5% 低い　英ポンド　豪ドル　金利 4.5% 高い

金利差は 4.5% − 0.5% = 4.0%

　具体例で見てみましょう**(図2.2.1)**。英ポンドで豪ドルを「買い」、または、豪ドルで英ポンドを「売り」で保有したとします（右ページ参照）。政策金利がイギリス0.5%、オーストラリア4.5%だとすると、両国の金利差は4.5% − 0.5% = 4.0%になります。

　FX業者は、その4.0%の値に需給関係や業者コストなどのさまざまな要素を加味して、豪ドルと英国ポンドの取引で発生するスワップ金利を設定します。

　このスワップ金利は「スワップポイント」、あるいは単純に「スワップ」と呼ばれます。FX業者のホームページによって、金利、ベース通貨、円貨など、表示がバラバラですが、最終的には日本円で口座に入ってきます。本書では「スワップとは、FXの通貨間取引のときに**日本円**で入ってくる金利差分の調整金額」と決めておきます。

　なお、取引条件によっては、スワップが取られる場合もあります。右ページにまとめましたので、確認してみてください。

第2章 スワップ派運用を詳しく知ろう

■スワップをもらえる場合

①金利の低い通貨Aで、金利の高い通貨Bを買った場合

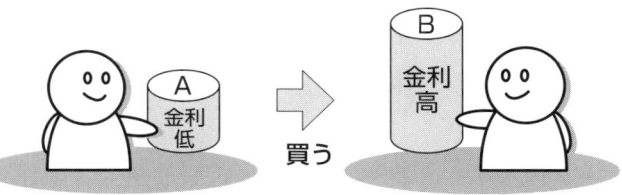

②金利の高い通貨Bで、金利の低い通貨Aを売った場合

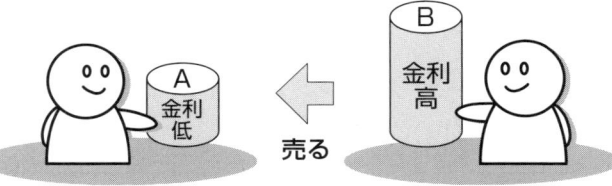

※①と②の保有条件は実質的に同じ意味になります

■スワップをとられる場合

①金利の高い通貨Bで、金利の低い通貨Aを買った場合

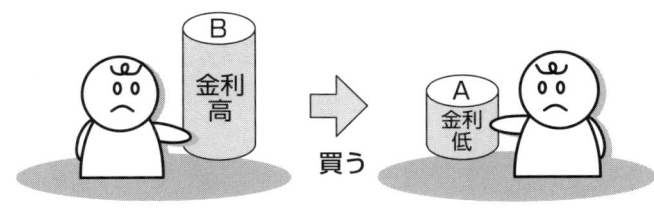

②金利の低い通貨Bで、金利の高い通貨Aを売った場合

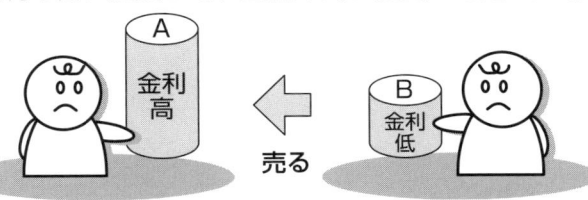

※①と②の保有条件は実質的に同じ意味になります

2−3. スワップ金利の注意点

スワップ金利の仕組みを理解することは大変です。真面目に説明すると、おそらく本書の半分ぐらいはページを割いてしまうので、実際の取引で注意すべき点だけに絞ります。

スワップ金利は毎日変化する

まず気をつけてほしいのが「スワップ金利は毎日変化する」点です。
仮に、下の表のようなスワップを提示しているFX業者があるとします。

1万通貨単位を持っている場合の1受取額（円貨）		
通貨ペア	売っている場合	買っている場合
AUD/JPY	−110.00	100.00

これはAUD/JPYの1万通貨を「買い」で保有すると、1日当たり100円もらえるという意味です（「売り」だと110円取られます）。これは土日祝祭日もしっかりもらえます。したがって100円×365日＝3万6500円が1年後に口座に入ってくる……わけではありません。スワップは毎日もらえますが、いつも一定とはかぎらないのです。
口座では円で受け取るので、毎日の対円レートの変動によって変化します。

図2.3.1　対円レートが半分になるともらえるスワップは？

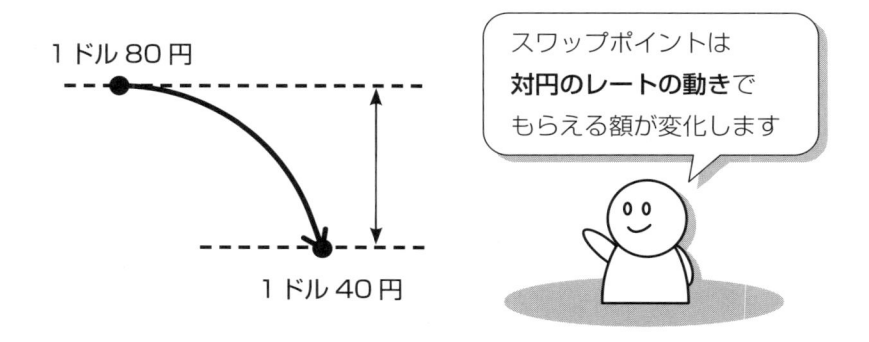

1ドル80円

1ドル40円

スワップポイントは**対円のレートの動き**でもらえる額が変化します

対円レートが半分になると、スワップポイントも半分に！

　例えば、いま、この業者の口座でAUD/JPYの「買い」ポジションを保有したとします。レートが1ドル80円で1万通貨保有した場合、毎日100円のスワップを受け取れます。ところが途中でレートが下落して1ドル40円の半額になると、受け取れるスワップポイントはどうなるでしょうか（金利差は一定）。

　スワップは最終的に円で受け取りますから、この場合は対円レートが半分になったことで、もらえる金額も半分になります（図2.3.1）。

円が含まれない通貨ペアのレートの変動は？

　次は、円が含まれない通貨ペアの場合です。
　GBP/AUDの「売り」ポジションを1万ポンド保有することで、先ほどと同じく、毎日100円のスワップ金利が受け取れるとします。
　このレートが上昇して2倍になったらどうなるでしょうか（金利差は一定）。このレートの変化は、通貨ペアのスワップに影響を与えるでしょうか（図2.3.2）。

図2.3.2 英ポンドと豪州のレートはスワップ金利に影響する？

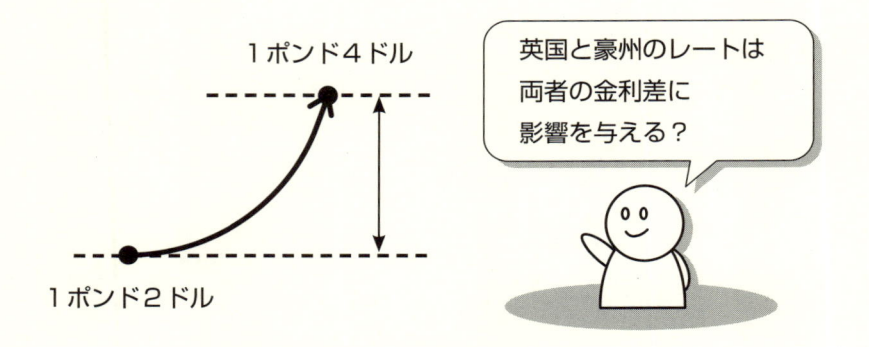

1ポンド4ドル

1ポンド2ドル

英国と豪州のレートは両者の金利差に影響を与える？

スワップポイントには関係ありません！

　答えは、GBP/AUDのレート変化はスワップに影響を与えません。英ポンドと豪ドルの金利差分が4.0%だとすると、この値はレートがいくら変わろうが変化しません。「ベース通貨」である英国通貨1ポンドに対して4.0%の金利差分をもらうわけですから、レートの変動が関係してくるのは1ポンド○○円という、対円のレートだけなのです。

　これらは意外に知られていないらしく、毎日100円のスワップ金利をもらえると期待していたら、1年後「予想していた額よりも少なかった。なぜ？」という疑問を持つ方も多いようです。

　日々のスワップ金利変動については、どのような通貨ペアを保有していたとしても、**「ベース通貨と対円のレートがどう変化しているのか？」**という点が重要です**（図2.3.3）**。

　またスワップ派というと、どうしても日本円（JPY）の円建てによる「買い」のみで考えてしまうことが多いようです。しかし、外貨同士の通貨ペアで「買い」や「売り」を自由に使いこなせると、収益の幅を広げるのに役立ちますし、リスクを低くすることもできます。ポー

図 2.3.3 「ベース通貨」と「円」の関係でみる

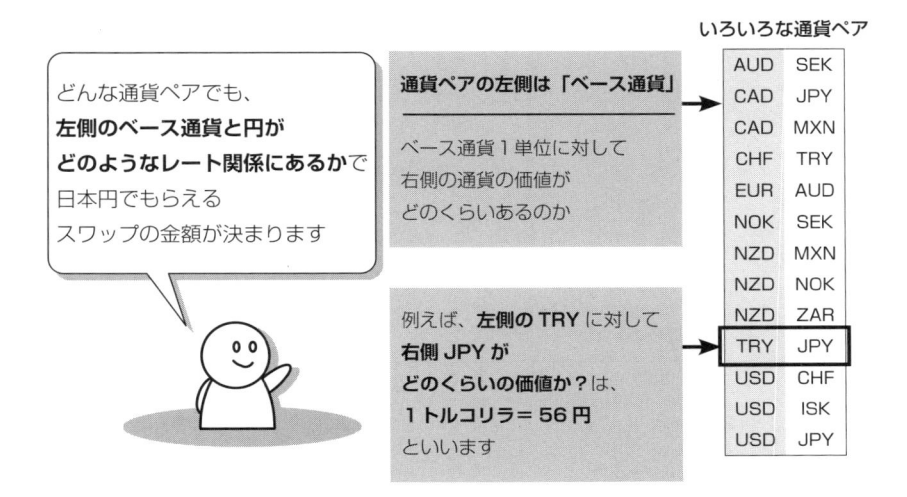

どんな通貨ペアでも、
**左側のベース通貨と円が
どのようなレート関係にあるか**で
日本円でもらえる
スワップの金額が決まります

通貨ペアの左側は「ベース通貨」

ベース通貨1単位に対して
右側の通貨の価値が
どのくらいあるのか

例えば、**左側のTRY** に対して
**右側 JPY が
どのくらいの価値か?** は、
1トルコリラ=56円
といいます

いろいろな通貨ペア

AUD	SEK
CAD	JPY
CAD	MXN
CHF	TRY
EUR	AUD
NOK	SEK
NZD	MXN
NZD	NOK
NZD	ZAR
TRY	JPY
USD	CHF
USD	ISK
USD	JPY

スワップポイントは「ベース通貨」と円の関係で決まる！

トフォリオを作成するときに非常に有利になりますので、ぜひ使いこなせるようになってください。

まとめ
- スワップ金利は毎日変化する
- 対円レートが半分になると、スワップポイントも半分に
- 円が含まれない通貨ペアのレートはスワップに影響しない
- スワップは「ベース通貨」と円との関係で決まる

2-4. スワップ派にとって不要なこと

　スワップ派がリターンをあげるのは簡単です。スワップ金利が高い通貨ペアを選んで保有するだけです。
　一方、リスク側のキャピタルロス（売却損）を少なくすることは、簡単ではありません。
　そもそも、将来、為替レートが上がるのか下がるのか、どちらの方向へ動くかは誰にも分かりません。もし為替レートの動きを確実に予測できるのであれば、スワップ金利の資産運用をする必要もないでしょう。全財産を予測した方向につぎ込んで、1週間もすればあっという間に大金持ちになれます。
　だからこそ、トレード派はさまざまな手法を使って、少しでも為替レートがどの方向へ動くのかを予想しようと頑張るわけです。しかし、そう簡単ではありません。
　そこで、スワップ派は為替レートの方向を予想することを最初から不要なものとして切り捨てます。「分からないものは分からない」と決断することは、これはこれで立派な筋道です。スワップ派は、将来の為替レートの上下方向を探ろうとすることはやめましょう。
　以降は「投資をする前の段階で、為替レートが上昇するか下降するか、確実には分からない」ということを前提とします。
　「そんなにいいかげんでいいの？」と思われるかもしれません。しかし、思い出してください。そもそもスワップ派の収益はスワップ金利であって、キャピタルゲインではありません。為替レートが将来ど

図2.4.1　値動きは読めません

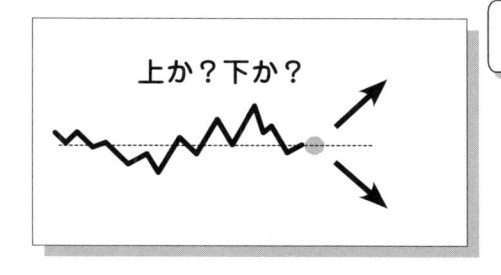

上か？下か？

分からないものは
分かりません！

ちらの方向に動くのか、いちいち予測する必要はないのです。むしろ、分かりもしないことを分かると勘違いして考察するほうが、はるかにいいかげんな結果をもたらします。

それにしても、ここまで思いきり割り切ってしまうと、ずいぶんと気が楽になりませんか。

トレード派は、一生懸命いろいろな指標を使って、ゴールデンクロスだのサイクルだのと、値動きを予測するところから始めるのですが、スワップ派はとりあえず、そういう作業からは解放されています。

ただ「それなら値動きにはまったく無頓着でよいのか」というと、そんなことはありません。為替レートの値動きについて調べることは、トレード派と同じく重要です。スワップ派は値動きに対する視点が異なっているというだけです。

2−5. スワップ派のリスク

　スワップ派は値動きの方向を予想する必要がありません。では値動きの何について調べるのでしょうか。
　今ここで、まったくレートが動かない通貨ペアを想像してみてください。レートがまったく動かなければ損失はありません。それどころか、時間がたつほど、スワップ金利が加算され、利益が貯まっていきます（図2.5.1）。
　逆に、スワップ金利がまったく付かず、レートだけが激しく動く通貨ペアはどうでしょうか。リターンであるスワップがまったく付かないのであれば、このポジションにはリスクしかありません（図2.5.2）。
　為替レートの変動によるキャピタルゲインもあるはず、と思うかもしれませんが、損もすれば得もする、というレベルでしかありません。利益が出たとしても、それは偶然そうなっただけで、スワップ派の戦略とは無関係の話です。
　変動によるリスクには、利益が出る場合と、損失が出る場合がありますが、まずは一括して変動そのものをリスクとして扱うことにします。
　スワップ派にとってのリスクの正体がだんだんハッキリとしてきましたね。つまり、為替レートの変動そのものがリスクなのです。
　レートの変動は利益を生むかもしれませんが、一方で損失を生む可能性もあるのなら、それをそのままスワップ派のリスクと決めればよ

図2.5.1 スワップ金利がついて、レートが動かない通貨ペア

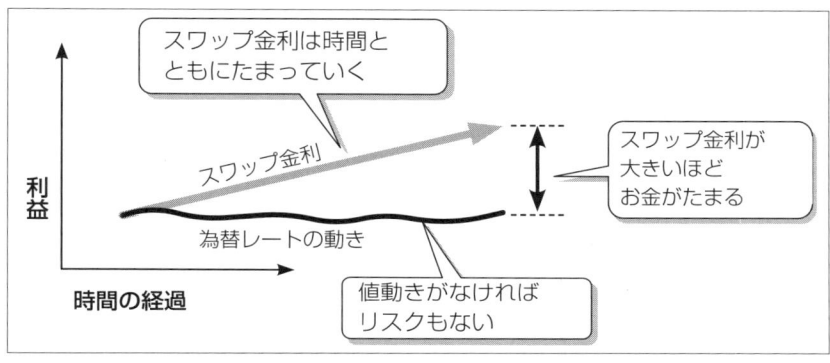

- スワップ金利は時間とともにたまっていく
- スワップ金利
- スワップ金利が大きいほどお金がたまる
- 為替レートの動き
- 値動きがなければリスクもない
- 利益
- 時間の経過

図2.5.2 スワップ金利が付かず、レートだけ動く通貨ペア

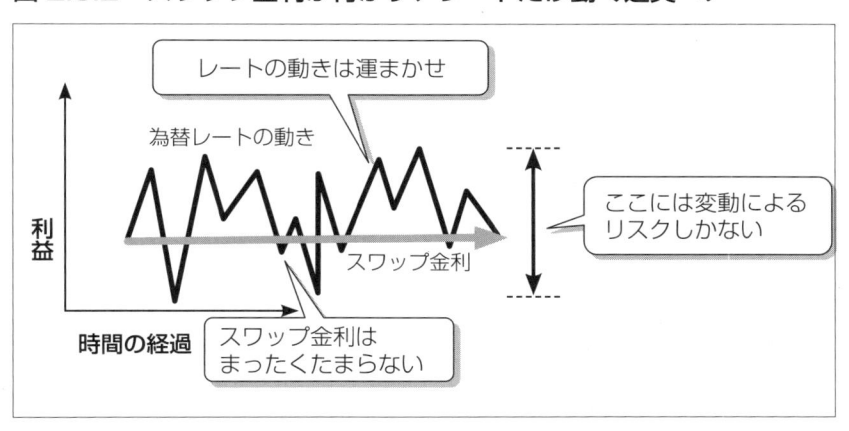

- レートの動きは運まかせ
- 為替レートの動き
- ここには変動によるリスクしかない
- スワップ金利
- スワップ金利はまったくたまらない
- 利益
- 時間の経過

いのです。

しかも、為替レートが大きく動けば動くほど、損失の可能性は大きくなります。

リスク（＝変動）をモデル化する「標準偏差」

このように整理して考えると、リスクという厄介な存在が非常に単

純なモデルになります。幸いなことに、投資理論の世界では、為替レートの変動を測る確立した考え方があります。

　それは「標準偏差」と呼ばれるものです。この考え方は、特に目新しいものではありません。プロの運用機関などでは当たり前に使われています。実用性も高く、とても便利です。「リスク」というつかみどころのないものを、標準偏差という分かりやすい考え方に移行させてしまえば、あとはどうすれば標準偏差を小さくできるかという、単純な数学の問題です。

　では、どうやって標準偏差を求めるのでしょうか。標準偏差は各国が政策金利のように発表しているわけでないので、スワップのように明確な数値を手に入れることはできません。

　標準偏差は投資家が自ら推定するしかありません。しかも「将来の推定」という厄介なことをやる必要があります。とはいえ、計算はエクセルでできますので、安心してください。標準偏差の具体的な計算については、第3章以降で解説します。

過去の動きから将来の動きを予測する

　標準偏差の値は、過去の値から比較的正確に将来の値を説明できるという、都合のよい性質があります。為替レートは、時間が経過するにつれて、「上下どちらへ」行くのか分かりませんが、「どのくらい動くのか？」は過去の値動きからある程度の予測ができるのです。

　例えば、元気のよい子供が広場で遊んでいたとします。30分後に広場のどこにいるかは分かりません。しかし、その30分間に「どのくらい動き回っているか？」は、それまでの子供の行動を見れば大体予測がつくと思います（図2.5.3）。

　同様に、例えばEUR/CHFの過去の標準偏差は小さいので今後も標準偏差は小さいだろうと予想ができますし、その反対にZAR/JPYは

図 2.5.3　場所は分からないけれど……

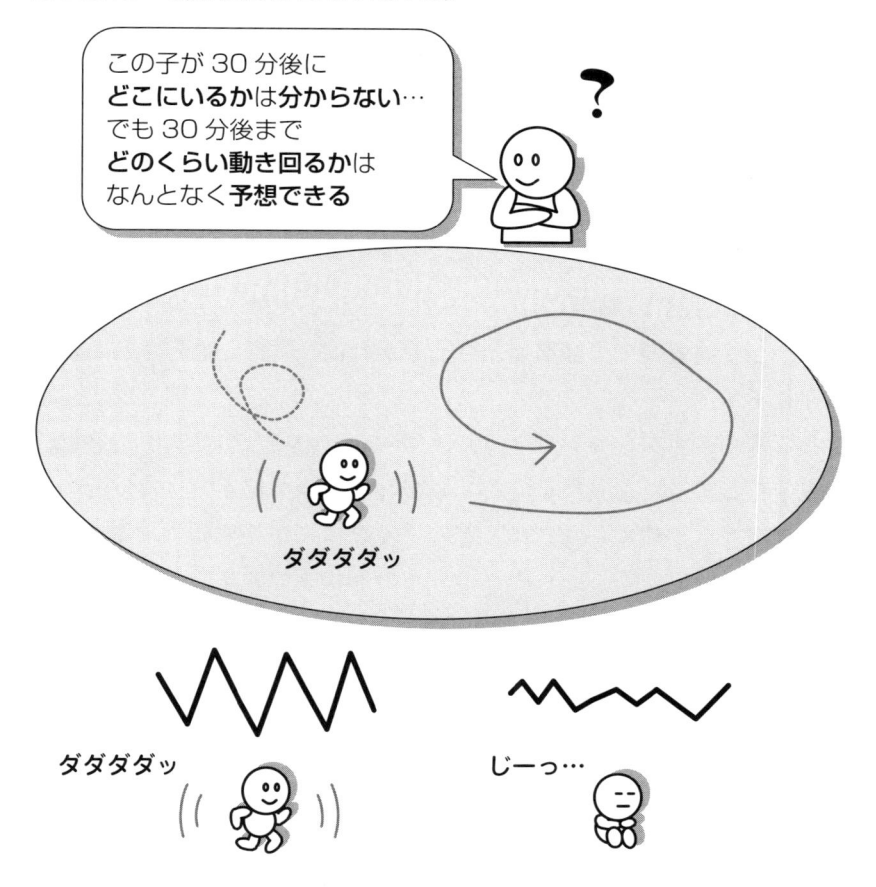

この子が 30 分後に**どこにいるか**は**分からない**…
でも 30 分後まで**どのくらい動き回るか**はなんとなく**予想できる**

ダダダダッ

ダダダダッ　　　　　　　じーっ…

過去の標準偏差が大きいので、今後も大きいだろうと予想できます。つまり、過去から現在までの標準偏差を求め、それを将来のリスクの参考にすればよいわけです。

ただしそれは「現状の状況が続いた場合」です。先ほどの例で言えば「子供の性格が変わらなければ」という前提があります。活発な子供が突然おとなしくなったり、おとなしかった子供が突然猛烈に活発になったりすることまでは予測できません。あくまで、現在の性格の

ままであれば、どのくらい動き回るかを推定するだけです。

　なお、リスク＝標準偏差という考え方は、あくまでFXの証拠金取引や株式の現物取引の場合です。オプションや保険、宝くじや事故率などのリスクは、正規分布では仮定できないリスク形態であり、標準偏差だけでは表せません。

　標準偏差をリスクとして使えるのは、標準偏差によって分布の形が確定される場合にのみ使うことができます。

　FXや株式投資の場合には、リスクとされる変動は正規分布に従うと仮定しているので、標準偏差さえ分かればリスクが確定されることになります。

　ところが、オプションや宝くじ、保険などの場合のリスク形態は、正規分布とまったく異なる分布をしており、標準偏差だけではその分布は確定できません。そのため、どのような損失が将来発生するかは、標準偏差だけでなく、それぞれの分布の形状まで考慮したリスク計算が必要となるのです。

２−６．投資魅力度としてのシャープレシオ

　スワップ派のリターンはスワップです。具体的な数値は各FX業者のホームページなどから手に入れることができます。
　また、リスクの正体は為替レートの変動であり、それは「標準偏差」として具体的な数値で表すことができます。

リターン　→　スワップ金利
リスク　　→　標準偏差

　それでは、このリターンとリスクがどのような関係性を持てば、スワップ派にとって魅力的な投資になるのかを考えてみましょう。

スワップ派のための投資魅力度の考え方

　ここに、２つの投資対象があるとします。

通貨ペアＡ　　スワップ金利６％　　標準偏差10％
通貨ペアＢ　　スワップ金利10％　　標準偏差20％

　スワップ派は、ＡとＢのどちらに投資するのが魅力的でしょうか。スワップ金利の高いＢでしょうか。標準偏差が低いＢでしょうか。
　こういう場合は、**両者のリスクを揃えて比較します**。通貨ペアＡの

図 2.6.1　魅力度は標準偏差でそろえる

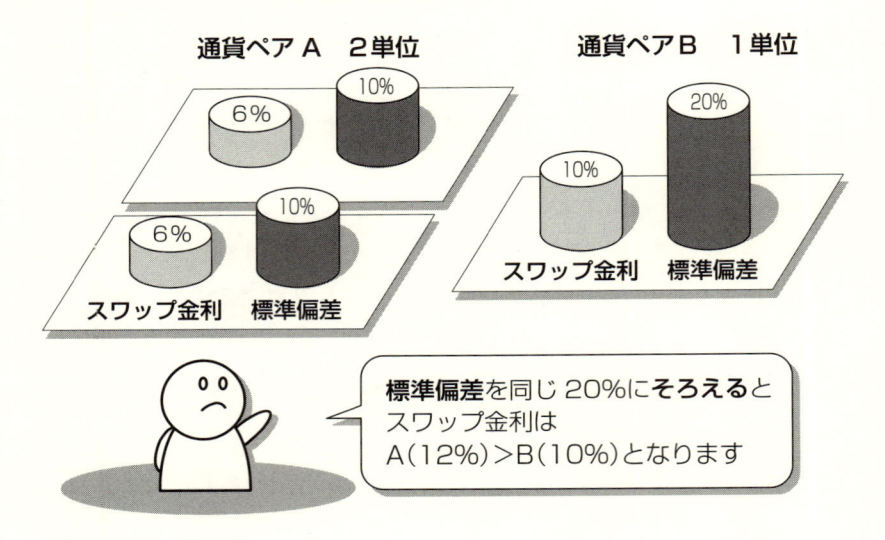

標準偏差を同じ 20％に**そろえる**と
スワップ金利は
A(12％)＞B(10％)となります

標準偏差10％は、通貨ペアBの標準偏差20％の半分です。そこで、Aを2単位投資するとBと同じリスクになります。このとき、スワップ金利は2倍の12％です。したがって、Aのほうが魅力的ということになります（**図2.6.1**）。

どうやら、リスク当たりのリターンを求めれば、投資の魅力を簡単に比較できそうですね。投資の良し悪しを測る判断基準を「リターン÷リスク」と決めてみましょう。この数値が大きいほど、魅力的な投資ということです。改めてAとBを見てみましょう。

通貨ペアA　6％÷10％＝0.6
通貨ペアB　10％÷20％＝0.5

計算の結果、数値の大きなAが魅力的であると分かりました。この投資魅力度の考え方を「シャープレシオ」といいます。

$$シャープレシオ = \frac{リターン}{リスク}$$

※シャープレシオの正確な定義は（リターン−リスクフリーレート）÷リスクです。しかしスワップ派は、リスクフリーレートを省略しても問題ありません

　シャープレシオが高いということは、相対的に、リターンが大きくリスクが小さいということです。つまり、それだけ有利に儲かることになります。スワップ派はシャープレシオが高い対象に投資をするのがよいでしょう。

2－7．シャープレシオを高めるためには

　どうすればシャープレシオを大きくできるのでしょうか。
　まず、片っ端から通貨ペアのシャープレシオを調べて、大きなシャープレシオを持つ通貨ペアに投資をするという方法があります。
　そしてもうひとつ、かなり有効な手法があります。それは複数の通貨ペアを保有してポジションを分散させ、シャープレシオを高める方法です。複数の通貨ペアを保有することを「ポートフォリオを組む」などと言います。ポートフォリオを組むことによってシャープレシオを高める方法です。
　ポートフォリオを組むと、なぜシャープレシオが高まるのでしょうか。それはリスクである標準偏差の性質をうまく利用できるからです。

標準偏差の足し算

　先ほど通貨ペアAとBを単独で運用した場合で考えました。今度は、AとBを半々の50％ずつ組み合わせて作ったポートフォリオの例で考えてみましょう（**図2.7.1**）。
　まず、ポートフォリオのリターンであるスワップ金利を求めてみましょう。

$$(6\% + 10\%) \div 2 = 8\%$$

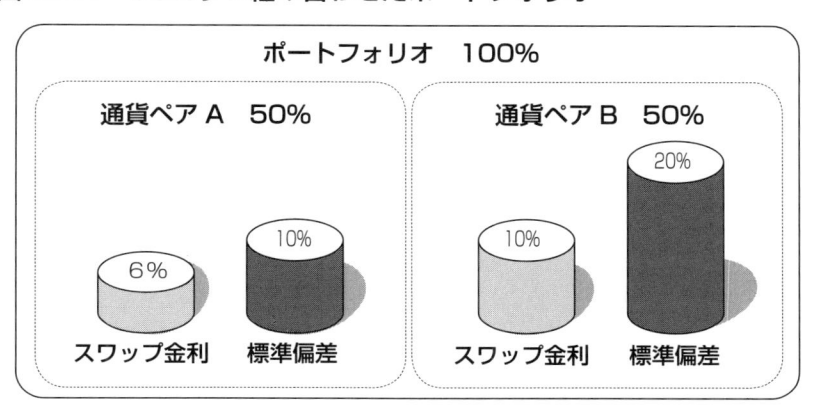

図2.7.1　50%ずつ組み合わせたポートフォリオ

　AとBが50％ずつ組み込まれているので、単純に6％と10％の平均で8％となります。

　では、リスクである標準偏差はどうでしょうか。同じように10％と20％の平均で標準偏差を求めると……

$$(10\% + 20\%) \div 2 = 15\% \cdots\cdots ?$$

　……大間違いです！

　実は、このポートフォリオのリスクは、「ある条件」によって、5％～15％の間のどれかの数値になります。単純に足したり割ったりして求められる値ではありません。

　そして、その「ある条件」によっては、AもしくはBそれぞれ単独で運用するよりもリスクを小さくできます。これは非常に面白い性質です。何しろ、10％＋20％が10％よりも小さくなるのですから（図2.7.2）。

　では、その「ある条件」とは何でしょうか。

　それは、2つの通貨ペアにおける「相関性」と呼ばれるものです。

図 2.7.2　標準偏差の足し算

標準偏差の足し算は
10%＋20%＝10%
以下にもなる

間違った相関性

相関性とは、AとBの動きの関係を示すものです。AとBの相関性が低いほどポートフォリオのリスクは低くなり、高いほどポートフォリオのリスクは高くなります。

ポートフォリオが5～15%の間のどれかの数値を取るということは、相関性がもっとも低い場合に5％、相関性がもっとも高い場合に15%の値を取るという意味になります。

この相関性を数値化したものを「相関係数」と呼びます。相関係数は過去の為替データから簡単に計算可能です。

この相関係数は、個人投資家の間でもよく使われていますが、実は少々厄介な問題を抱えています。それは、ネットや書籍で出回っていた「相関係数の求め方」に大きな間違いがあることです。詳しい話は第4章でしましょう。

通貨ペア同士の相性を見極めて、ポートフォリオを上手に組むことができれば、通貨ペアを単独で運用するのに比べてリスクを小さくできます。分母であるリスクが小さくなれば、当然、シャープレシオは高くなります。そして、ポートフォリオを組むことでシャープレシオ

図 2.7.3　組み入れ比率の例

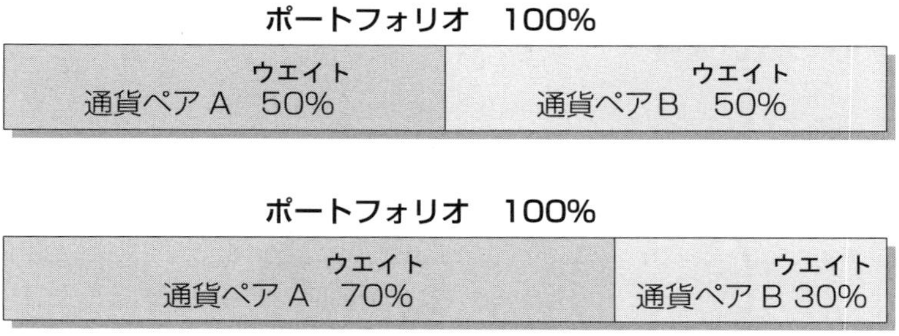

```
         ポートフォリオ　100%
┌─────────────────────┬─────────────────────┐
│      ウエイト        │      ウエイト        │
│  通貨ペアA　50%     │  通貨ペアB　50%     │
└─────────────────────┴─────────────────────┘

         ポートフォリオ　100%
┌─────────────────────────────┬─────────────┐
│         ウエイト              │   ウエイト   │
│    通貨ペアA　70%           │通貨ペアB 30%│
└─────────────────────────────┴─────────────┘
```

を高められます。

　つまり、シャープレシオを高めるためには、相関性の低い通貨ペア同士を探し出してポートフォリオを作成すればよいのです。

「ウエイト」の調整も重要

　さらに、もう一段シャープレシオを高めることもできます。それはポートフォリオに組み込まれた各通貨ペアの割合の調整です。その割合を「組み入れ比率」といいます。英語ではweightです。本書では「ウエイト」と呼ぶことにします。

　先ほどのポートフォリオでは、2つの通貨ペアAとBのウエイトを50%ずつで考えましたが、組み入れる割合を半々にしなければならないということはありません(**図2.7.3**)。むしろ、シャープレシオがもっとも高くなるウエイトを、積極的に探し出すべきです。

　スワップ派がポートフォリオを組む作業は「シャープレシオがもっとも高くなるように、数多くの通貨ペアの中から相関性の低い通貨ペアを探し出し、さらにそれらのウエイトを決める」という複雑で大変な作業をする必要があるわけです。この一連の作業を「ポートフォリオの最適化」と呼びます(**図2.7.4**)。

図2.7.4　ポートフォリオ最適化の流れ

①相関性の低い通貨ペア同士を探す

②シャープレシオが最大となる各通貨ペアの割合を決める

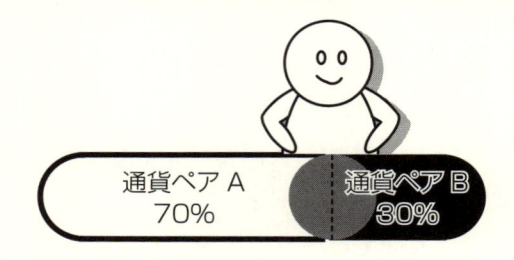

２−８．スワップ派のための金融工学

　ここまで述べた流れを具体的にひとつひとつ計算していき、最終的には読者の方がシャープレシオの高いポートフォリオを自力で作成して運用できるように支援をすることが、本書の目的です。
　そのためには、手探りでやみくもに突き進むのではなく、正しい道筋を示してくれる地図が必要になります。
　スワップ派の地図となるのが、金融工学と呼ばれる理論です。簡単に言うと、確率や統計を使って金融商品の価格変動を割り出す理論です。
　難しそうに聞こえるかもしれませんが、必要なものだけをピックアップすれば、それほど恐れることはありません。この理論はスワップ派にとって、大きな役割を果たしてくれます。
　なお、金融工学には数多くの"割り切った前提"があります。「正規分布に従うと仮定する」など、第３章以降は、さまざまな前提が登場します。
　金融工学がとっつきにくいといわれる理由のひとつに「●●と仮定して話を進めます」と言い切る部分があるかもしれません。実際、私が金融関係の勉強を始めたころ、真っ先に悩んだのが、「なんでそう言い切れるの？」「前提がひっくり返ったらどうなるの？」という点でした。
　そのあたりの疑問も踏まえて、金融工学の簡単なガイダンスをして

図 2.8.1 「金融工学」を分解

2つ合わせて「金融工学」

金融　工学

みたいと思います。

金融工学とは

　まず金融工学という言葉を分解してみましょう。「金融」と「工学」ですね(図2.8.1)。最初の「金融」とは、お金の行き来を表す言葉です。学問としては「経済学」などの文系に属しますが、もうひとつの「工学」は理系です。つまり"金融市場で起こっていることを理系的な手法で扱う"学問なのです。

　理系的ということは、対象を定量的に扱うということです。定量的に扱うとは「昨日はいつもよりも株価が暴落した」という主観的な言い方を、「株価が1日当たりの平均変動率2％を上回る20％の下げ幅となった」などと客観的な数値で判断することです。

　例えば、水1キログラムは、地球上どこへ行っても1キログラムです。「東京で測定したら1キログラムでしたが、ニューヨークでは3キログラムでした」なんてことはありません。文学の世界では「干ばつ地に住む我々にとって、水は何よりも重い」などという主観的な言い方ができますが、理系の世界で扱う水は、どこで誰が観測しようが、常に客観的な存在でなければなりません。

金融工学で取り扱う金融市場も同じです。理系的に扱うには、客観的な観測対象でなければなりません。そのため「市場参加者は全員、合理的な判断ができる人たちである」と勝手に仮定します。

　彼らは、煽動されてパニックを起こしたりはしません。常に、適正な価格で取引の判断ができる存在として扱います。金融工学は「市場は、常に合理的で効率的に動く」という前提から出発するのです。これを「効率的市場仮説」と呼びます。

効率的市場仮説は使いものにならない？

　ただし、これはあくまで仮説です。実際は必ずしも市場が合理的に動くわけではありません。人間は、集団心理やパニックによって不可解な判断を下すことも多いでしょう。市場が不合理な動きをすることはよくあります。

　ところが、効率的市場仮説の立場からすると、定期的に発生するバブルや大暴落という出来事は、本来は起きるはずのない出来事です。そういう視点から、実務者のなかには「金融工学は、実際の運用では使いものにならない」と言い切る人たちもいるようです。

　たしかに、そのような主張には、うなずける部分も多くあります。しかし、金融工学は正しく使えば、資産運用の強力な武器になることも確かなのです。

　もう一度、金融工学の「工学」という部分に目を向けてみましょう。工学の分野では、ある現象を分析する場合、その現象に影響を与える確定事項だけを対象として、ほかの不確定事項を排除し、単純なモデルとして考えることがよくあります。

　例えば、高層ビルを設計するときに、地震や風に対する建物の強度を決める場合などがそうです。いきなり、完成した高層ビルの複雑なメカニズムを計算対象にしたりはしません。まずは単純に「地面に突

図2.8.2　まずは単純なモデルにしてみる

複雑なビルディング　　　　　　　　　　　　単純に巨大な箱と仮定

工学の世界では、複雑なものを単純にモデル化して計算します

きささった単なる巨大な箱が、どのくらいの揺れや風の力で折れてしまうか」を考えます。

　もちろん、そのような巨大な箱は、実際の高層ビルとはかけ離れています。しかし、まずはシンプルなモデルから出発するわけです。

　そして、箱が立つ地面の具合、箱の形状、箱の素材や密度の偏り、過去の天気の様子、開口部の位置や量、テナント入居に伴う重さなど、徐々に現実的な条件を加えながら、計算の精度を上げていきます（**図2.8.2**）。

　このような手順は、工学に限らず理系の学問全般でよく用いられます。ある現象の原因と結果や仕組みを理解するために、あえてさまざまな要因で成立している現実を単純化して、実際には存在しない世界を想定したところから考えるのです。

　つまり金融工学が、効率的市場仮説を用いているのは、マーケットの動きを分析するために、ひとつの理想的な世界を設定して、解答を引き出そうとしているのです。

　当然、金融市場はいつも合理的で効率的とはかぎりません。しかし、「市場は常に効率的に動いている」という前提条件をつけることで、

例えばアラブの王様が、気まぐれにばく大な資金を投入したとか、ディーラーが大量の誤発注をしたといった、突発的な要因が排除され、市場を客観的に分析することが可能になります。

「データが数式に従う」という考え方も、為替の動きをひとつの理想モデルに適応しているわけです。当然、為替データはピッタリと数式に従うわけではありませんし、値動きに影響を与えるすべての事象を、完璧に織り込めるわけでもありません。

しかし、不確定要素を排除してでも、市場を分析できる理論を作り出したということはすばらしいことです。それは客観的なアプローチとして非常に有効なことであり、実際の運用において大きなメリットを得られるはずです。

金融工学でできること、できないこと

金融工学が「市場は合理的で効率的である」という効率的市場仮説を前提にしているということは、逆に言えば「市場の不合理な部分」は説明「できない」ことになります。

不合理な部分とは、先ほどの例のような、アラブの王様が気まぐれにばく大な資金を投入したとか、ディーラーが誤発注したなどです。

また、特定芸能人のドラマ番組のように人気が人気を呼んで視聴率が急に高くなるように、ある特定の銘柄に人気が集まってレートが急騰するなど、要するに人間の気まぐれや習性によって引き起こされる行動は、心理的な要素の絡みから数値としては扱いにくい領域です。金融工学が批判されるのは、こういう部分です。特に、短期の為替レートの動きに対しては大きく影響します（**図2.8.3**）。

トレード派のなかでも短期売買を主体とする方にとっては、金融工学のような理論は向いていないでしょう。いくら適正価格よりも安いからといって、短期間で価格が適正値に修正されることはまずありま

図 2.8.3 短期の動きは何が作用するか分からないが…

> 短期的にはわけの分からないものがマーケットを動かしますが…

せん。むしろ、パニック売りが加速してますます下げたり、その反動で上げすぎたりと、不安定になることが多いのではないでしょうか。

金融工学では「できること」と「できないこと」をシッカリ認識する必要があります。

金融工学は長期投資と相性が良い

短い期間で市場を眺めれば、たしかに人間の行動には不合理な面が目につきます。

しかし、売られすぎ買われすぎによって適正価格から外れたものは、長い目で見れば、徐々に適正な値へと収束していきます。

例えば、2009年ごろ、新型インフルエンザが世界的に流行しました。ドラッグストアでもインターネット通販でも、マスクが一気に買い占められ、どこも売り切れで買えなくなりました。その後、インターネットオークションで5～10倍近い価格で販売されるなど、価格が異常な高騰をみせました。

しかし、メーカーによるマスク増産と、新型インフルエンザがおさまるにつれ、マスクの価格は徐々に戻っていきました。

図2.8.4 長期の動きは予測しやすい

> 長期的に見れば市場は**数学の理想モデル**に近いものになります

　この場合、マスクは「新型インフルエンザ」という短期的な要因で適正価格から外れましたが、長期的にみれば価格がいずれ戻ることは初めからある程度は予測できました。

　また、短期的に有り得ないと思われる極端な変動の発生も、長期にわたって多くのサンプルを集めてみれば、それなりに起こり得る確率の範囲に収まっていることに気がつきます（図2.8.4）。

　つまり期間が長ければ長いほど、サンプルが多ければ多いほど、為替レートの値動きは完全ではないにしても、数学の理想モデルに近いものとなり、確率・統計理論に近づく傾向があるのです。

　長期間の投資で考えたときに、もっとも最良であろうというやり方を、金融工学は与えてくれます。特に、FXのスワップ派は短期的な値動きには左右されず、長期間にわたって堅実に資産運用をしていく手法です。金融工学の理論とは相性が良いといえるでしょう。

　もちろん、金融工学は万能ではありません。あくまで「このような前提で考えると、大体こんな値になる」という目安を示してくれるものにすぎません。計算した数値に絶対におさまると断言できるものでもありません。妄信するのは危険です。しかし、そういう指針がまったくない状態で資産運用をすることに比べたら、はるかに大きな武器

を手にしたと言えます。
　以上のメリットとデメリットを踏まえて、次章からは、より合理的な運用の道具として有効に活用してみましょう。
　いよいよ、具体的な計算方法をお話ししていきたいと思います。

北山広京のクオンツコラム②
ファンドマネジャーに衝撃が走った日

　"事件"があったのはリーマンショックの1年ほど前、2007年8月8日のことです。運用関係者以外にとっては、何の変哲もない、ごく普通の日でした。
　午前10時ごろ、新たな分析システムのプログラミングの手を休めて、自分の運用しているファンドの状況を見たとき、何だか奇妙な感じを受けました。

　「今日は、ちょっと負けているな……」

　でも、やっぱりどうもおかしい。よくよく見ると……ひと桁違う!?
　この時点でファンドは前日比で1%近い下落となっていました。私と同僚が運用しているこのファンドは、十数年以上のデータから精密なバックテストと各種統計を使って厳密なリスク計算をしてあり、1日の下落率はどんなに大きくても0.5%以下になるようにコントロールしていました。もしこれが本当の値ならば、100年に1度も起こらないような値です。

　「情報端末がイカレちまったんじゃないのか？　あり得ない！」

　私はまわりのマネジャーを見渡しました。もし本当に100年に1度の事態が起きているのであれば、大騒ぎになるはず……。しかし、周囲は何ごともなかったかのように平然と雑談すらしています。
　慌てて同僚のところへ行っても、彼もよく分かっていない様子でした。そうこうしているうちに午後3時が過ぎ、たしかに私のファンドは1%以上の大幅下落になったと認めざるを得ませんでした。
　信じたくありませんが、事実である以上、理由を追及するのが危急の課題です。幸い（かどうか分かりませんが）、表面的な理由はすぐに分かり

ました。
　原因は、米系の大口クオンツファンドの解約に伴って、大量の売り注文が出たことでした。この騒動で、特にヘッジファンドで私と似た運用方針をとっていたところは、退場を余儀なくされたところも多いようです。どうりで別の運用方針をとっていたほかのマネジャーたちが平然としていたわけです。

　このとき私のとった対策は「何もしないこと」でした。その結果、2週間後には損失を何とか回復することができました。
　瞬間的に何もしなかったのは、マーケットの動きの理由をおおよそ類推できたからです。本質的に意味のない、一時的なマーケットの需給による下落は、すぐに値が戻る確率が高いことは分かっていました。ですから、その可能性に賭けました。そして読みが的中したのです。もし下手に動いてあのまま沈んでいたらと思うと、ぞっとします。

　後日、知人のトレーダーから聞いたところによると、各証券会社の自己売買部門でも瞬間的な大損失が発生し、その対策で明暗がはっきりと分かれたそうです。

　私が冷静でいられたのは、ファンドの設計時に大量のシミュレーションを行い、起こり得るほとんどの状況を把握していたからです。把握していた状況以外のことが起こった今回の事件は、類推した理由以外に考えられませんでした。だから動かずに推移を見守るという、血を吐くような戦略を取れたのです。

　資産運用ではときどき、思わぬことが起こります。今回の事例とは逆に、瞬間的に何らかの動きが必要とされる場合もたくさんあります。ただし、そのときに正しい対策が取れるかどうかは、ほとんどの場合、運用を始める前に決まっていると言ってもよいでしょう。戦う前に勝負はついていると言っても過言ではないのです。

第3章

金融工学の基礎知識
～変化率とは～

3−1. すべての素は「変化率」にある

　為替レートは絶えず変化して動いています。このことを「変動」といいます。そもそも変動とは何なのでしょうか？　まずは例え話から入ってみましょう。

ダイエットの変化率

　いつの時代にもダイエットが流行っているようです。ダイエットでもっとも気になるのは、その効果です。さて、あなたは効果的なダイエット法を探していたところ、2つの広告を見つけました。

> 広告A　体重60キロの人が−10キロのダイエットに成功！
> 広告B　体重120キロの人が−10キロのダイエットに成功！

　さて、広告Aの方法と、広告Bの方法は、どちらがより効果的なダイエット方法でしょうか。どちらの広告も、体験者は−10キロのダイエットに成功したそうです。効果は同じ……だと思いますか？
　図3.1.1を見ると、なんだか違和感がありますね。体験モニターのもともとの体重は、Aは60キロ、Bは120キロと倍も違います。同じ−10キロのダイエットでも、両者にとっては数字の意味がまったく異なるのではないでしょうか。象の−1キロと、猫の−1キロでは意味

第3章　金融工学の基礎知識～変化率とは～

図3.1.1　同じマイナス10kgでも…

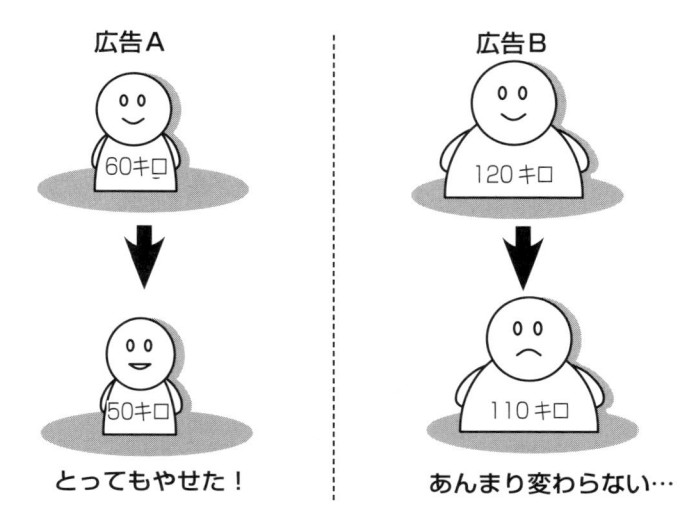

広告A　　　　　　　　広告B

60キロ　　　　　　　　120キロ

↓　　　　　　　　　　↓

50キロ　　　　　　　　110キロ

とってもやせた！　　　あんまり変わらない…

が全然違うでしょう。

　ダイエット効果を正しく比較するには、単に減った分の重さだけを見ても、何も分かりません。もとの体重に対して、どの程度の変化が起きたのかを測る「増減の比率」を調べなければなりません。それを体重の「変化率」と呼びましょう。変化率は、以下の式で求められます。

$$体重の変化率（％） = \frac{体重の変動幅}{もともとの体重} \times 100$$

広告Aの変化率　　$\dfrac{-10キロ}{120キロ} \times 100 = -8.33\%$

広告Bの変化率　　$\dfrac{-10キロ}{60キロ} \times 100 = -16.67\%$

注）マイナス符号は体重の減少を表しています。
注）パーセントで表示する場合は100を掛けます。※ 0.01 = 1%

図 3.1.2　変化率で比べよう

まったく同じ条件のモニターで比べると、
どちらが効果的かは一目瞭然！！

－16.67％
やせました！！
広告A

－8.33％
やせました
広告B

　Aは－16.67％の変化率で体重を減らすことができたのに対して、Bは－8.33％の変化率でした。したがって、ダイエット法としては「Aのほうが効果が高い」という結論になります**(図3.1.2)**。

為替レートだとどうなるか

　では、同様に為替レートで考えてみましょう。

EUR/JPY（1 EUR＝115円）が1円60銭円安になった
AUD/JPY（1 AUD＝80円）が1円60銭円安になった

　どちらも同じく1.6円だけレートが上がりました**(図3.1.3)**。一見すると同じ金額だけ動いたように見えます。果たして、どちらの変動のほうが大きかったでしょうか。
　この比較も、ダイエットにおける体重の変化率と同じように考えれば簡単です。この場合の変化率は次の式で表せます。

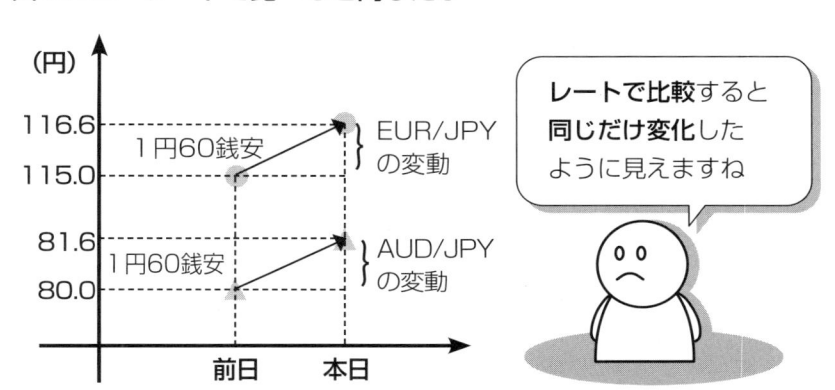

図 3.1.3　レートで比べると同じだが…

(円)
116.6 ┐
　　　 │ 1円60銭安　EUR/JPYの変動
115.0 ┘

81.6 ┐
　　　│ 1円60銭安　AUD/JPYの変動
80.0 ┘

前日　本日

レートで比較すると同じだけ変化したように見えますね

$$変化率 = \frac{レートの変動幅}{変化前のレート} \times 100 \quad \cdots\cdots ①$$

注）パーセントで表示する場合は 100 を掛けます。※ 0.01 = 1%

$$EUR/JPY の変化率 = \frac{1.6 円}{115 円} \times 100 = 1.4\%$$

$$AUD/JPY の変化率 = \frac{1.6 円}{80 円} \times 100 = 2.0\%$$

　変化率の比較によって、EUR/JPYよりもAUD/JPYのほうが変動は大きいと分かります**（図3.1.4）**。

　このように「変動」というばく然としたものも、変化率を使えばハッキリと大小を比べることができます。もとの為替レートが持つ数値の大きさが排除されるので、通貨の変動を正しく比較できるのです。

　日次終値のデータを使った場合、変化率と為替レートの関係は②式のようになります。

図3.1.4 為替レートの変化率

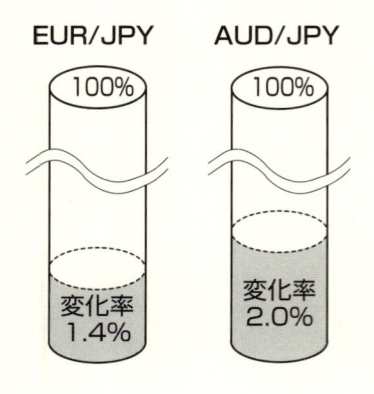

EUR/JPY 100% 変化率 1.4%

AUD/JPY 100% 変化率 2.0%

変化率で**比較**するとどちらの変動が大きいか**一目瞭然**です

レートの変動幅＝本日の終値－昨日の終値
変化前のレート＝昨日の終値

}を①式に代入

$$本日の変化率 = \frac{本日の終値}{昨日の終値} - 1 \cdots\cdots ②$$

　これは「1日当たりの変化率」を求めた式になります。なお、符号が正のときはレートが上昇したことを、負のときはレートが下降したことを意味します。

　エクセル教材のchapter3「1. 変化率」を開いてください(図3.1.5)。実際の為替レートのデータから変化率を計算してみました。

　C列にはUSD/JPYの過去3年分、2008年から2010年までの日次データが終値で入っています。

　D列には、それぞれの日付に対する1日当たりの変化率（％）が入っています。各セルをクリックすればエクセル式を見ることができます。例えば、日付2008/01/02の変化率は「D9=C9/C8-1」となります。

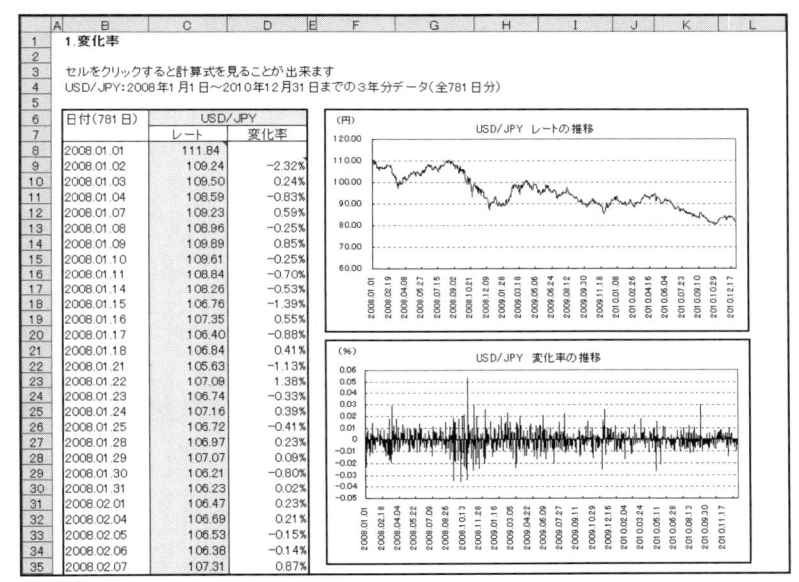

第3章　金融工学の基礎知識〜変化率とは〜

図3.1.5　変化率を計算するエクセルファイル

エクセルで表示単位を変える場合
セル選択→右クリック[セルの書式設定]→[表示形式]タブで「パーセンテージ」

図3.1.6はこの表のグラフの部分です。上はデータ範囲のレート推移を線チャートで、下はその変化率を棒グラフで表しています。期間は変化率のグラフと同じです。

USD/JPYのレート推移と変化率を同時に見てください。変化率の棒グラフが上下に長いときは、レート変動が特に激しかったときです。2008年9月と10月のリーマンショック時の変化率は特に大きいのが分かります。この時期はそれだけレートの変動が激しかったということです。

為替レートの動きを調べようと思ったら、まず変化率を求めてください。これは変動の「素」として、今後さまざまな計算で使用します。

次に、変化率の性質について調べましょう。

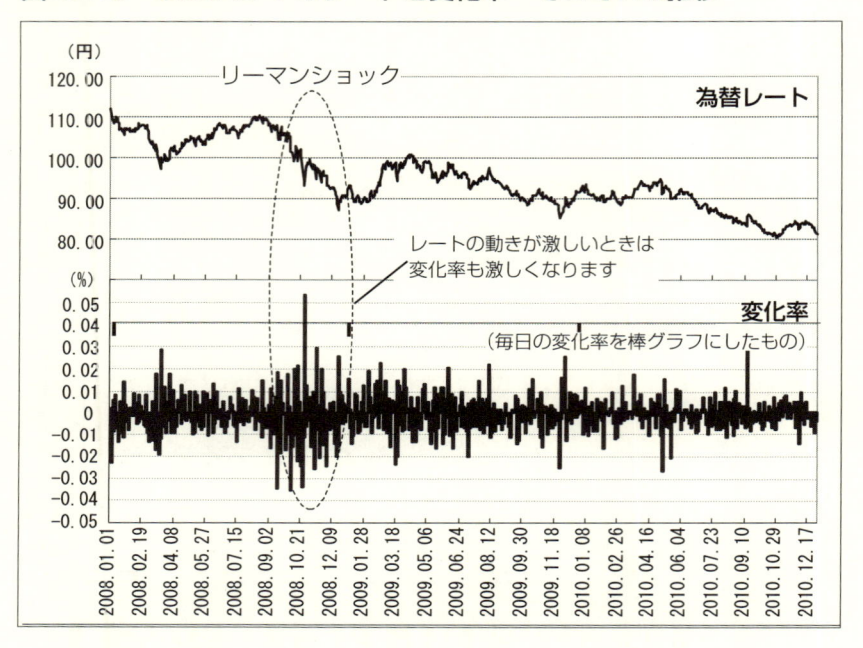

図3.1.6 USD/JPYのレートと変化率 それぞれの推移

(図中注記)
- リーマンショック
- 為替レート
- レートの動きが激しいときは変化率も激しくなります
- 変化率
- （毎日の変化率を棒グラフにしたもの）

変化率は予測がつくか

　図3.1.7の2枚のグラフを見てください。2枚のうち1枚は、先ほどのUSD/JPYの3年分の棒グラフから一部の期間（1年間260営業日数）を抜粋したものです。もう一方のグラフは、私が作ったニセモノです。
　どちらが本物か見分けがつくでしょうか？
　もし分かったとしたら、あなたは相当な眼力の持ち主です。おそらく、どちらが本物なのか、まったく見分けがつかないと思います。
　答えは、上の図「変化率その1」がUSD/JPYの変化率で、下の図「変化率その2」はニセモノです。ニセモノのほうは「ある条件」で乱数（出現する値に規則性のない数）を発生させて作りました。乱数です

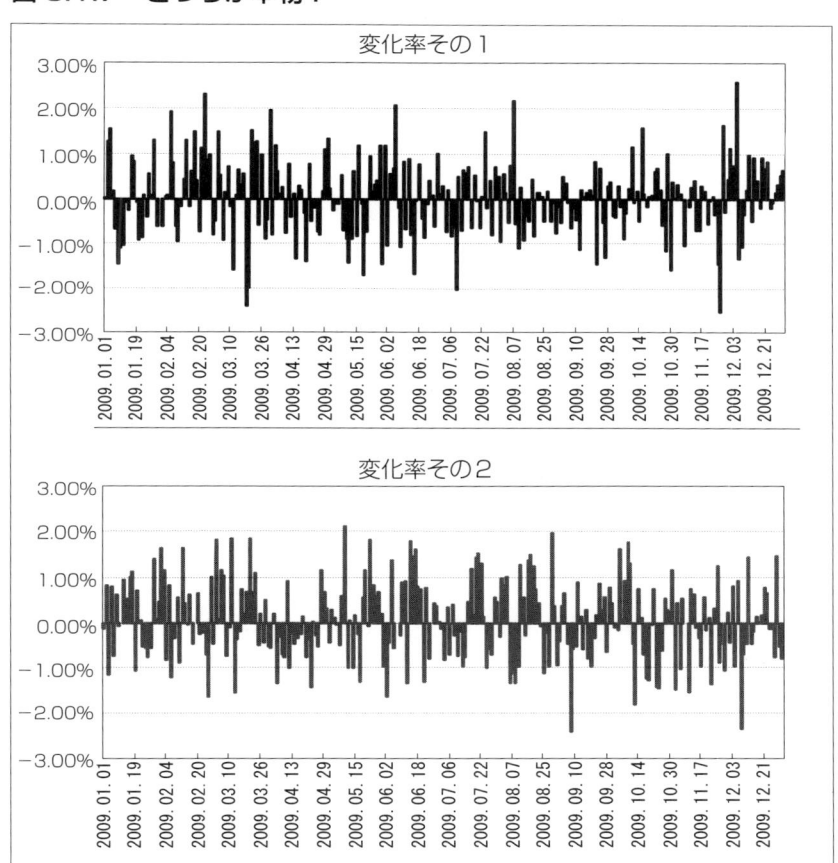

図 3.1.7 どっちが本物？

から、発生させた数字同士は完全に無関係です。

つまり、為替レートの変化率は乱数と区別がつきません。ここで重要なことを述べます。

「為替レートの変化率は乱数のように振る舞う」

厳密には乱数そのものではありませんが、ほとんど同じととらえて

問題ありません（少し乱暴に思えるかもしれませんが、これはそのように考えましょうということです）。

そして乱数と同じ性質を持つのであれば、毎日の変化率の値は「予測不可能」ということになります。

つまり、毎日の値同士には何の関係性もありません。昨日の変化率が「負の大きい」値だからといって、本日の変化率も似た値になるとはかぎりません。

今度は、**図 3.1.8** の「2つのチャート」を見てください。チャート1は USD/JPY のレートから、チャート2は乱数を累積して作ったものです。チャート2も本物のレートのように見えませんか？

たまたま似たもの同士を載せただけ、と思われるかもしれませんので、これらを実際に比較できるエクセルシートを用意しました。

エクセル教材の chapter3「2. 乱数の比較」を開いてください。C列とD列には1年間分（2009年）の USD/JPY の変化率と為替レートが入っています**（図 3.1.9）**。図 3.1.8 はそのシートから作成したものです。

E列に乱数を発生させ、F列はその乱数を累積したレート値です。

F9キーを何度も押してみてください。キーを押すたびにE列に乱数が発生して、F列の累積チャートは変化します。しかし、USD/JPYと決定的に異なるようなものは出現しません。

為替レートの変化率は乱数と性質が非常に似ている、ということを確認してほしいと思います。

第3章　金融工学の基礎知識〜変化率とは〜

図3.1.8　2つのチャート

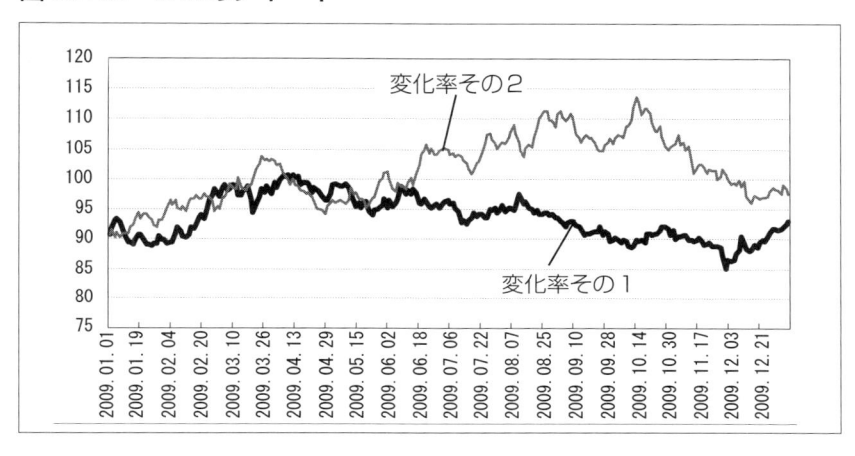

(グラフ：変化率その1、変化率その2 の2本の時系列チャート、2009.01.01〜2009.12.21)

図3.1.9　乱数の比較タブ

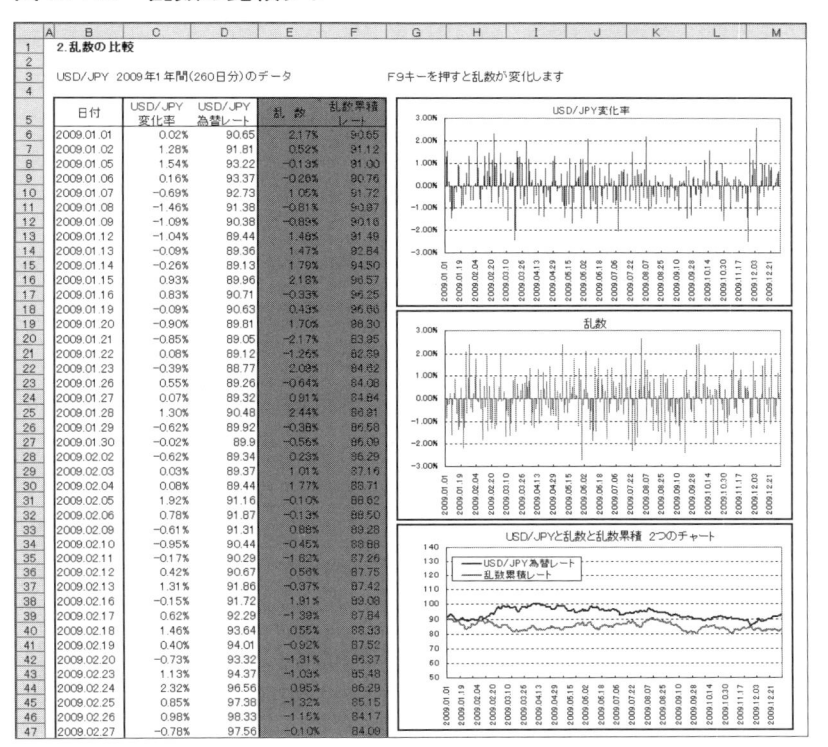

3−2. 変化率は「正規分布」に従う

「為替レートの変化率は乱数のように振る舞う」というのは、重要な概念です。ただ、どのような乱数でもよいわけではありません。ひとつだけ条件があります。それは「正規分布に従う」という条件です。正規分布に従う乱数を「正規乱数」といいます。

正規分布は、金融工学の基礎となる重要な考え方です。名前だけはどこかで聞いたことがあるかもしれません。ここで一度、正規分布について、その考え方を整理したいと思います。

平均身長から考えてみる

日本の成人男性1000人分の身長データを無作為（特定の値に偏らないよう）に集めて、その分布状態をグラフ（分布図）にしてみました（図3.2.1）。

このサンプルの平均身長は170センチです。実際にグラフを眺めてみると170センチから175センチのところは300人強と、全体の約3分の1を占めています。そして平均から離れるにしたがって分布の人数が減っています。190センチ以上はほとんどいません。分布状況図は中心が高く、両端に行くにつれて低くなる「つりがね型」になっています。

この無作為に選んだ1000人のデータに十分な信頼性があるとすれば、日本人の成人男性全体の身長分布も、大体この形に近いものになっ

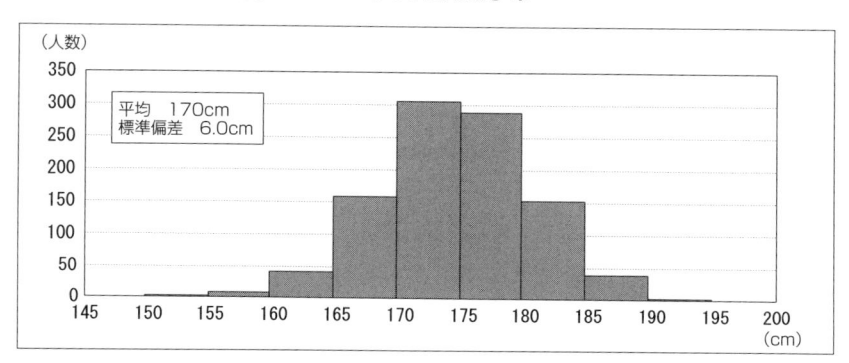

図 3.2.1　日本人男性 1000 人の身長分布

平均　170cm
標準偏差　6.0cm

ているでしょう。

　自分の身の周りにいる男性を見わたしてみてください。平均値である170センチ前後の人が多いと思いませんか。そして、平均値から離れるにしたがって、徐々に数が減っていきます。200センチ以上になると、その数は極端に少なくなります。渋谷のように、人がたくさんいる場所を歩いても、2メートルを超える日本人男性を目にすることはほとんどありません。

　このように、ある特定の値が、全体のなかでどのくらい存在するかをひと目で分かるグラフにしたのが、分布図です。

正規分布

　次に、この分布図の横軸目盛をどんどん細かくしていきます（**図3.2.2**）。そして棒グラフの幅が極限まで細かくなると、最終的には一番下の図のような、きれいなつりがね型の曲線になります。

　この曲線を正規分布と呼び、次のような式で表すことができます。

図 3.2.2　どんどん目盛りを細かくしていくと…

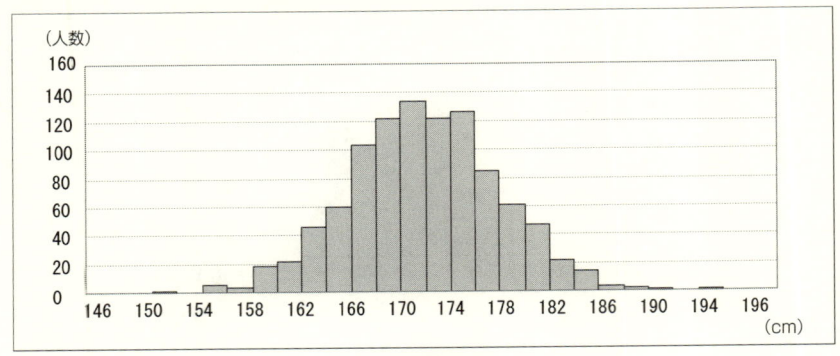

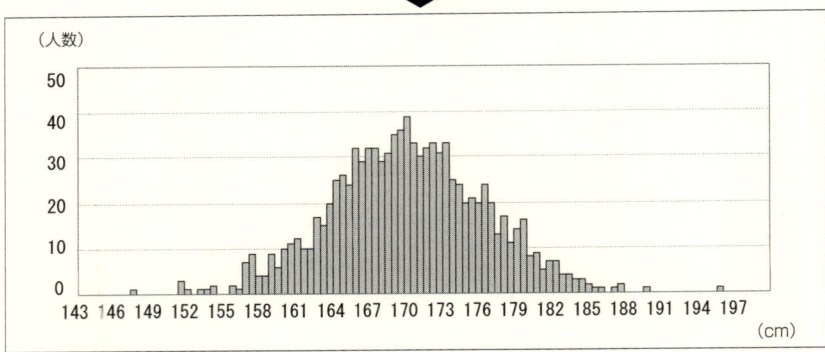

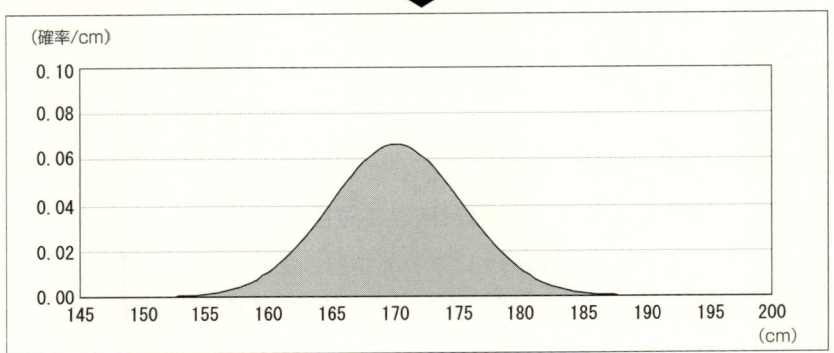

第3章　金融工学の基礎知識～変化率とは～

$$\text{正規分布 } f(r) = \frac{1}{\sqrt{2\pi} \times r\text{の標準偏差}} \times e^{-\frac{1}{2}\left[\frac{r - \bar{r}}{r\text{の標準偏差}}\right]^2}$$

r：個々のデータ
r̄：個々のデータ平均
e：自然対数の底

　ややこしい式なので、覚えなくてもかまいません。かなり乱暴ですが、今は正規分布とは、「たくさんのデータを集めて作ったグラフが、きれいなつりがね型になったもの」だと理解しておきましょう。

為替レートも正規分布で考えよう

　私たちの身の回りには、身長以外にも学校成績、嗜好アンケートなど、正規分布に従うデータがたくさんあります。
　93ページの正規乱数を使って作成したニセモノ変化率は、本物と区別がつきませんでした。ですから、変化率と正規乱数は同じ性質を持っていると仮定しても問題はなさそうです。以降は、為替レートの変化率も「正規分布に従う」と仮定します。
　実際に為替データで確認してみましょう。エクセル教材のchapter3「3. 分布図」を開いてください（図3.2.3）。
　USD/JPY過去3年分の日次終値で計算した変化率の分布図を載せています。
　たしかにそれっぽい形になっていますね。同時に、棒グラフの幅を極限まで小さくした正規分布の曲線も表示しました。きれいなつりがね型です。ここでもう一度、本書の仮定を繰り返しておきます。
「為替レートの変化率は正規分布に従う」と仮定する

図 3.2.3　USD／JPY 変化率の分布

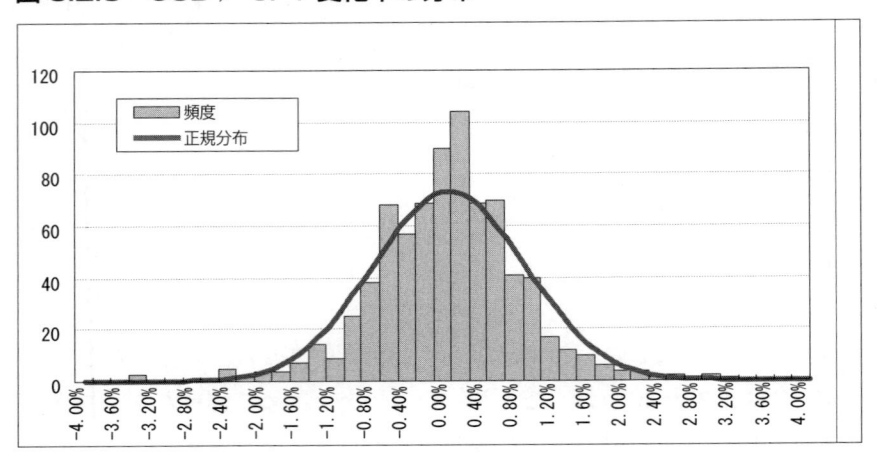

　正規分布を仮定するのには、理由があります。それは、正規分布に当てはめて考えると、分からないことを予測するのにいろいろと都合が良いからです。

　第2章で、金融工学とは「効率的市場仮説」をもとに、将来的な価格の可能性を割り出す理論だと説明しました。その考え方の基本となるのが、この「正規分布に従う」という仮定なのです。

　これ以降は「為替レートの変化率は正規分布に従う」という前提で話を進めていきます。

3-3. 変化率のバラツキを示す「標準偏差」

　正規分布は、きれいなつりがね型をしています。その形状はデータの「平均」と「標準偏差」によって決まります。「平均」とはサンプルデータの合計値を個数で割ったもので、「平均」の位置がつりがねの頂点となって、「標準偏差」の大きさが裾野の広がりに影響します。

　第2章で「標準偏差」は「スワップ派のリスク」であり、標準偏差が大きいと為替レートの変動リスクが高くなると紹介しました。ここでは、もう少し一般的に説明してみましょう。

標準偏差はデータのバラツキ具合を示すもの

　もう一度、先ほどの身長の例を見てみます。1000人の身長データから求めた平均は170センチでした。そしてバラツキ度合いを示す「標準偏差」は6.0センチだったとします。しかし、平均はともかく、「バラツキは6.0センチ」と言われてもピンときません。

　そこで、この標準偏差の値を変化させると、分布図は一体どうなるのかを見てみましょう**（図3.3.1）**。

　図に示したように、相対的に標準偏差の大きいほうが分布は横に広がります。これはバラツキが大きいからです。逆に、小さいと横に狭くなります。こちらはバラツキが小さくなるからです。標準偏差の大小はバラツキの大小を示します。

　バラツキの大小はサンプルデータの性質を表します。例えば、日本

図 3.3.1 標準偏差の値を変更すると…

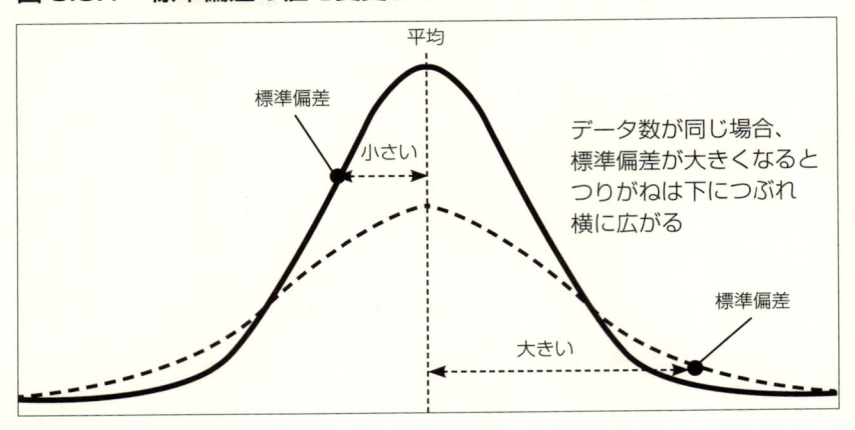

と米国で、身長を同様の条件で比べれば、日本よりも多彩な人種で構成されている米国のほうが、身長にバラツキが出て、標準偏差は日本よりも大きくなるでしょう**（図3.3.2）**。

為替レートの場合

　為替レートの変化率でも同様です。先進国通貨に比べて、新興国通貨のほうが値動きも激しい分、変化率のバラツキは大きくなります**(図3.3.3)**。それは標準偏差が大きく、リスクが高いことを意味します。
　まとめると、**値動きが大きい→バラツキが大きい→標準偏差が大きい（リスクが高い）**ということです。
　なお、標準偏差の単位は集めたデータと同じものになります。センチ表記の「身長」であれば6.0センチです。これがキロ表記の「体重」であれば6.0キロになります。テストの「点数」であれば6.0点となります。「変化率」は％表記なので6.0％となります。
　スワップ派は標準偏差によって、通貨ペアのリスクを具体的な数字で表すことができます。通貨ペア同士を比較するときも「AよりもB

第3章　金融工学の基礎知識〜変化率とは〜

図 3.3.2　日本とアメリカの身長分布で考える

20歳以上の男性における
身長の標準偏差は日本よりも大きい

20歳以上の男性における
身長の標準偏差は米国よりも小さい

図 3.3.3　新興国は値動きが激しい

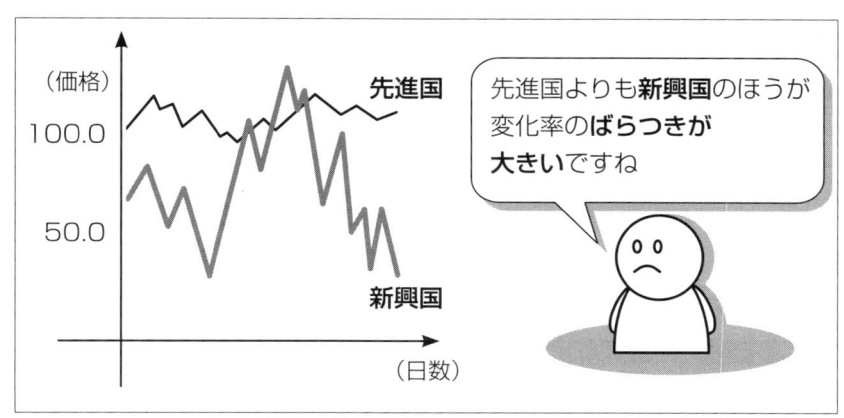

先進国よりも**新興国**のほうが変化率の**ばらつき**が**大きい**ですね

のほうがリスクは高いと思う」という主観的な言い方を、「標準偏差10％の通貨ペアAよりも、12％のBのほうがリスクは高い」と、客観的な言い方にすることができるのです。

標準偏差の計算方法

　次は、標準偏差の計算方法です。
　スワップ派が使う標準偏差は「１日当たりの変化率」から求めます**（図3.3.4）**。
　つまり、この標準偏差は「１日当たりの変化率」から求めた「１日当たりの標準偏差」です。言い換えれば「１日当たりのリスク」です。
　標準偏差の値は、計算に使用したデータ期間の長さによって異なります。直近１年分の日次データで求めた場合は、直近１年の動きを反映し、３年分では直近３年の動きを反映したものになります。
　「計算期間をどのくらいにすればいいのか？」と思われたでしょうか。そのあたりの話は、投資の戦略に関わってもきますので、後の章に譲ります。
　それでは、実際の為替データを使って標準偏差を求めてみましょう。エクセル教材のchapter3「4.変化率から標準偏差へ」タブを開いてください。標準偏差を求める方法は２つあります。

その１：エクセル関数を使った方法
　標準偏差（C12）はエクセルのSTDEV関数で、D列から計算できます。

その２：エクセルで数式から計算する方法
　こちらは、より理解を深めたい方のために書いておきたいと思います。スワップに取り組む投資家は、一度この流れをたどっておくとよ

図3.3.4 標準偏差を算出する流れ

為替レートの日次データ

例 2008年01月01日　118.84円
　　2008年01月02日　109.24円
　　2008年01月03日　109.50円
　　2008年01月04日　108.59円
　　　　：　　　　　　：

　　　　　　　　　　　　　　過去一定期間の日次データ

1日当たりの変化率

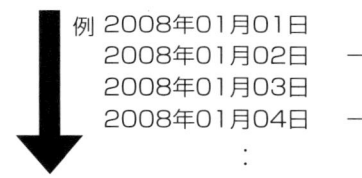

例 2008年01月01日
　　2008年01月02日　－2.32%
　　2008年01月03日　　0.24%
　　2008年01月04日　－0.83%
　　　　：　　　　　　：

1日当たりの標準偏差

例　0.85%

> 簡単にできる方法も紹介するので安心してください

いでしょう。あとで役に立つと思います。ただし、あまりにも難しいと思われたら飛ばしてかまいません。

T日間の変化率データで求める標準偏差の式は次になります。

標準偏差　$\sigma = \sqrt{V}$

※通常、標準偏差はσ（シグマ）という記号で表します

ただし、

$$V = \frac{(r1-\bar{r})^2 + (r2-\bar{r})^2 + (r3-\bar{r})^2 + \cdots + (rt-\bar{r})^2}{r\text{の総和}-1}$$

r1、r2、r3……rt　　　T日間までの各変化率
　r̄　　　　　　　　　T日間までの変化率の平均

　Vは「分散」といって、標準偏差と同様にデータのバラつき具合を示すものです。分散に√を被せたものが標準偏差になります。

　ちなみに、分散と標準偏差には、それぞれ母○○と標本○○とついたものがあり、ほんの少しだけ計算式が異なります（スワップ派は標本○○を使います）。これは調査対象を「母集団」と「標本集団」のどちらにしたかによります。

　先ほどの身長の例で言えば、この世に存在する20歳以上の日本人男性すべてをサンプル（母集団）として求めた場合は「母標準偏差」となります。しかし現実にはそのようなデータを揃えるのは不可能ですので、無作為に1000人を抽出（標本集団）したデータから「標本標準偏差」を求めたわけです。

　為替のデータに関しても同様に考えると、為替取引が始まって以来、存在するすべてのデータを計算に使うのではなく、その一部の期間（例えば１年分とか３年分）を使用するために求めたものは「標本分散」「標本標準偏差」となります。

　この数式をエクセルで求めてみましょう。

　F列は、各変化率から変化率の平均（E10）を引いた値です。G列は、そのF列を２乗した値となります。F列から分散を出して（E11）、さらに分散の平方根（√）を取ると標準偏差（E12）となります**（図3.3.5)**。

　最後に「その１：エクセル関数を使った方法」と「その２：エクセルで数式から計算する方法」で求めた「平均」「分散」「標準偏差」がお互いに一致することを確認しておいてください。

図 3.3.5　エクセルで数式確認

	A	B	C	D	E	F	G
1		4.変化率から標準偏差へ　セルをクリックすると計算式を見ることが出来ます					
2							
3		USD/JPY：2008年1月1日〜2010年12月31日までの3年分データ（全781日分）					
4		USDJPYのレートで標準偏差を計算するのではありませんので、注意して下さい。					
5							
6		その1：エクセル関数で計算した値					
7		その2：関数を使わずに、(標本)標準偏差の定義に沿って計算した値					
8							
9		その1		その2			
10		平均	-0.04%	平均	-0.04%		
11		分散	0.01%	分散	0.01%		
12		標準偏差	0.85%	標準偏差	0.85%	←1日当たりの標準偏差です	
13							
14							
15		日付(781日)	USDJYP	変化率	変化率-平均	変化率-平均の二乗	
16		2008.01.01	111.84				
17		2008.01.02	109.24	-2.32%	-2.29%	5.23E-04	
18		2008.01.03	109.50	0.24%	0.28%	7.59E-06	
19		2008.01.04	108.59	-0.83%	-0.79%	6.30E-05	
20		2008.01.07	109.23	0.59%	0.63%	3.93E-05	
21		2008.01.08	108.96	-0.25%	-0.21%	4.40E-06	
22		2008.01.09	109.89	0.85%	0.89%	7.94E-05	
23		2008.01.10	109.61	-0.25%	-0.22%	4.72E-06	
24		2008.01.11	108.84	-0.70%	-0.66%	4.42E-05	
25		2008.01.14	108.26	-0.53%	-0.50%	2.45E-05	
26		2008.01.15	106.76	-1.39%	-1.35%	1.82E-04	
27		2008.01.16	107.35	0.55%	0.59%	3.48E-05	
28		2008.01.17	106.40	-0.88%	-0.85%	7.18E-05	

3−4．正規分布の決まりごと

　ここでは、大変重要な「正規分布の決まりごと」を説明します。
　データが正規分布に従っている場合、「平均」と「標準偏差」が分かれば、各データの分布具合を知ることができます。この決まりごとは、スワップ派が将来のリスクを推定するのに役立ちます。

正規分布の基本

　まずは一般的な話からです。
　平均を μ、標準偏差を σ としたとき、データは以下の確率で分布します（図3.4.1）。

$\mu \pm 0.5\ \sigma$ の間に約 38.29%
$\mu \pm 1.0\ \sigma$ の間に約 68.27%
$\mu \pm 2.0\ \sigma$ の間に約 95.45%
$\mu \pm 3.0\ \sigma$ の間に約 99.73%

　この分布の曲線と横軸で囲まれる面積は常に 1（＝100%）です。分布を示す確率は、曲線と横軸の各データ間で囲まれた領域の面積を表します。例えば $\mu - \sigma$ と $\mu + \sigma$ の間の面積は68.27%なので、その確率で分布しているということになります。
　さきほどの身長の例で見てみましょう。日本人男性20歳以上を無作

第3章 金融工学の基礎知識〜変化率とは〜

図 3.4.1　正規分布

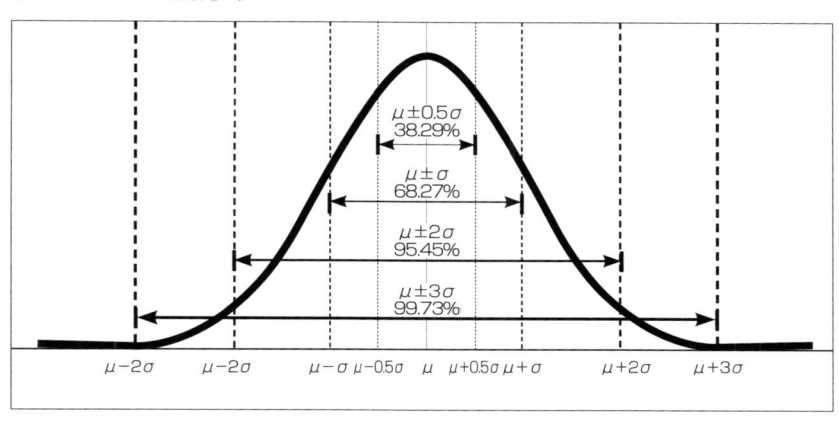

- $\mu \pm 0.5\sigma$　38.29%
- $\mu \pm \sigma$　68.27%
- $\mu \pm 2\sigma$　95.45%
- $\mu \pm 3\sigma$　99.73%

横軸: $\mu-2\sigma$　$\mu-2\sigma$　$\mu-\sigma$　$\mu-0.5\sigma$　μ　$\mu+0.5\sigma$　$\mu+\sigma$　$\mu+2\sigma$　$\mu+3\sigma$

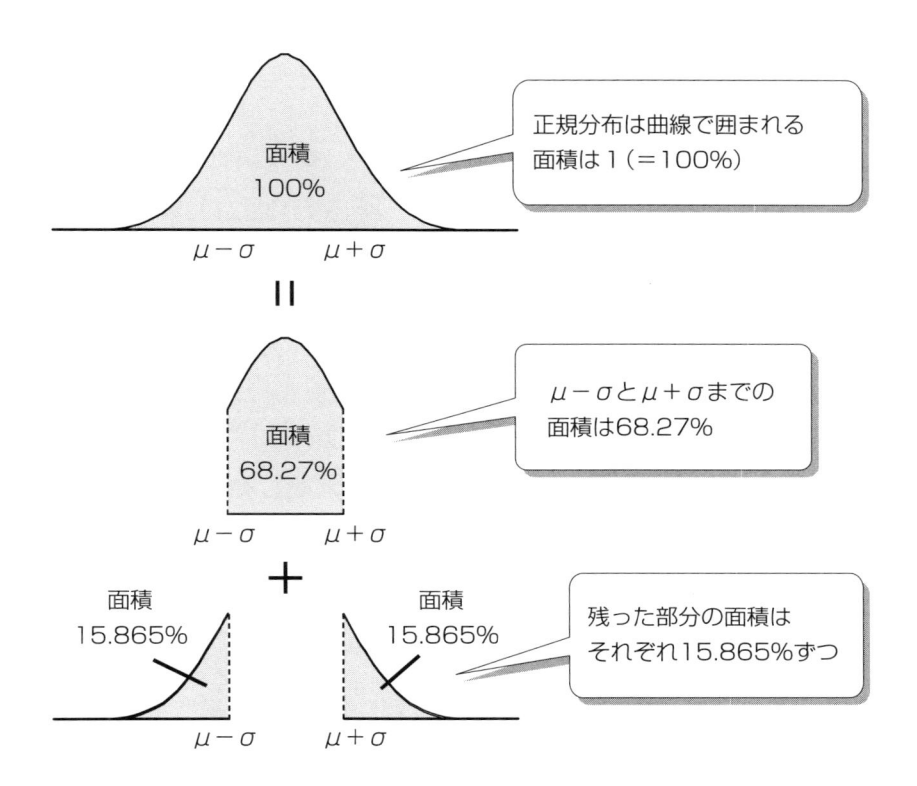

面積 100%　正規分布は曲線で囲まれる面積は1（＝100%）

＝

面積 68.27%（$\mu-\sigma$ から $\mu+\sigma$）　$\mu-\sigma$ と $\mu+\sigma$ までの面積は68.27%

＋

面積 15.865%（$\mu-\sigma$）　面積 15.865%（$\mu+\sigma$）　残った部分の面積はそれぞれ15.865%ずつ

為抽出した1000人のデータは、平均170センチ、標準偏差6.0センチの正規分布に従っていました。このことから、各身長は以下の確率の範囲に分布して存在することになります。

　平均身長：μ＝170センチ、標準偏差：σ＝6.0センチの1000人分のデータは、以下の割合で分布します。

170センチ±0.5×6.0センチ（167.0〜173.0センチ）の者は約38.29％
170センチ±1.0×6.0センチ（164.0〜176.0センチ）の者は約68.27％
170センチ±2.0×6.0センチ（158.0〜182.0センチ）の者は約95.45％
170センチ±3.0×6.0センチ（152.0〜188.0センチ）の者は約99.73％

　μとσの値から簡単に求めることができます。これは1000人を無作為に集めた標本集団からの結果です。
　なお、この調査結果が母集団（20歳以上のすべての日本人男性）にも適用できるとすれば、身長188.0センチ以上の男性は100％−99.73％÷2＝0.135％（10万人中135人）しかいないことになります。
　さらに2メートル以上では1000万人に2〜3人程度と極端に少なくなります。あれだけ人でごったがえしている渋谷の繁華街に行っても2メートル以上の日本人男性を目撃することがほとんどないというのは、統計学的にもうなずける話です（ここで取り上げた身長はあくまで便宜上のたとえ話で、現実の数値を正確に反映したものではありません）。
　不思議な話ですが、正規分布に従うデータは、標準偏差や平均がどのような値を取ったとしても、必ずこれらの確率で分布します。

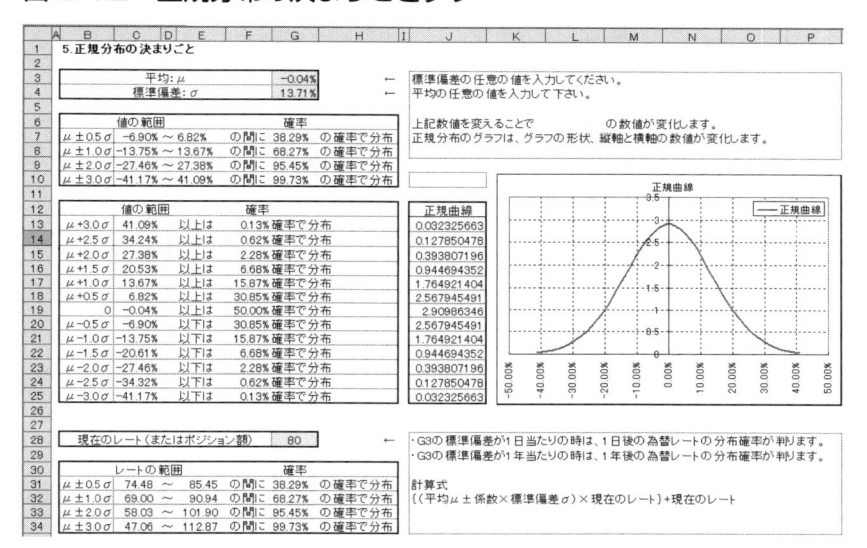

第3章　金融工学の基礎知識〜変化率とは〜

図3.4.2　正規分布の決まりごとタブ

	A	B	C	D	E	F	G	H	I	J	K	L	M	N	O	P
1	5.正規分布の決まりごと															
2																
3		平均：μ			-0.04%			←	標準偏差の任意の値を入力してください。							
4		標準偏差：σ			13.71%			←	平均の任意の値を入力して下さい。							
5																
6		値の範囲				確率			上記数値を変えることで　　の数値が変化します。							
7	$\mu \pm 0.5\sigma$	-6.90%	～	6.82%	の間に	38.29%	の確率で分布		正規分布のグラフは、グラフの形状、縦軸と横軸の数値が変化します。							
8	$\mu \pm 1.0\sigma$	-13.75%	～	13.67%	の間に	68.27%	の確率で分布									
9	$\mu \pm 2.0\sigma$	-27.46%	～	27.38%	の間に	95.45%	の確率で分布									
10	$\mu \pm 3.0\sigma$	-41.17%	～	41.09%	の間に	99.73%	の確率で分布									
11																
12		値の範囲				確率			正規曲線							
13	$\mu + 3.0\sigma$	41.09%	以上は			0.13%確率で分布			0.032325663							
14	$\mu + 2.5\sigma$	34.24%	以上は			0.62%確率で分布			0.127850478							
15	$\mu + 2.0\sigma$	27.38%	以上は			2.28%確率で分布			0.393807196							
16	$\mu + 1.5\sigma$	20.53%	以上は			6.68%確率で分布			0.944694352							
17	$\mu + 1.0\sigma$	13.67%	以上は			15.87%確率で分布			1.764921404							
18	$\mu + 0.5\sigma$	6.82%	以上は			30.85%確率で分布			2.567945491							
19	0	-0.04%	以上は			50.00%確率で分布			2.90986346							
20	$\mu - 0.5\sigma$	-6.90%	以下は			30.85%確率で分布			2.567945491							
21	$\mu - 1.0\sigma$	-13.75%	以下は			15.87%確率で分布			1.764921404							
22	$\mu - 1.5\sigma$	-20.61%	以下は			6.68%確率で分布			0.944694352							
23	$\mu - 2.0\sigma$	-27.46%	以下は			2.28%確率で分布			0.393807196							
24	$\mu - 2.5\sigma$	-34.32%	以下は			0.62%確率で分布			0.127850478							
25	$\mu - 3.0\sigma$	-41.17%	以下は			0.13%確率で分布			0.032325663							
26																
27																
28	現在のレート（またはポジション額）			80			←		・G3の標準偏差が1日当たりの時は、1日後の為替レートの分布確率が判ります。							
29									・G3の標準偏差が1年当たりの時は、1年後の為替レートの分布確率が判ります。							
30		レートの範囲				確率			計算式							
31	$\mu \pm 0.5\sigma$	74.48	～	85.45	の間に	38.29%	の確率で分布		{（平均μ±係数×標準偏差σ）×現在のレート}+現在のレート							
32	$\mu \pm 1.0\sigma$	69.00	～	90.94	の間に	68.27%	の確率で分布									
33	$\mu \pm 2.0\sigma$	58.03	～	101.90	の間に	95.45%	の確率で分布									
34	$\mu \pm 3.0\sigma$	47.06	～	112.87	の間に	99.73%	の確率で分布									

スワップ派のための正規分布利用法

　では、スワップ派は、この「正規分布の決まりごと」をどのように利用していけばよいのでしょうか。

　ここは、あまり難しく考える必要はありません。過去の変化率データから求めた「1日当たりの標準偏差」を、そのまま「正規分布の決まりごと」に当てはめます。すると、1日先の未来ではありますが、変化率が、どのくらいの確率で分布するのかが分かります。

　さらに、その分布具合をレートに換算すれば、未来の価格を分布の確率として予想できます。注意してほしいのは、あくまで価格の分布であって、価格そのものがズバリ予測できるわけではないということです。

　エクセル教材のchapter3「5.正規分布の決まりごと」タブを開いてください（図3.4.2）。このシートでは、標準偏差σと平均μを入力

図 3.4.3　標準偏差 σ と平均 μ を入力

標準偏差: σ	0.85%
平均: μ	-0.04%

値の範囲			確率	
$\mu \pm 0.5\sigma$	-0.47% ～ 0.39%	の間に	38.29%	の確率で分布
$\mu \pm 1.0\sigma$	-0.89% ～ 0.81%	の間に	68.27%	の確率で分布
$\mu \pm 2.0\sigma$	-1.74% ～ 1.66%	の間に	95.45%	の確率で分布
$\mu \pm 3.0\sigma$	-2.59% ～ 2.51%	の間に	99.73%	の確率で分布

すれば、分布の確率を簡単に求められます。試しに先ほど「4.変化率から標準偏差へ」で求めた標準偏差0.85％をセル（G3）に、平均－0.04％をセル（G4）に入れてみましょう**（図3.4.3）**。

次に、エクセルシートを下にスクロールしてください。レートの範囲とその確率（30～34行）が出てきます（**図3.4.4**）。これは明日の変化率の分布を、レートの分布に対応させたものです。

現在のレート（本日の終値）が80円だとします。1日当たりの標準偏差が0.85％、平均が－0.04％のとき、±1σの範囲で明日のレートが取り得る範囲はどうなるでしょうか。

±1σの変化率の範囲は－0.89％～0.81％です。そこからレートを計算します。

すると、79.29円（＝80円－0.89％×80円）から、80.65円（＝80円＋0.81％×80円）の間に68.27％の確率で分布することが分かりました。ほかの分布状況についてはエクセルシートで確認してください。

たった1日先なので、それほど価格は変化しませんね。基本的に80円前後に収まっています。それにしても、ほんの1日先とはいえ、為替レートがいくらになるのかを予想できるのは、すごいことだと思いませんか。

しかし、スワップ派は長期投資です。どうせ予測するなら、こんな

図3.4.4 レートの範囲とその確率

現在のレート			80		
レートの範囲			確率		
μ±0.5σ	79.63 ~ 80.31	の間に	38.29%	の確率で分布	
μ±1.0σ	79.29 ~ 80.65	の間に	68.27%	の確率で分布	
μ±2.0σ	78.61 ~ 81.33	の間に	95.45%	の確率で分布	
μ±3.0σ	77.93 ~ 82.01	の間に	99.73%	の確率で分布	

直近ではなくて、もっと先の未来を予測できるとよいですね。

　実はそういう方法もあるのです。これから紹介していきましょう。

3-5. ルートTルール

「$\sqrt{T}$ルール」と書いてルート・ティー・ルールと読みます。聞いたことがないかもしれませんが、知っておくと大変便利です。

$\sqrt{T}$ルールとは

$\sqrt{T}$ルールは、現在のリスク（標準偏差）が続いたと仮定した場合、T期間後のリスクを教えてくれます。

先ほど、過去の日次データから求めたものは「1日当たりの標準偏差」でした。では、この標準偏差が1年間続いたと仮定した場合、「1年当たりの標準偏差」はどうなるでしょうか。つまり「1日後」から「1年後」のリスクを求めるのです。

これを以下の式（$\sqrt{T}$ルール）で簡単に求めることができます。

1年当たりの標準偏差
＝1日当たりの標準偏差×1年間の営業日数の平方根（$\sqrt{}$）
※1年間の営業日数＝260日

例えば、「1日当たりの標準偏差」が0.85％だとすれば、「1年当たりの標準偏差」は0.85％×$\sqrt{260}$＝13.71％となります（計算するときは、営業日数であることに気をつけてください）。

このように「1年当たり」に変換することを「年率換算」といいま

図3.5.1 「正規分布の決まりごと」シートで確認

平均: μ	−0.04%
標準偏差: σ	13.71%

	値の範囲		確率	
$\mu \pm 0.5\sigma$	−6.90% ～ 6.82%	の間に	38.29%	の確率で分布
$\mu \pm 1.0\sigma$	−13.75% ～ 13.67%	の間に	68.27%	の確率で分布
$\mu \pm 2.0\sigma$	−27.46% ～ 27.38%	の間に	95.45%	の確率で分布
$\mu \pm 3.0\sigma$	−41.17% ～ 41.09%	の間に	99.73%	の確率で分布

現在のレート	80

	レートの範囲		確率	
$\mu \pm 0.5\sigma$	74.48 ～ 85.45	の間に	38.29%	の確率で分布
$\mu \pm 1.0\sigma$	69.00 ～ 90.94	の間に	68.27%	の確率で分布
$\mu \pm 2.0\sigma$	58.03 ～ 101.90	の間に	95.45%	の確率で分布
$\mu \pm 3.0\sigma$	47.06 ～ 112.87	の間に	99.73%	の確率で分布

す。何らかの期間データで求めた標準偏差は、年率換算することで、1年当たりのリスクとして扱えます。つまり1年後のリスクが分かります。

なお、1年間の260日という営業日数は、250日で計算する場合もあります。どちらを使っても構いませんが、本書では260日で計算しました。また、実際の営業日数は、年によって数日ほど前後しますが、それほど気にする必要はありません。

エクセルで確認してみよう

エクセル教材のchapter3「5. 正規分布の決まりごと」のシートで確認してみましょう。「1日当たりの標準偏差」0.85%を年率換算すると、13.71%になります（**図3.5.1**）。この値を（G3）に入れてください。

そして、レートの範囲と確率（30〜34行）を見てください。現在のレートが80円とした場合、1年後に予測されるレートの分布状況が計算されます。

図3.4.4と見比べてみましょう。1日後よりも1年後のほうが、変化率のバラツキ具合が大きく、それによって価格の予測分布も大きくなっています。標準偏差は、時間の経過とともに大きくなる性質を持っているようです。

「1年当たりの標準偏差」の便利な使い方

「1年当たりの標準偏差」は、リターンとリスクの関係を調べるときにも便利です。通常、リターンであるスワップは、年間を単位にしている年利で表されます。1年当たりの利益です。

一方、日次データの変化率から求めた標準偏差は「1日当たりのリスク」になります。したがって、$\sqrt{260}$をかけることで「1年間当たりのリスク」に換算すれば、リスクとリターンを同じ年利にそろえることができます（図3.5.2）。これは投資魅力度であるシャープレシオを求めるときに必要です。

ちなみに、半年後（130営業日数）のリスクを知りたい場合は、$\sqrt{130}$を掛ければ求めることができます。3カ月後（65営業日数）の場合は、$\sqrt{65}$を掛ければよいことになります。

$\sqrt{T}$ルールの一般式は以下のとおりです。

$\sigma_t = \sigma\sqrt{T}$

σ_t　　T期間後に換算した標準偏差
σ　　　過去データを使って求めた標準偏差

なお、証券アナリストがよく使う「ボラティリティ」という言葉

図3.5.2　1日当たりの標準偏差を年率換算

```
┌─────────────────────┐
│　1日当たりの標準偏差　│
└─────────────────────┘
　1日当たりのリスク
→1日後の価格分布が分かります

　　　↓　←　$\sqrt{T}$ ルール

┌─────────────────────┐
│　1年当たりの標準偏差　│
└─────────────────────┘
　1年当たりのリスク
→1年後の価格分布が分かります
```

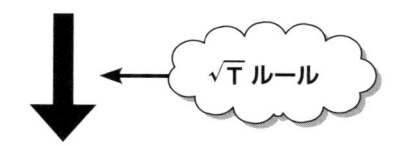

　　1日当たりは1年当たりに換算すると便利です

は、通常「1年当たりの標準偏差」のことです。「ある通貨ペアのボラティリティが10%である」とは、「その通貨の1年当たりの標準偏差は10%である」という意味になります。

　ところで、現在「1年当たりの標準偏差」が分かっていたとすると、「10年後」のリスクはいくらになるでしょうか？

　これは簡単です。すでに1年後のリスクが分かっているのですから、10年後のリスクはそのまま$\sqrt{10}$を掛けることで求められます。

　答えは、1年当たりの標準偏差×$\sqrt{10}$です。

3-6.「ポジション額」の変化率

「ポジション額」という言葉を定義しておきたいと思います。これはその名のとおり、自分の保有するポジションを金額で表したものです。

評価額または評価金額と呼ぶこともありますが、証拠金ではないので注意してください。レバレッジが掛かっている場合には、「ポジション額＝証拠金×レバレッジ」となります。

どうやって使う？

「為替レートの変化率」を「ポジション額の変化率」として見れば、通貨ペアの「買い」や「売り」という保有条件を反映できます。

例えば、1 USD/JPY＝100で、私がこれを1単位だけ保有したとします。その場合、100円がポジション額です。

翌日、1 USD/JPY＝110になりました。このとき「買い」「売り」どちらの保有条件でも、「為替レートの変化率」は＋10％です。当たり前の話ですが、私が通貨ペアを「買い」「売り」どちらで保有していようが、為替レートの変化率とは無関係です**(図3.6.1)**。

しかし「ポジション額の変化率」で見れば「買い」の場合、100円から110円になっているので＋10％となります**(図3.6.2)**。

逆に「売り」の場合は、レートの上昇が損失になるので、ポジション額は100円から90円、変化率は－10％になります**(図3.6.3)**。つま

第3章 金融工学の基礎知識〜変化率とは〜

図 3.6.1　為替レート変化率は保有条件とは無関係

USD/JPY の為替レート
10円安

為替レートの変化率は「買い」「売り」の保有条件に関係なく＋10%です

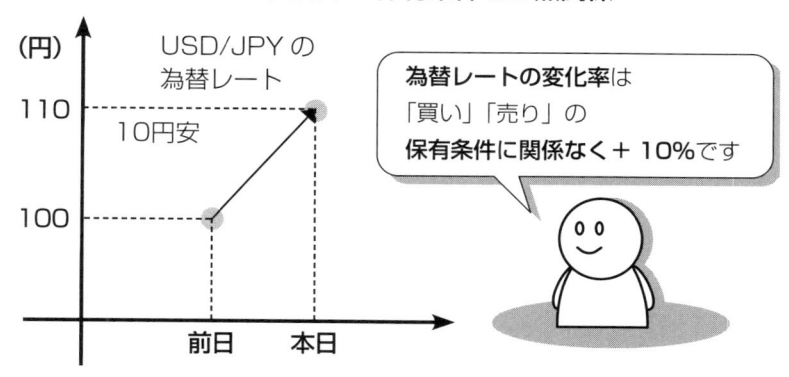

図 3.6.2　ポジション額は為替レートの動きで変化率が変わる「買い」

USD/JPY を 1 単位「買い」保有のポジション額
10円利益

ポジション額の変化率は＋10%です

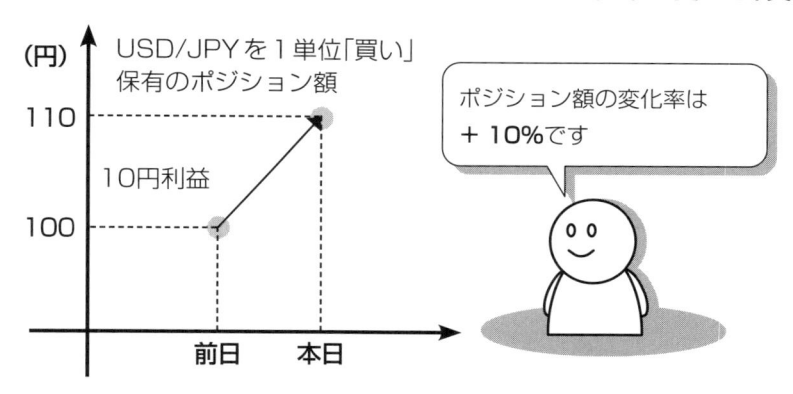

図 3.6.3　ポジション額は為替レートの動きで変化率が変わる「売り」

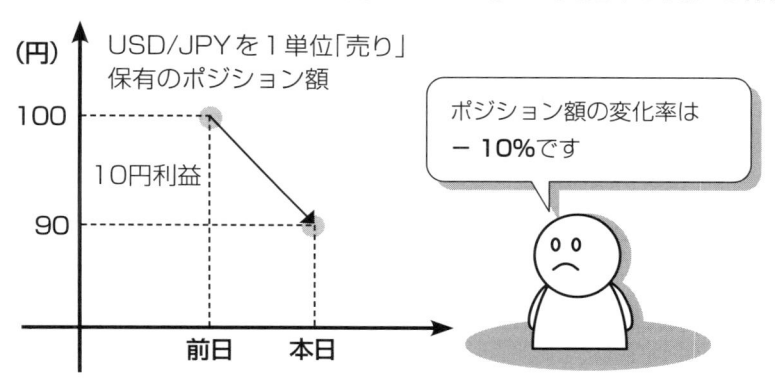

USD/JPY を 1 単位「売り」保有のポジション額
10円利益

ポジション額の変化率は－10%です

り、私自身の「買い」「売り」など、保有条件によって変化率の符号は入れ替わるわけです。

便利な使い方

　為替レートの代わりに、ポジション額を使うといろいろ便利です。通貨レートのチャート形状は「買い」だろうと「売り」であろうと何の変化もありません。しかし「自分自身のポジション額」で見れば、「買い」で右肩上がりに上昇している推移グラフは、「売り」になると右肩下がりにひっくり返ります。
　また複数の通貨ペアを「買い」や「売り」で複雑に保有した場合、ポジション額の変化率を累積すれば、ポートフォリオ評価額の推移になります。

３−７．時間の経過と標準偏差の拡大

　√Tルールを使って「１日当たりの標準偏差」を「１年当たりの標準偏差」に換算したところ、標準偏差は大きくなりました。どうやら標準偏差＝リスクは、１日先よりも１年先のほうが大きいようです。なぜそうなるのでしょうか？

標準偏差が大きくなる理由

　明日、自分がどのような１日を過ごすのかは、大体想像がつきます。しかし、半年後、１年後と、未来になるにつれて、自分がどう過ごしているのかは想像がつきにくくなります。

　ポジション額も同じです。将来になるほど、自分の保有している資産の様子は分からなくなります。つまり未来になるほど変動の量、つまりリスクが大きくなっているのです。標準偏差が時間とともに大きくなるというのは、まさにこのためです。

　たった今、何らかの通貨を100万円分だけ保有したとします。それがどれほど変動の激しい新興国通貨だったとしても、１日で半額の50万円になることは、まずないでしょう。しかし、１年後に半額になっている可能性は、それなりにありそうです。

　図3.7.1を見てください。投資に対するポジション額の推移や、株価、為替レートの値動きなどを表すものとして、よく使われる図です。

　評価額は常に上がるか下がるかの二択です。時間が経過するほど、

図3.7.1　上がるか下がるかは未来になればなるほど分からない

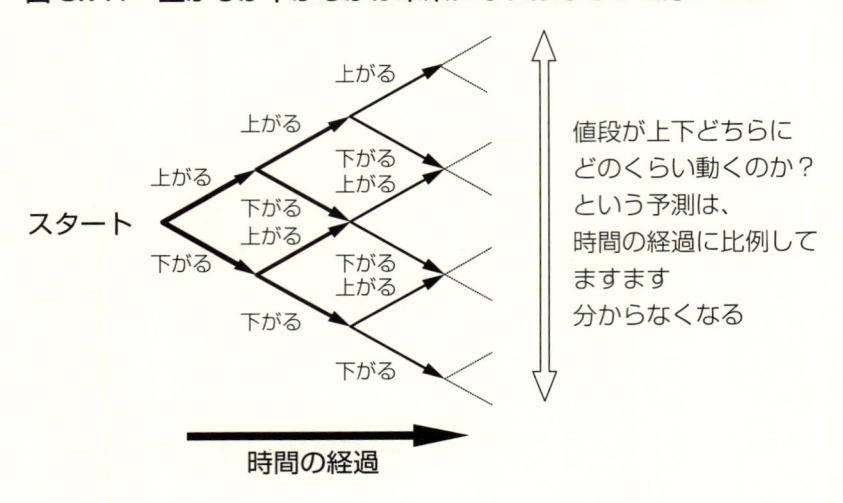

値段が上下どちらにどのくらい動くのか？という予測は、時間の経過に比例してますます分からなくなる

時間の経過

この二択が累積して、取り得る価格の幅が広がります。時間がたつほど価格がどこに行くのか分からなくなります（**図3.7.2**）。

エクセルで見てみよう

　次はこれを実際にシミュレーションしてみましょう。**エクセル教材のchapter3「6. 100日後のポジション額」**を開いてください。
　1日当たりの標準偏差1％の通貨ペアが100日後にどのような価格を取るかをグラフで示しました。初期値のポジション額は100万円です（**図3.7.3**）。
　10本の線グラフが描かれています。これは正規乱数を10列発生させ、それぞれの乱数列ごとに100万円から累積したものです。ポジション額の推移として表示しています。
　10本同時に表示しているのは10回の試行を同時に行っていると考えてください。

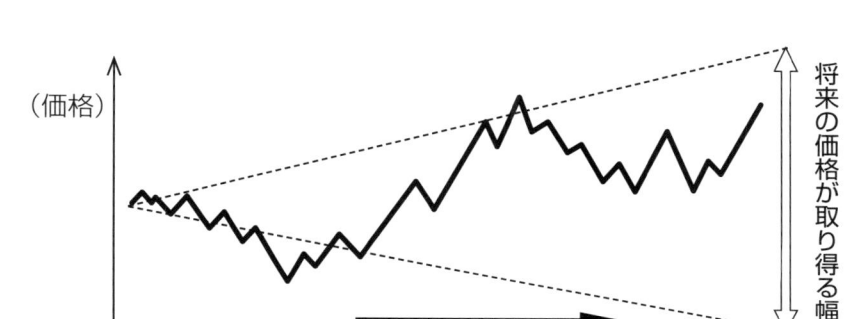

第3章　金融工学の基礎知識〜変化率とは〜

図 3.7.2　将来の価格も未来になるほど分からない

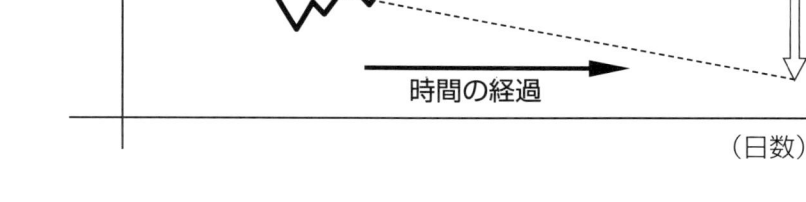

図 3.7.3　100 日後のポジション額タブ

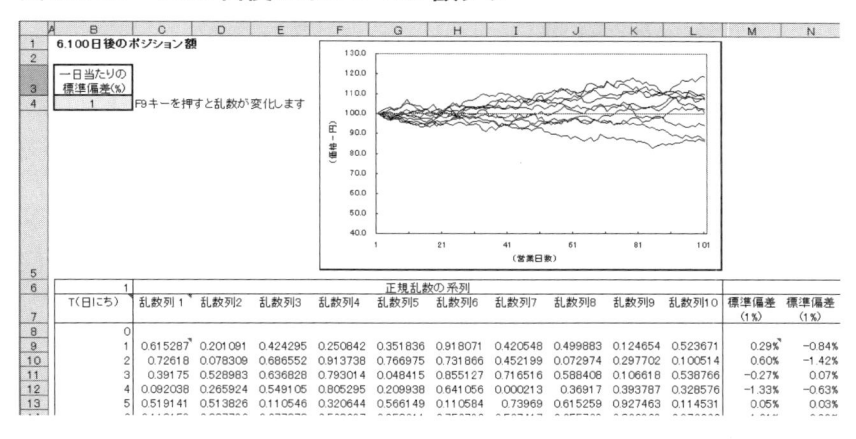

　今行っていることは、サイコロを10回振って1回ずつ出目を記録する作業を、10個のサイコロを同時に振って一度に出目をすべて記録するのと同じことです（**図3.7.4**）。それによって試行10回による出目の散らばり具合を同時に見ることができます。

　F9キーを押すたびに10列の乱数が発生します。初期価格の100万円は、100日後に価格はいくらになっているでしょうか。

図 3.7.4　結局同じこと

サイコロを1個ずつ10回振るのと…

10個を1回で振るのは同じです

　グラフを見れば10日目、50日目、100日目と日数が経過するほど、価格のバラつき具合は大きくなっているようです。もっとハッキリ分かるように、1000回同時に試行した状態を見てみましょう（**図3.7.5**）。

　1000本のグラフを同時に載せているのでなんだかすごい図になっていますが、10本のときよりも、時間の経過とともにバラつきが大きくなっている様子がよく分かります。

　初期値である100万円に近いほど線の本数は、多く密度が高く、そこから離れるほど線の数が少なく、密度は低くなっています。

　1000本のグラフの価格分布を示したものが**図3.7.6**です。この分布図のデータはエクセル教材のchapter3「7. 試行回数1000」に載せてあります。

　ほぼ、左右対称のつりがね型になっているのが分かると思います。

第3章　金融工学の基礎知識〜変化率とは〜

図 3.7.5　100 日後の価格シミュレーション 1000 回試行

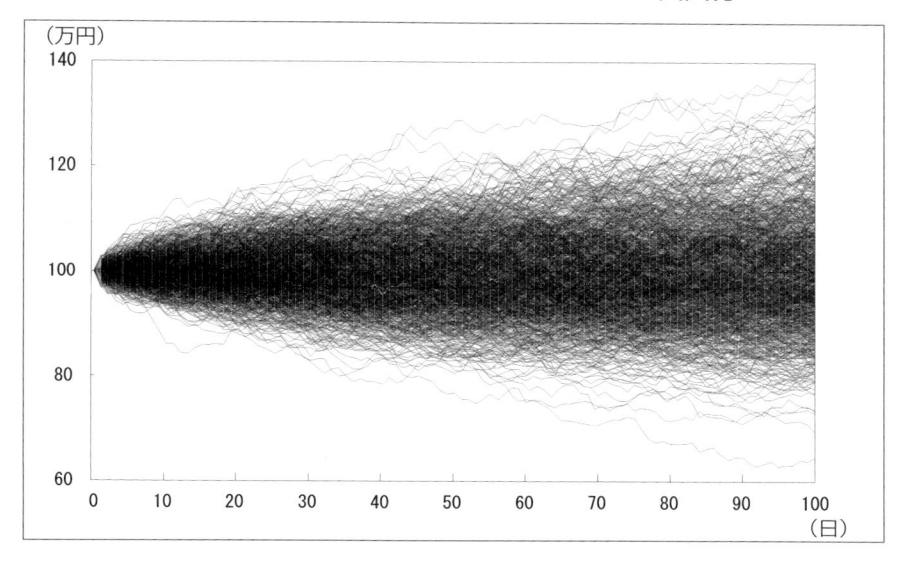

図 3.7.6　1000 回試行したときの価格分布図

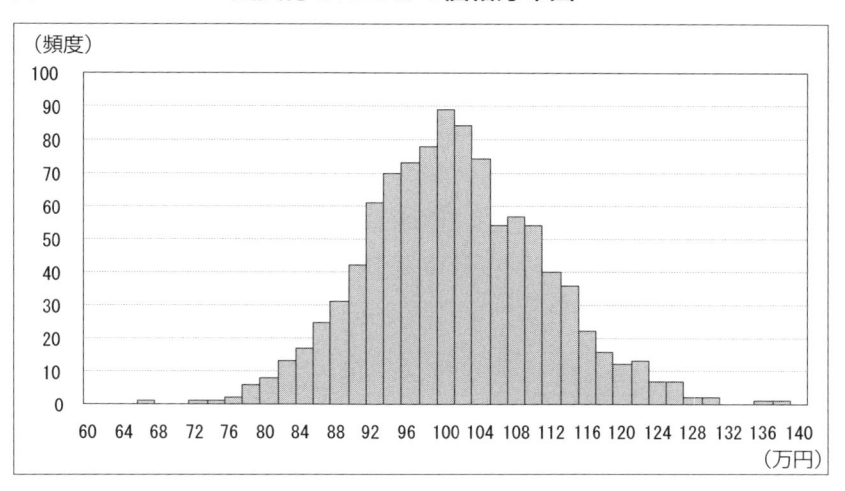

どうやら正規分布に従っていると仮定してもよさそうです。

√Tルールを使ってみよう

　この分布の平均と標準偏差が分かればエクセル教材の「5. 正規分布の決まりごと」から、100日後の評価額が、どの価格帯に分布しているのかが簡単に分かります。
　これは平均0％、標準偏差1％としての正規乱数を発生させたものです。
　この状態が100日間続いた場合、100日後のリスクは、$1 \times \sqrt{100} =$ 10％になります（√Tルールより）。では、100日後にどのような確率で分布しているのでしょうか。

平均 μ ＝0％、標準偏差＝10％から
100万円の ±5％（95〜105万円）の間に約 38.29％
±10％（90〜110万円）の間に約 68.27％
±20％（80〜120万円）の間に約 95.45％
±30％（70〜130万円）の間に約 99.73％

　以上の確率で各価格帯にいる可能性があります。実際にそうなるのか、**図3.7.6**にある100日後の価格を1000個全部拾って数えてみました。

95〜105万円の間に393個　約39.30％
90〜110万円の間に695個　約69.50％
80〜120万円の間に950個　約95.00％
70〜130万円の間に998個　約99.80％

多少の誤差はありますが、かなり近い数字になっていると思います。未来の価格帯とその確率が予測できるというのは、本当にすごいですね。

　このシミュレーションは100日後の価格で行いました。さらに500日後、1000日後と時間の経過が増えるほど、レートが取り得る価格のバラツキ具合は大きくなります。つまり時間の経過とともに、標準偏差は大きくなるのです。

１日当たりの標準偏差＜２日当たり…＜３日当たり…＜半年当たり…＜１年当たりの標準偏差

　ただし、実際の為替レートの変化率と正規分布の関係については、「ファットテール」という問題があるので、注意が必要です。詳しくは第５章で解説します。

3-8. シャープレシオと長期投資

　リスクとリターンの両方の意味を理解すれば、今度は両者の関係から投資魅力度である「シャープレシオ（SR）」を求めることができます。
　スワップ派の収益を決めるのはスワップです。実際に投資するときは、過去に得られた収益ではなく、今後に得られると期待される収益が重要です。

シャープレシオを求めるには

　この収益の具体的な値は、各FX業者がスワップとしてホームページで発表しているので、リスクのような複雑な計算は必要なさそうです。これを「期待リターン」と呼びましょう。もしスワップが、年利以外で表示されている場合は年利に換算します。

期待リターン＝業者が提示しているスワップ金利（年利）

　期待リターンについては、こんな単純な話ではないとおっしゃる方もいると思います。しかし、スワップ派に関して言えば、私はあえてこれでよいと考えています（さすがに金融危機などによる緊急利下げやインフレ率が強烈な場合は違ってきますが）。
　同様にリスクについても、今後、発生が予想されるリスクを「予想

図3.8.1　期待リターンと予想リスクは重要な判断ポイント

リスク」と呼びましょう。未来のリスクは、その未来の時点でなければ分かりません。しかし、過去データから求めた1日当たりの標準偏差に$\sqrt{T}$ルールを使えば、将来のリスク推定ができます。それを予想リスクと名づけます。

予想リスク＝1年当たりの標準偏差

ここで「期待リターン」と「予想リスク」という重要な投資判断が揃いました（**図3.8.1**）。

この2つを具体的な数値で正しく求めることは、投資家にとって、ものすごく大切です。この2つが揃うことで、投資魅力度と言える「シャープレシオ」を求めることができるからです。これらの関係性は以下の式で表せます。

$$シャープレシオ = \frac{期待リターン}{予想リスク}$$

この式は、投資家にとって見逃せません。なぜなら、シャープレシ

図3.8.2 単一の通貨ペアで探しても…

$$\text{シャープレシオ} = \frac{\text{期待リターン}}{\text{予想リスク}} \geqq 1$$

「単一のペアでは見つかりそうもないね…」

オが大きいほど、投資対象として魅力的だからです。

投資を有利に進めるためには、シャープレシオは少しでも大きいほうがよいのです。つまり、少しでもシャープレシオの大きな通貨ペアを探せば良いことになります。

では、単一の通貨ペアでシャープレシオが1以上のものはあるでしょうか？

実際、探すまでもないことですが、単一の通貨ペアだけでシャープレシオが1を超えることはまずありません(**図3.8.2**)。

ただし、マーケット状況が良好なときであれば、複数の通貨ペアを工夫して保有することで、シャープレシオが1を超えるような投資をすることは可能です。その工夫の成果を知るうえでもシャープレシオは欠かせません。

シャープレシオは投資対象の魅力を測る重要な要素の1つであり、それを知らないで投資をするのは、コンパスなしで航海に出るのと同じぐらい無謀なことです。

シャープレシオで分かる長期投資の優位性

　シャープレシオを使うと、投資と時間の関係について面白いことが分かります。
　投資の世界では、よく「長期投資をしましょう」という言葉を耳にするかと思います。これについて「それはどうして？」と聞かれても、うまく答えられる人は少ないのではないでしょうか。
　これは、投資魅力度を示すシャープレシオが、時間の経過とともにどのように変化するかを調べることで答えが分かります。
　$\sqrt{T}$ルールで考えると、スワップ派のリスク（標準偏差）は時間の経過とともに、$\sqrt{T}$に比例して大きくなります。
　1年当たりの標準偏差を一定とした場合、T年後の予想リスクは「1年当たりの標準偏差」×$\sqrt{T}$で計算できました。つまり、リスクは2年で$\sqrt{2}$＝約1.414倍、3年で$\sqrt{3}$＝1.732倍、4年で$\sqrt{4}$＝2倍……と増加していくわけです。

エクセルで見てみよう

　その増加の具合を視覚的に見てみましょう。**エクセル教材のchapter3「8.SRと長期投資」**を開いてください。そこに記載した**（図3.8.3）**は、経過月数とリスクの関係を表したグラフです。
　ある通貨ペアの1年当たりの標準偏差を10％とした場合、その予想リスクが月数の経過とともにどう変化するかを示しています。リスクは$\sqrt{T}$に比例するので、単純に$\sqrt{}$のグラフになっているのが分かります。
　もう1本、直線が引いてあります。年率10％の期待リターンと経過月数との関係です。仮に、期待リターンが一定であれば、直線になります。1年当たり10％なら2年で20％、3年で30％です（複利につ

図3.8.3 時間経過とリスクリターンの変化

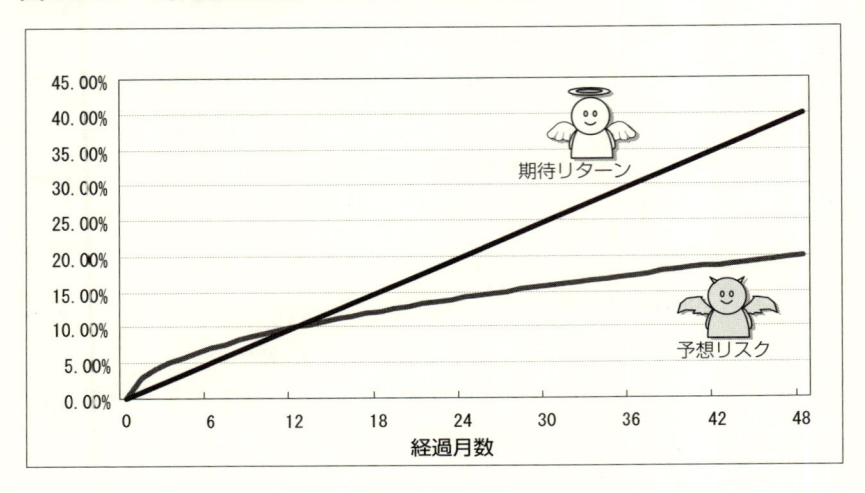

いては無視してください)。

1年当たりの期待リターンをEとすれば、T年間の期待リターンはE×Tになります。ここでシャープレシオの式から、

$$シャープレシオ = \frac{E \times T}{\sigma \times \sqrt{T}} = \frac{E}{\sigma} \times \sqrt{T}$$

となります（$\frac{E}{\sigma}$は、1年当たりのシャープレシオです）。

つまり、時間の経過とともにシャープレシオは$\sqrt{T}$に比例して大きくなっていくことが分かります。

図3.8.4は先ほどの**図3.8.3**に出てきた、リターンをリスクで割った値（シャープレシオ）がどのように推移するかを示したものです。

こちらも$\sqrt{T}$に比例して、時間とともに大きくなっているのが分かります。スワップ派の場合、もし、リターンとリスクが大きく変化しないとすれば、投資期間を長期にするほど、シャープレシオが大きくなる、つまり、有利な投資ができることになります。

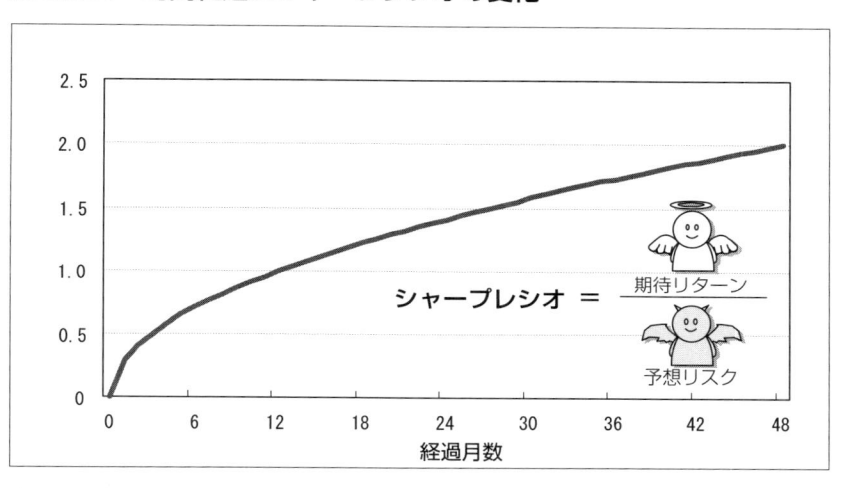

図3.8.4　時間経過とシャープレシオの変化

$$\text{シャープレシオ} = \frac{\text{期待リターン}}{\text{予想リスク}}$$

　これが、ちまたで言われている「長期投資をしましょう」の理屈です。1年間の投資でシャープレシオが1のものを、さらに工夫して同じ期間で2以上にすることは非常に困難です。しかし、4年間投資をすれば、シャープレシオを実質的に2以上にすることはそこまで難しくありません。

　ただし、実際の長期投資では、当然、リスクもリターンも時間の経過とともに変化しますので、ポートフォリオの調整なども必要となってきます。

3−9. 対数正規分布について

ここは少し数学的な話になりますので、理解が難しければ読み流してください。

下落時と上昇時の変化率は違っている？

ここまで、「為替レートの変化率は正規分布に従う」として話を進めてきました。しかし、実は、微妙に違っています。為替レートの変化率は、下落時と上昇時で偏りが発生しているのです。極端な値動きを例にとってみましょう。

本日のレート100円が、1日目で50円に下落し、翌日の2日目、再び100円に戻ったとします。どちらも同じ50円幅の変動ですが、下落時と上昇時それぞれの変化率はいくらになるでしょうか？

下落時　100円から50円に＝ $\dfrac{50円}{100円} - 1 = -0.5 \ (=-50\%)$

上昇時　50円から100円に＝ $\dfrac{100円}{50円} - 1 = 1 \ (=100\%)$

下落時の変化率は−50％ですが、50円が再び100円に戻るのに必要な変化率は100％です。変動幅が同じ50円であるにも関わらず、増え

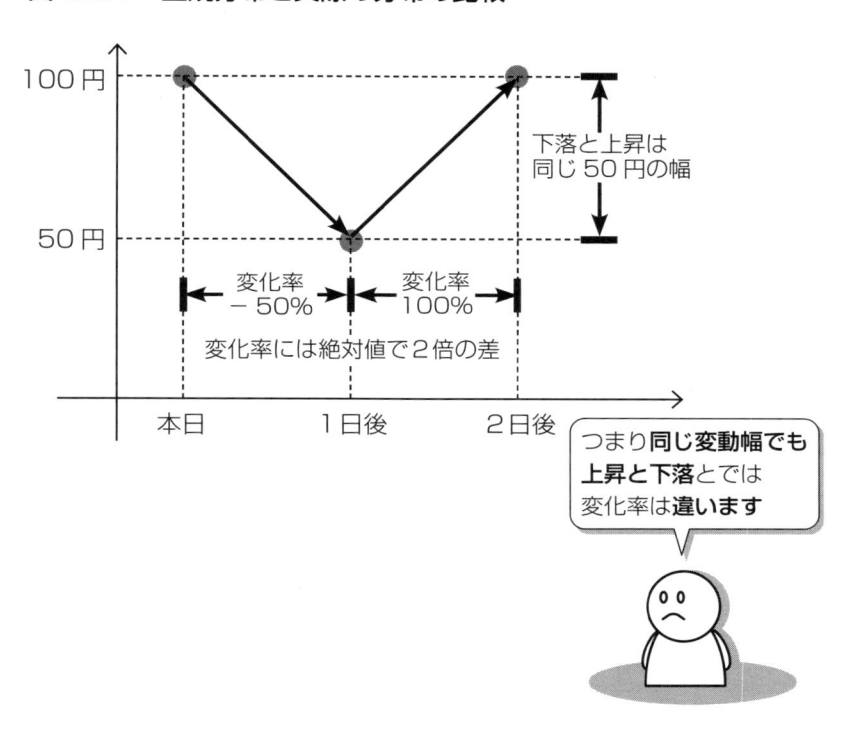

図 3.9.1　正規分布と実際の分布の比較

るときと減るときでは絶対値（マイナスを外した値）で 2 倍もの違いがあります**（図3.9.1）**。

その結果、分布図は非対称となり、正規分布の「つりがね型」よりも、やや左に偏った分布形状になるのです**（図3.9.2）**。

正規分布はあくまで左右対称でなければならず、そうでなければ「正規分布の決まりごと」は使えません。将来のリスクを推定することができなくなります。

実は対数正規分布に従う

変化率のように、同じ変動幅なのに上昇と下落で値が異なってしま

図 3.9.2 偏った分布図

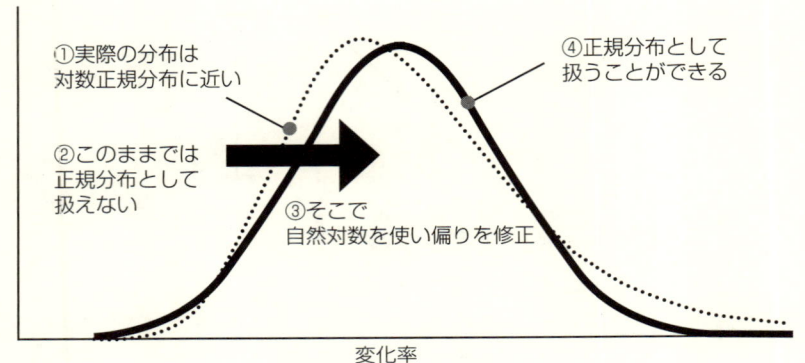

頻度

①実際の分布は対数正規分布に近い
②このままでは正規分布として扱えない
③そこで自然対数を使い偏りを修正
④正規分布として扱うことができる

変化率

うものは、計算に「対数」を使うことで、同じ値として扱うことができます。対数には2倍と2分の1倍を同じ値に変換してくれるという便利な性質があるのです。それによって変化率の偏った分布を、正規分布と見なすことが可能になります。

このように、対数を使って正規分布に変換できる分布を「対数正規分布」といいます。

対数にはいくつか種類がありますが、ここでは「自然対数」というものを使います。

対数そのものは数学的な概念が強く、イメージしにくいかもしれません。ここでは学問的な理解は必要ありません。どうしても気になる方は高校の教科書を読み返していただくとして、ここでは以下のように理解しておきましょう。

変化率の分布は、左右対称の正規分布とはならず、少し左に偏った対数正規分布となります。その偏りは「自然対数」を使った「対数変換」という数学的な操作によって、正規分布として扱うことができます。したがって、本来は「変化率は対数正規分布に従うと仮定する」が正

しい言い方になります。さらに別の言い方をすれば「変化率を対数変換したものが正規分布に従うと仮定する」です。

ところで、現実的には先ほどの例のように、わずか1日で為替レートが半分や倍になることは、まずありません。リーマンショックですら、そのようなことは起きませんでした。実際の変化率データの分布を調べても、上昇と下降による誤差はほとんど出ません。左右が非対称になると言っても、その誤差は本当に微々たるものです。したがって、最初から正規分布に従うと仮定してもほとんど問題はありません。

ただし、計算に「より正確性を持たせたい」という場合は、対数正規分布に従うと仮定して、変化率は対数変換したものを使ったほうがよいでしょう。その場合の式は以下となります。

$$1日当たりの変化率 = \log_e\left[\frac{本日の終値}{昨日の終値}\right]$$

注）$\log_e$ ＝自然対数

この自然対数は、エクセル教材の「LN（本日の終値／昨日の終値）」で計算できます。LN は自然対数を表すエクセル関数です。

試しにこの式を使って、先ほどの例である下落と上昇で －50％と100％と、絶対値で2倍も異なる変化率になったものを対数変換してみましょう。

$$下落時\quad 100円から50円に = \log_e\left[\frac{50}{100}\right] = -0.6931(=-69.31\%)$$

$$上昇時\quad 50円から100円に = \log_e\left[\frac{100}{50}\right] = 0.6931(=69.31\%)$$

両方の変化率は絶対値で69.31％となり、下落時と上昇時で同じ値となりました。
　本書では計算に正確性を持たせたいので、次の章から使用するエクセルシートの変化率は、最初から対数変換したものを使うことにします。
　ところで、「えっ!?　正規分布に従っていないものを無理やり従わせていいの？」と疑問を持たれるかもしれません。
　自然対数による変換は、ゆがんだ映像を整えて見るためのメガネみたいなものだと思ってください。映像のゆがみを修正するだけなので、映像を別のものにすり替えてしまうわけではありません。
　為替レートの変動に関しては上昇と下落は対等です。偏った分布を、正規分布に変換して分析するということに、何の問題もありません。
　この世にはいろいろな事象を扱ったさまざまな分布がありますが、必ずしも正規分布に従っているわけではありません。しかし、それらを正規分布に変換してから分析することは、統計学ではよく行われています。
　もし分かりにくければ、「そういうものなんだ」と思っていてください。簡単に言えば、「今後はエクセルで変化率を求めるときにLNの関数を使います」というだけの話です。

北山広京のクオンツコラム③
リスク・リスク・リスク！

　投資信託を証券会社や銀行で買うと、必ず投資信託説明書という冊子をもらいます。
　これは投資信託の内容説明書です。説明すべき内容も法律で決められており、販売側は投資家に必ず見てもらわなければなりません（インターネットで買う場合でも、見たことをチェックする必要があります）。金融庁が個人投資家保護のために、そのように金融商品取引法を改正したのです。

　このなかに「リスク」という項目があります。見てみると、なにやらたくさんの「リスク」が並んでいます。
　例えば、いま私の手元にある説明書によると、この投資信託には株価変動リスク、MLPの価格変動リスク、為替変動リスク、債券価格変動リスクの4つのリスクがあるそうです。これらのリスクにはさらに数行から十数行の説明が長々と書いてあります。

　しかし、その内容ときたら、一般人には分かりにくい専門用語まみれのうえに、ほとんど何も説明していないのと同じなのです。為替変動リスクの内容を要約してみると「この投資信託は為替の変動で価格が変化することがあります」と書いてあるだけです。

　はたしてこれがまともなリスクの説明と言えるでしょうか。私の所属する会社にも投信部門があるので、そこのベテラン社員に聞いてみたことがあります。

　「こんな説明では、まったく意味がないと思わないか？」

　彼は答えてくれました。

「これでいいんだよ。どうせ誰も見ないし、法令に沿ってさえいれば、それでOKだよ」

　想像どおりの答えではありますが、やはりそういう認識でしかないのか……と少しがっかりしてしまいました。

　銀行の窓口で投資信託を買おうとすると、これらのリスクについて、丁寧に窓口の行員が説明してくれます（証券会社のほうが大雑把です）。しかし、一番知りたいことは、けっして説明してくれません。
　みなさんがリスクについてもっとも知りたいのは「この投信では、どのくらいの確率で、どのくらいの損失が発生するのか」ということではないでしょうか。
　「リスクの説明」というならば、せめて次のような説明くらいは義務化してほしいものです。

- この投資信託と同じ手法で運用をすると、過去10年間での最大損失は30%（100万円の投資で30万円の損失）でした
- 統計的な手法から算出されるリスクは年間12%程度です（100万円の投資で1年後に12万円以上の損失となる場合が、15%程度の確率で発生します）

　しかし、たとえ上記のようなことを聞いても「分かりません」としか答えてくれないでしょう。

　金融商品取引法の実体は、こんなものです。「リスクについて十分に投資家に説明すべきである」という考えのもとに改正されたはずが、結局は形だけの投資家保護にしかなっていないのです。
　国やほかの誰かが、あなたに十分なリスク説明や注意喚起をしてくれることはまずないと思ったほうがよいでしょう。投資家の方には、他人に頼らず、自分でリスクから身を守る術を身につけてほしいと思います。

第4章

金融工学の基礎知識
～相関係数～

4-1. ポートフォリオの期待リターン

　スワップ派はシャープレシオの大きい通貨ペアに投資することが重要です。ところが、単一の通貨ペアでシャープレシオが1を超えるものを探しても実際には見つかりません。そこで複数の通貨ペアを保有する(ポートフォリオを組む)ことでシャープレシオを上げるのです。
　では、ポートフォリオのシャープレシオはどのように求めればよいのでしょうか？　ポートフォリオを構成する個々の通貨ペアについて、期待リターンと予想リスクを求めるやり方はすでに分かっています。したがって、それらを合成してポートフォリオ全体の期待リターンと予想リスクを求めればよいことになります**(図4.1.1)**。
　しかし、いきなり3つ以上の通貨ペアで、期待リターンや予想リスクの合成をするのは計算がややこしくて大変です。そこで手始めに、2つの通貨ペアの場合から始めましょう。

2通貨ペアでの期待リターン合成

　まずは、期待リターンの合成から考えてみましょう。ここにAとB、2つの通貨ペアで構成されたポートフォリオがあるとします。

通貨ペアA　評価額60万円、期待リターンは年利4％
通貨ペアB　評価額40万円、期待リターンは年利8％

第4章　金融工学の基礎知識〜相関係数〜

図4.1.1　どうやって合成すれば？

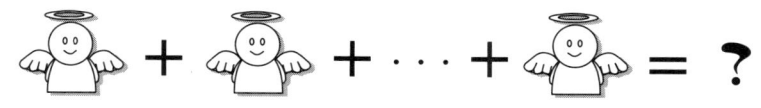

期待リターンの合成

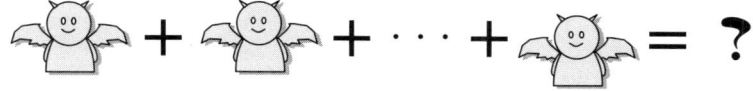

予想リスクの合成

図4.1.2　2つの通貨ペアで構成されるポートフォリオ

| 通貨ペアA　評価額60万円
期待リターン　4% | 通貨ペアB　評価額40万円
期待リターン　8% |

ポジション額　100万円

　証拠金100万円でレバレッジは1倍です。ポジション評価額は100万円×1倍＝100万円になります（**図4.1.2**）。

　さて、このポートフォリオの期待リターンの値はどうなるでしょうか。

　まずは期待リターンを単純に足してみましょう。

$$4\% + 8\% = 12\% \cdots\cdots ?$$

　この足し算はおかしいですね。通貨ペアAとBが全体に対して、どのくらいの割合を占めているのか、まったく考慮されていません。

　つまり、期待リターンの合成を求めるには、まず先に、それぞれのウエイト（組み入れ比率）を求める必要があります。

A、Bそれぞれのウエイトは、次の式から求めることができます。

$$A\text{のウエイト} \quad W_a = \frac{A\text{の評価額}}{\text{ポジションの評価額}}$$

$$B\text{のウエイト} \quad W_b = \frac{B\text{の評価額}}{\text{ポジションの評価額}}$$

ポジションの総金額＝Aの評価金額＋Bの評価金額
ただし $W_a + W_b = 1$（＝100％）

　あとはそれぞれの期待リターンに各ウエイトを掛け合わせ、それらを合計すれば、期待リターンの合成が求められます。

2通貨ペアにおけるポートフォリオの期待リターン
＝（W_a × Aの期待リターン）＋（W_b × Bの期待リターン）

　このように、全体に対して各通貨ペアが占める割合で合計したものを「ウエイトの加重平均」といいます。ポートフォリオの期待リターンは加重平均で求めることができます。
　では、先ほどのポートフォリオの期待リターンを求めてみましょう。

$$W_a = \frac{60\text{万円}}{100\text{万円}} = 0.6 \,(= 60\%)$$

$$W_b = \frac{40万円}{100万円} = 0.4\ (= 40\%)$$

ポートフォリオの期待リターン
= 60% × 4% + 40% × 8%
= 0.6 × 0.04 + 0.4 × 0.08
= 0.056
= 5.6%

理屈が分かれば簡単ですね。
なお、3つ以上の合成も求め方は同じです。まとめておきます。

「通貨ペアA、B、C、…、T」の「期待リターンを R_a、R_b、R_c、…、R_t」「ウエイトをW_a、W_b、W_c、…、W_t」とすると、ポートフォリオの期待リターンは以下の式で表せます。

$R_t = (W_a × R_a) + (W_b × R_b) + (W_c × R_c) + … + (W_t × R_t)$
ただし、 $W_a + W_b + W_c + … + W_t = 1$ (= 100%)

エクセルで計算してみよう

エクセル教材のchapter4-1「1. 期待リターン合成」タブを開いてください(**図4.1.3**)。このシートでは、5種類まで、実際の通貨ペアで期待リターンの合成を計算できます。
セル(H2)に証拠金を入れます。B列とC列に組み入れる通貨ペアのコードと名称を入れましょう。D列に通貨ペアの保有単位、E列は現在のレートを入れます。
H列、I列に自分が取引しているFX業者のスワップ金利(年利)を

図 4.1.3　期待リターン合成タブ

	A	B	C	D	E	F	G	H	I
1		1. ポートフォリオの期待リターン合成							
2							証拠金	1,000,000	円
3				の中に入力することで期待リターンが合成できます。			レバレッジ	0.71	倍
4							ポジション金額	714,361	円
5		※売りポジションの場合は保有単位をマイナスにします。							
6		コード	名称	保有単位	レート(円)	保有金額(円)	ウエイト Wt	スワップ売レート Rt	スワップ買レート Rt
7	a	AUDJPY	オーストラリアドル/日本円	2,000	75.659	151,318	21.18%	-4.58%	4.35%
8	b	CHFJPY	スイス フラン/日本円	-2,000	83.607	167,214	23.41%	-0.39%	0.18%
9	c	EURJPY	ユーロ/日本円	-1,000	102.874	102,874	14.40%	-0.66%	0.48%
10	d	GBPJPY	イギリス ポンド/日本円	1,000	120.140	120,140	16.82%	-0.51%	0.36%
11	e	NZDJPY	ニュージーランドドル/日本円	3,000	57.605	172,815	24.19%	-2.67%	2.35%
12		合計				714,361	100.00%		
13									
14		計算式：　期待リターンの合成 Σ (Wt×Rt) = Wa×Ra+Wb×Rb+Wc×Rc+Wd×Rd+We×Re							
15									
16							Wa×Ra	0.921%	4.347%
17							Wb×Rb	-0.092%	-0.391%
18							Wc×Rc	-0.094%	-0.656%
19							Wd×Rd	0.061%	0.364%
20							We×Re	0.569%	2.353%
21					(ポジション金額に対して)		合計	1.365%	
22					合成された期待リターン⇒				
23									

入れてください。売りと買いの2種類がありますので、注意してください。

　全部入力すると、セル（H21）に、合成された（ポジション金額に対する）期待リターンが表示されます。

　保有単位を変えるとウエイトが変化します。ウエイトが変化するとポートフォリオの期待リターンも変化することが分かります。

4−2. ポートフォリオの予想リスク

次は、ポートフォリオの予想リスクを求めます。リスク＝標準偏差ですから、ここで行うのは標準偏差の合成です。

ところが期待リターンと違って、標準偏差は単純な計算で合成することはできません。しかし、変化率であれば、期待リターンの合成と同じようにウエイトの加重平均で求めることができます。

2通貨ペアでの変化率

つまり、まずはポートフォリオを構成する各通貨ペアの変化率を合成し、そこからポートフォリオの標準偏差を計算するのです（図4.2.1）。

AとB、2つの通貨ペアで構成されたポートフォリオの変化率を求めましょう。期待リターンの合成と同じく、ウエイトの加重平均で求めることができます。

通貨ペアA　変化率 r_a%、ウエイト W_a
通貨ペアB　変化率 r_b%、ウエイト W_b
ただし、$W_a + W_b = 1$（＝100%）
2通貨ペアの合成変化率（%）＝ $W_a \times r_a + W_b \times r_b$

図 4.2.1　変化率を合成して標準偏差を求める

	USD/JPYの変化率	EUR/CHFの変化率
2008年01月01日		
2008年01月02日	−2.32%	−0.44%
2008年01月03日	0.24%	−0.51%
2008年01月04日	−0.83%	−0.30%
.	.	.

① 各通貨ペアの変化率を
ウエイトの加重平均で合成

合成された変化率
−1.40%
−0.13%
−0.57%
.

② エクセル関数 STDEV を使って計算

ポートフォリオ1日当たりの標準偏差

変化率を合成して標準偏差を求める流れです

エクセルで見てみよう

　エクセル教材のchapter4-1「2. 予想リスクの合成」タブを開いてください。変化率の合成から標準偏差を求める流れを実際に追ってみましょう。シートには① USD/JPY と② EUR/CHF、この2つを合成した③の線チャートが3本表示されています**（図4.2.2）**。

　3本の線チャートは、日足終値から求めた変化率の累積を「指数化」したものです。期間は2008年から2010年の3年分です。

　「指数化」とは、異なる為替レートの動きを比較するときに、レー

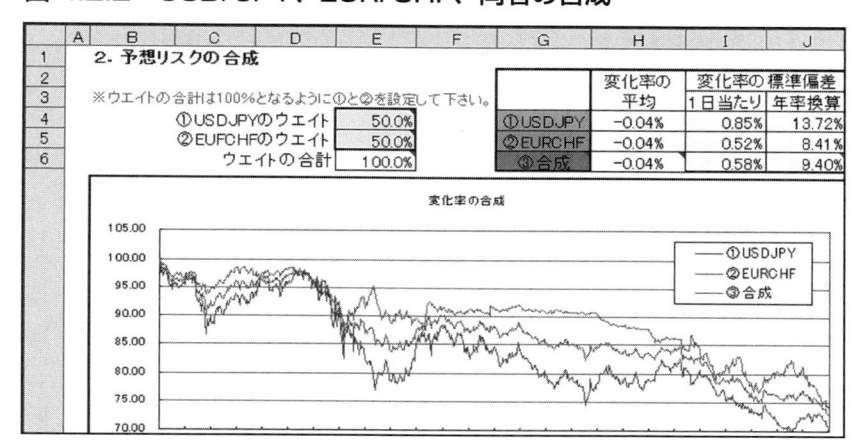

第4章 金融工学の基礎知識〜相関係数〜

図 4.2.2　USD/JPY、EUR/CHF、両者の合成

	USDJPY	EURCHF	合成
変化率の平均	-0.04%	-0.04%	-0.04%
変化率の標準偏差（1日当たり）	0.85%	0.52%	0.58%
変化率の標準偏差（年率換算）	13.72%	8.41%	9.40%

①USDJPYのウエイト：50.0%
②EURCHFのウエイト：50.0%
ウエイトの合計：100.0%

トの水準や単位が異なっていると分かりにくいので、比較する各通貨ペアの初期値を100にそろえて、そこからの推移を示したものです（**図4.2.3**）。

このシートにあるデータについて説明しましょう。

● C列に USD/JPY、D列に EUR/CHF の為替レートが日次終値で過去3年分入っています

● E列とF列には、それぞれに対応する変化率が計算されています

● G列とH列は、各通貨ペアの変化率を累積したものです。初期値100として指数化しています

● I列は、各通貨ペアの変化率を、ウエイトの加重平均で合成したものです。これがポートフォリオの変化率になります

● J列は、ポートフォリオの変化率を累積したものです。初期値100として指数化しています

※本章から、変化率は自然対数（エクセル関数 LN）で変換したものを使用します。

各通貨ペアのウエイトは、セル（E4）とセル（E5）で変更できます。

図 4.2.3　指数化の流れ

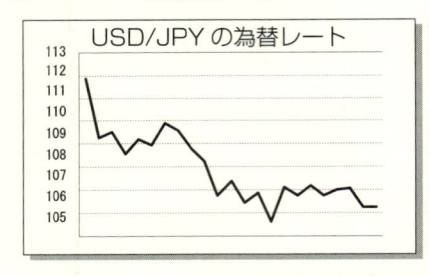

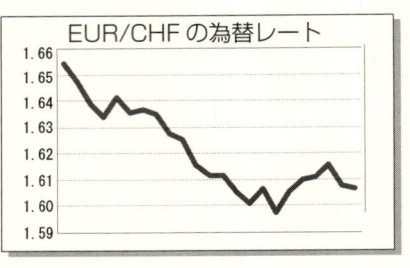

USD/JPY の為替レート

EUR/CHF の為替レート

単位が違うので比較しづらい

初期値を 100 にして、変化率を累積

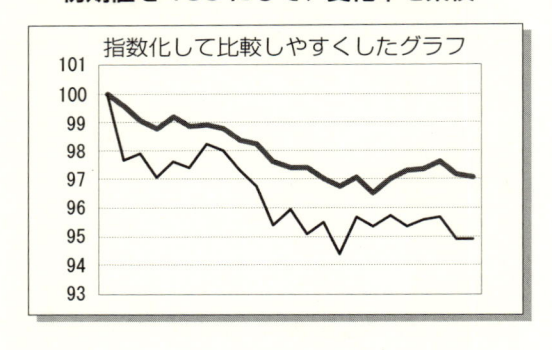

指数化して比較しやすくしたグラフ

ウエイトの合計値がセル（E6）に計算されます。ここが100％となるように各ペアをセットしてください。

　ポートフォリオの標準偏差は、合成されたI列の変化率からエクセル関数のSTDEVで計算すれば一発で求められます。セル（I6）がそれです。ただしこれは「1日当たりの標準偏差」なので、ルールで「1年当たりの標準偏差」にしたものがセル（J6）になります。この値は1年後の予想リスクになります。

　①USD/JPY（E4）と②EUR/CHF（E5）のウエイトは、50％ずつに設定されているので、ポートフォリオの評価額を示す③合成チャートは、真ん中で推移しています。

　（E4）を15％、（E5）を85％に変えてみてください。赤の線グラフ

第4章　金融工学の基礎知識〜相関係数〜

図4.2.4　ウエイト調整の効果

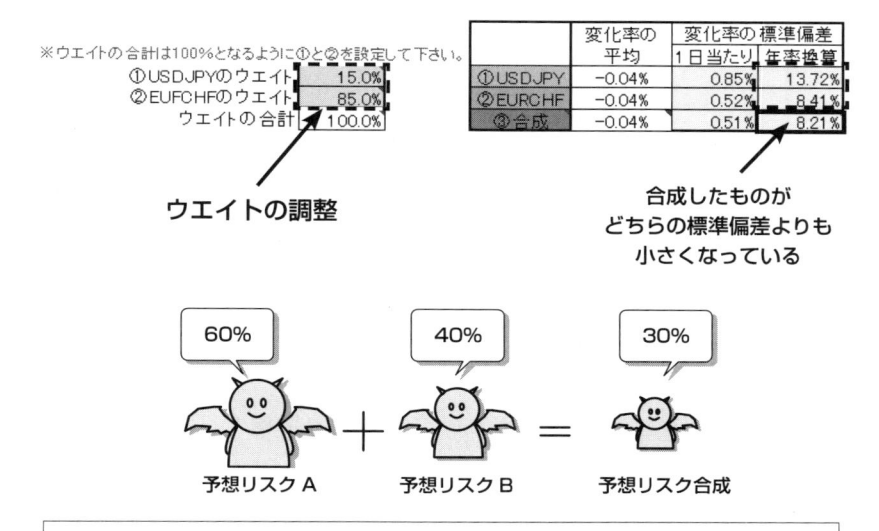

	変化率の平均	変化率の標準偏差	
		1日当たり	年率換算
①USDJPY	-0.04%	0.85%	13.72%
②EURCHF	-0.04%	0.52%	8.41%
③合成	-0.04%	0.51%	8.21%

※ウエイトの合計は100%となるように①と②を設定して下さい。
①USDJPYのウエイト　15.0%
②EURCHFのウエイト　85.0%
　ウエイトの合計　100.0%

ウエイトの調整

合成したものがどちらの標準偏差よりも小さくなっている

60%　＋　40%　＝　30%
予想リスクA　　予想リスクB　　予想リスク合成

予想リスク（＝標準偏差）のウエイトをうまく調整して合計すると、どれよりも小さいリスクになります

はウエイトの大きいほうへ偏ってきますが、どちらの通貨ペアよりも動きが小さくなっているように見えませんか。実際、ポートフォリオの標準偏差（J6）はウエイトを調整したことで、各通貨ペアの標準偏差（J4）と（J5）の、いずれよりも小さくなっています**(図4.2.4)**。

ここまでの作業で分かったことをまとめましょう。

ポートフォリオの標準偏差はウエイトによって変化します。ウエイトをうまく調整すれば、各通貨ペアのどの標準偏差よりも小さくできます。つまり、ポートフォリオには予想リスクを低くする効果があります。

これが、投資の世界でよく言われる「ポートフォリオを組むことでリスクが低減できる！」の理由です。

4-3. 相関係数

　ポートフォリオの期待リターンと変化率は、ウエイトの加重平均で求めることができました。そして、ポートフォリオの変化率が求められれば、そこから標準偏差が計算できます。

　標準偏差そのものは、直接ウエイトの加重平均で計算できないので、このような回り道になります。しかし、これも通貨ペアが3つ、4つと増えてくると、計算が面倒です。リスクを低く抑えるためには、たくさんの通貨ペア同士の中から相性を考えて組み合わせる必要があるというのに……。

　そこで、標準偏差の合成と、ペア同士の相性が同時に計算できれば便利だと思いませんか。「相関係数」を使えば、それが可能なのです。

相関係数とは

　「相関係数」は、スワップ派にとって非常に便利な道具です。ただし、個人投資家間で広まっている使い方は、少々厄介な問題があります。

　「相関係数は道具として使えればいいので、その意味はまったく知らなくてもかまいません」……と言いたいところですが、中途半端に知っている状態ほど、投資の世界で危険なことはありません。

　したがって、本書では、その厄介な問題も含めて詳しく説明したいと思います。

　相関係数の特徴をひと言で言えば、「通貨ペア同士の相性を判断し

図4.3.1 相関係数って？

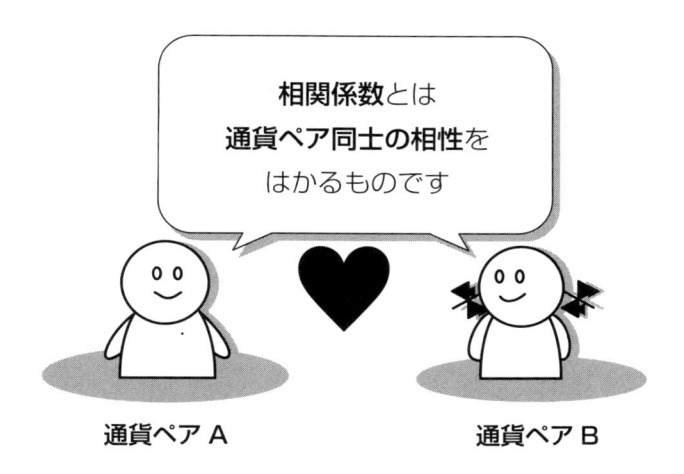

相関係数とは通貨ペア同士の相性をはかるものです

通貨ペアA　　通貨ペアB

てくれる」ものです。相性とは「ペア同士が組むことでリスクが大きくなるか、小さくなるか」です（**図4.3.1**）。

　以下は、相関係数を求める式です。これもややこしい式なので無理に理解しなくてもかまいません。ただし、変化率から計算しているという点だけは、覚えておいてください。

通貨ペアAと通貨ペアBの相関係数 P_{ab} を求める式

$$相関係数 = \frac{r_a と r_b の積和}{\sqrt{r_a の偏差平方和 \times r_b の偏差平方和}}$$

r_a　Aの変化率
r_b　Bの変化率
r_a の偏差平方和　Aの変化率から平均を引いて二乗した値の合計
r_b の偏差平方和　Bの変化率から平均を引いて二乗した値の合計
r_a と r_b の積和　AとBの変化率同士を掛け算した値の合計

相関係数の使い方

　さて、相関係数は式そのものよりも、計算結果をどう判断するかが重要です。
　相関係数の値は－1から1の間を取ります。数字の範囲には次のような意味があります。

－1≦P_{ab}＜0のとき　負の相関あるいは逆相関
Aが上昇（下落）すればBは下落（上昇）する

P_{ab}＝0のとき　無相関
AとBの動きに関連性はない

0＜P_{ab}≦1のとき　正の相関あるいは順相関
Aが上昇（下落）すればBも上昇（下落）する

　なお1のときは「完全順相関」といって完全に一致した動き、－1のときは「完全逆相関」といって、完全に正反対の動きを示す数字です。
　通貨ペア同士の相関係数は、－1に近ければお互いの値動きを打ち消し合ってリスクを軽減し、1に近づくほど同じような動きとなってリスクは高まります**（図4.3.2）**。そして0に近いほどお互いの動きは無関係です。
　例えば、0.3と0.9は同じ正の相関ですが、0.3よりも0.9のほうがよりお互いに近い動きをするので、リスクが高いと言えます。
　式を見ると難しいかもしれませんが、実際の計算ではエクセル関数のCORRELを使うことで、面倒な手間を一切使わず、2つの通貨ペアの「変化率」列から直接求められます。

図 4.3.2　負の相関と正の相関

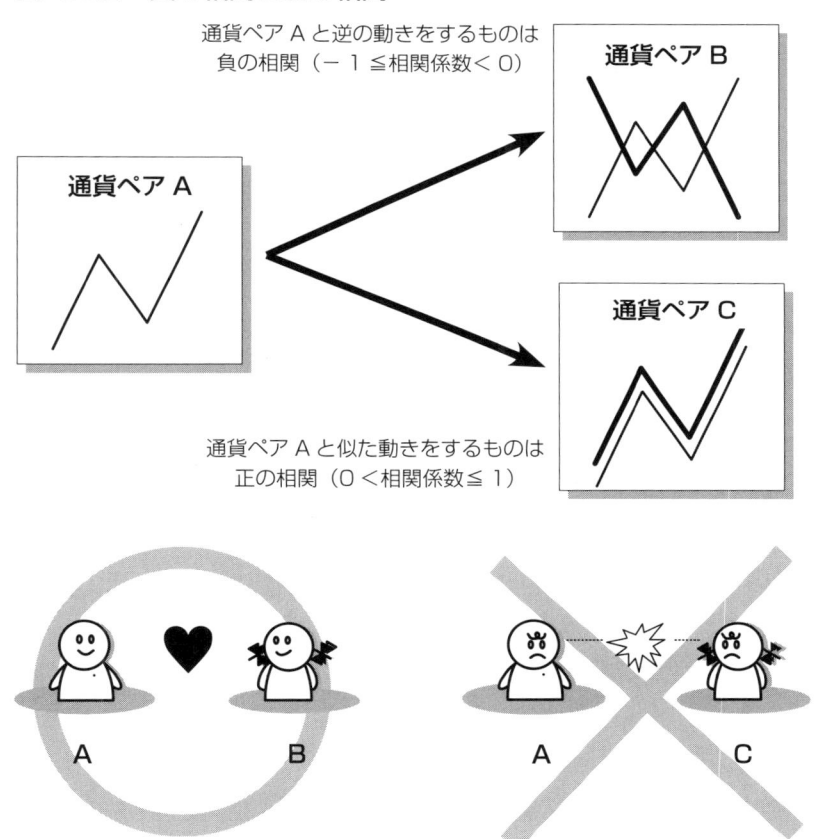

通貨ペア A と逆の動きをするものは
負の相関（− 1 ≦相関係数＜ 0）

通貨ペア A と似た動きをするものは
正の相関（0 ＜相関係数≦ 1）

「リスクを低減する」意味で、負の相関の A と B のは相性が良く、
正の相関の A と C は相性が悪い

エクセルで見てみよう

　エクセル教材の chapter4-1「3. 相関係数の計算」タブを開いてください。使用したデータの種類と範囲は「2. 予想リスクの合成」で使ったものとまったく同じです**（図 4.3.3）**。

図 4.3.3　相関係数の計算タブ

	A	B	C	D	E	F	G	H	I	J	K	L	M	N
1		3. 相関係数の計算												
2								変化率の平均	変化率の標準偏差			相関係数		
3			※売りの場合はウエイトの符号をマイナスにして下さい						1日当たり	年率換算		変化率から手順通り計算		0.41
4			USDJPYのウエイト		50.0%		USDJPY	-0.04%	0.85%	13.72%		エクセル関数を使用		0.41
5			EURCHFのウエイト		50.0%		EURCHF	-0.04%	0.52%	8.41%		標準偏差	1日当たり	0.58%
6			ウエイトの合計		100.0%		合成	-0.04%	0.58%	9.40%			年率換算	9.40%
7														
8			為替レート		それぞれの変化率		それぞれの指数化		2通貨ペアを合成			偏差平方和		積和
9		日付	USDJPY	EURCHF	USDJPY	EURCHF	USDJPY	EURCHF	変化率	累積		USDJPY	EURCHF	L列*M列
10	2008.01.01	111.84	1.6545			100.00	100.00		100.00		5.64252%	2.11812%	1.41327%
11	2008.01.02	109.24	1.6472	-2.35%	-0.44%	97.65	99.56	-1.40%	98.60		0.05341%	0.00165%	9.39E-05
12	2008.01.03	109.50	1.6389	0.24%	-0.51%	97.88	99.05	-0.13%	98.47		0.00078%	0.00220%	-1.31E-05
13	2008.01.04	108.59	1.6340	-0.83%	-0.30%	97.06	98.76	-0.57%	97.91		0.00629%	0.00069%	2.09E-05
14	2008.01.07	109.23	1.6413	0.59%	0.45%	97.63	99.20	0.52%	98.42		0.00395%	0.00232%	3.03E-05
15	2008.01.08	108.96	1.6356	-0.25%	-0.35%	97.39	98.85	-0.30%	98.13		0.00043%	0.00097%	6.44E-06
16	2008.01.09	109.89	1.6367	0.85%	0.07%	98.22	98.92	0.46%	98.58		0.00794%	0.00011%	9.18E-06
17	2008.01.10	109.61	1.6346	-0.26%	-0.13%	97.97	98.79	-0.19%	98.39		0.00046%	0.00009%	1.98E-06
18	2008.01.11	108.84	1.6274	-0.70%	-0.44%	97.28	98.36	-0.57%	97.82		0.00441%	0.00165%	2.69E-05
19	2008.01.14	108.26	1.6250	-0.53%	-0.15%	96.76	98.21	-0.34%	97.49		0.00243%	0.00012%	5.51E-06
20	2008.01.15	106.76	1.6153	-1.40%	-0.60%	95.41	97.62	-1.00%	96.52		0.01834%	0.00317%	7.62E-05
21	2008.01.16	107.35	1.6113	0.55%	-0.25%	95.93	97.38	0.15%	96.66		0.00351%	0.00045%	-1.26E-05
22	2008.01.17	106.40	1.6113	-0.89%	0.00%	95.08	97.38	-0.44%	96.23		0.00719%	0.00001%	-3.04E-06
23	2008.01.18	106.84	1.6054	0.41%	-0.37%	95.47	97.02	0.02%	96.26		0.00026%	0.00110%	-1.50E-05
24	2008.01.21	105.63	1.6008	-1.14%	-0.29%	94.39	96.75	-0.71%	95.57		0.01205%	0.00063%	2.76E-05
25	2008.01.22	107.09	1.6062	1.37%	0.34%	95.68	97.07	0.85%	96.39		0.01999%	0.00139%	5.27E-05
26	2008.01.23	106.74	1.5970	-0.33%	-0.57%	95.37	96.51	-0.45%	95.95		0.00082%	0.00290%	1.54E-05
27	2008.01.24	107.16	1.6052	0.39%	0.51%	95.74	97.01	0.45%	96.39		0.00188%	0.00300%	2.38E-05

　セル（N4）に、E列とF列のそれぞれの「変化率」列から計算された相関係数が表示されています。標準偏差の計算で使った関数のSTDVEと同様に、簡単に計算できます。値は0.41です。

　今度はエクセル関数を使わずに、定義どおりの計算式から求めてみましょう。

- L列にはUSD/JPYの偏差平方が計算されています。偏差平方和はセル（L10）になります
- M列にはEUR/CHFの偏差平方が計算されています。偏差平方和はセル（M10）になります
- N列にはUSD/JPYとEUR/CHFの偏差積が計算されています。積和はセル（N10）になります
- セル（N3）はL、M、Nの3列から相関係数の式で求めた値です
- セル（N4）はCORREL使って求めた値です

　セル（N3）とセル（N4）の値は0.41が一致していることを確認し

てください。

0.41は正の相関ですから、この2つの通貨ペアを保有しても、リスクを減らす効果はあまり期待できないようです。

為替レートの変化率とポジション額の変化率の違い

相関係数は2つの通貨ペアの「変化率」から求めます。変化率は「為替レートの変化率」と「ポジション額からの変化率」のどちらから計算してもかまいません。

ただし、「為替レートの変化率」で計算する場合、「買い」「売り」の保有条件は相関性とはまったく関係ありません。どのような保有条件だろうが、為替レート自体の変化率とは無関係です（3－6．「ポジション額」の変化率を参照）。

しかし、「ポジション額の変化率」で計算する場合は、自分が保有している（しようとしている）ポジション額の変動から計算するので、「買い」「売り」の保有条件は、プラスマイナスの符号に関係します。ここも少しややこしいので、AUDとJPYで構成された通貨ペアを例に、それぞれの相関性と保有条件について整理しておきましょう。

いま、AUD/JPYと、そのベース通貨を入れ替えたJPY/AUDという2つの通貨ペアがあるとします（実際にはJPY/AUDという取引通貨ペアはありませんが、正負の相関を表すのに便宜上、存在しているとしてください）。

エクセル教材のchapter4-1「4.AUD/JPYとJPY/AUDの相関関係」タブを開いてください。次の図は2011年1月3日から6月30日までの両者の「為替レート」を指数化したグラフと変化率のグラフです**(図4.3.4、4.3.5)**。

JPY/AUDのレート83.03のとき、AUD/JPYのレートはその逆数1÷83.03＝0.01204…です。両者は完全に真逆の動きとなるので、指数

図 4.3.4 AUD/JPY と JPY/AUD を指数化

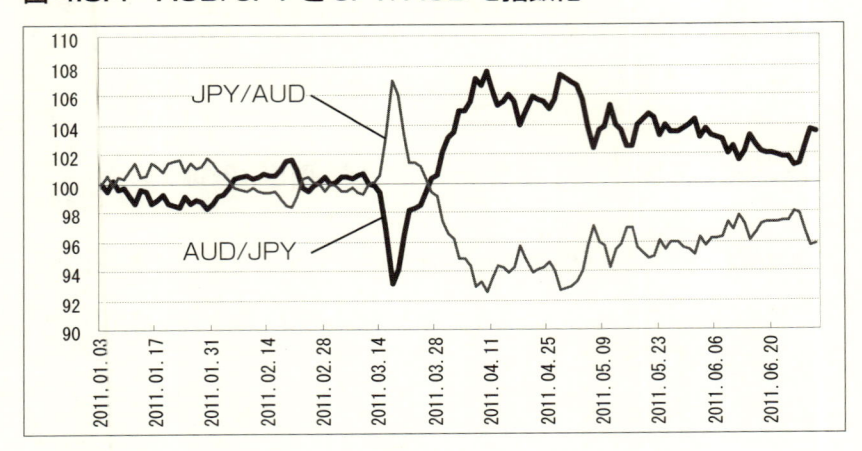

図 4.3.5 AUD/JPY と JPY/AUD の変化率

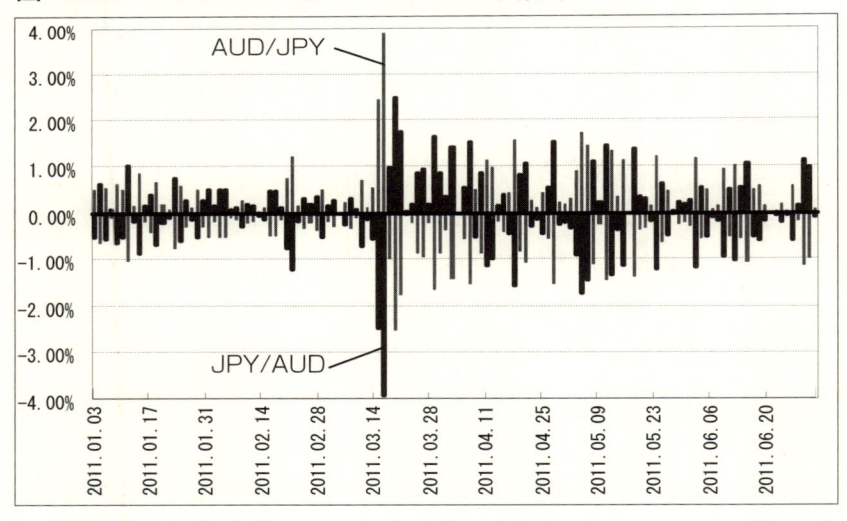

化グラフと変化率は横軸に対して上下線対称となります。

　この2つの通貨ペアの「為替レート変化率」から相関係数を計算すると、完全にお互いの変動を打ち消し合うので－1になります。

　次に、ポジション額で見てみます。まず、「買い」や「売り」の保

図4.3.6　AUD/JPY「買い」

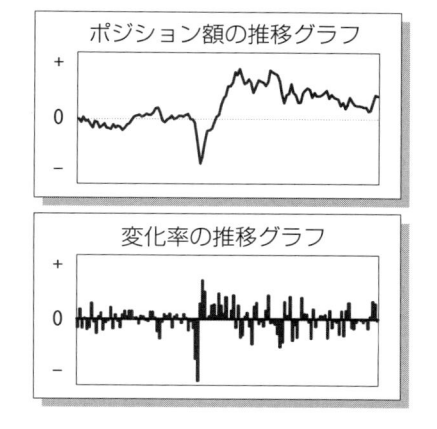

ポジション額の推移グラフ

変化率の推移グラフ

AUD/JPY「買い」のときです
為替レートの変動と同じですね

図4.3.7　AUD/JPY「売り」

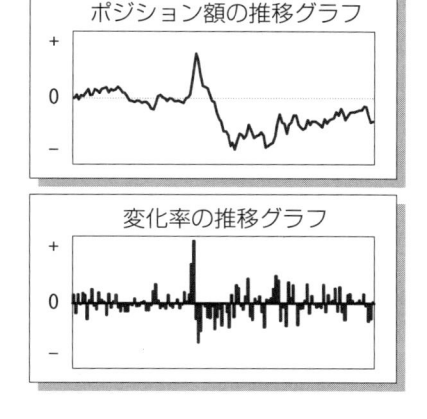

ポジション額の推移グラフ

変化率の推移グラフ

AUD/JPY「売り」のときです
為替レートの変動と上下が
逆になっていますね

有条件によって、この2つの指数化グラフと変化率がどうなるかを整理しました（**図4.3.6、4.3.7、4.3.8、4.3.9**）。

さて、この「ポジション額の変化率」同士で、相関係数を求めるとどうなるでしょうか？

組み合わせは全部で8通り出てきます。

図 4.3.8 JPY/AUD「買い」

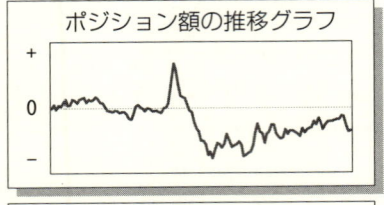

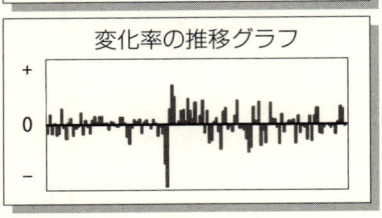

ポジション額の推移グラフ

変化率の推移グラフ

JPY/AUD「買い」のときです
為替レートの変動と同じですね

図 4.3.9 JPY/AUD「売り」

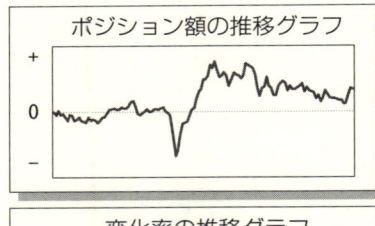

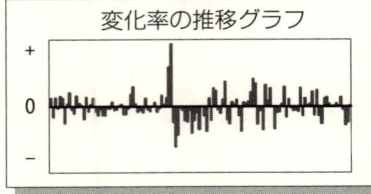

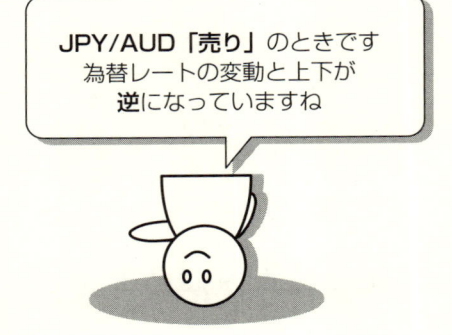

ポジション額の推移グラフ

変化率の推移グラフ

JPY/AUD「売り」のときです
為替レートの変動と上下が
逆になっていますね

- AUD/JPY「買い」と AUD/JPY「買い」のときは＋1（正の相関）
- AUD/JPY「買い」と AUD/JPY「売り」のときは－1（負の相関）
- AUD/JPY「買い」と JPY/AUD「買い」のときは－1（負の相関）
- AUD/JPY「買い」と JPY/AUD「売り」のときは＋1（正の相関）

- AUD/JPY「売り」とAUD/JPY「買い」のときは－1（負の相関）
- AUD/JPY「売り」とAUD/JPY「売り」のときは＋1（正の相関）
- AUD/JPY「売り」とJPY/AUD「買い」のときは＋1（正の相関）
- AUD/JPY「売り」とJPY/AUD「売り」のときは－1（負の相関）

　もし分からなければ、**図4.3.6**から**図4.3.9**を見ながら、頭のなかでそれぞれを組み合わせてみてください。まったく同じ形のグラフ同士であれば＋1、逆同士であれば－1となります。

　実際に自分でポートフォリオを組むときに「売り」ポジションを混ぜて最適化しようとするのであれば、「ポジション額の変化率」から相関係数を計算して、通貨ペア同士の相性を比較するほうが、正負を直接イメージできて分かりやすいでしょう。

４－４．正の相関、負の相関

　相関性の「正」「負」について、もう少し理解を深めましょう。
　エクセル教材のchapter4-1「5.相関係数とポジション額」タブを開いてください。比較する組み合わせは「① AUD/JPY と② NZD/JPY」と「①' USD/CAD と②' NZD/JPY」の２組です。使用するデータは2009年から2010年までの３年分で、各通貨ペアのウエイトは最初から50％としています**（図4.4.1）**。
　グラフは、「為替レートの変化率」ではなく「ポジション額の変化率」を累積して指数化したものを、初期値100からスタートさせています。したがって、「買い」「売り」の保有条件によって変化率の符号が変わり、相関係数も「正」「負」が入れ替わります。ここは要注意箇所です。

すべて「買い」保有

　まず、全部「買い」で保有している場合です。
　セル（F4）に計算された「①AUD/JPYと②NZD/JPY」の相関係数は、0.938と強い正の相関を持っています。指数化された各通貨ペアのグラフはほとんど同じような動きをしていることが分かります。合成してもほとんど同じ動きなので、あまりポートフォリオを組む意味はなさそうです**（図4.4.2）**。
　一方、セル（F5）に計算された「①' USD/CADと②' NZD/JPY」の相関は－0.656と負の相関が強く、指数化された各通貨ペアのグラ

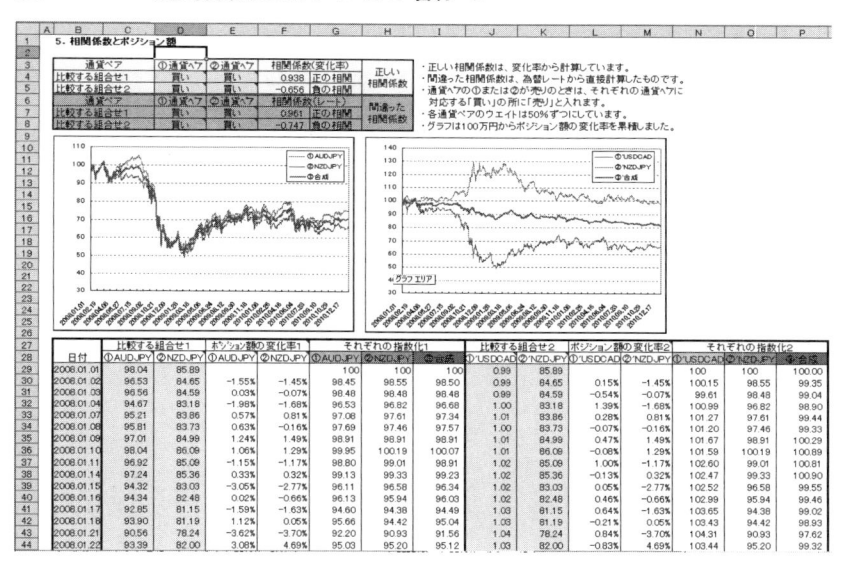

第4章 金融工学の基礎知識～相関係数～

図 4.4.1　相関係数とポジション額タブ

図 4.4.2　① AUD/JPY「買い」と② NZD/JPY「買い」

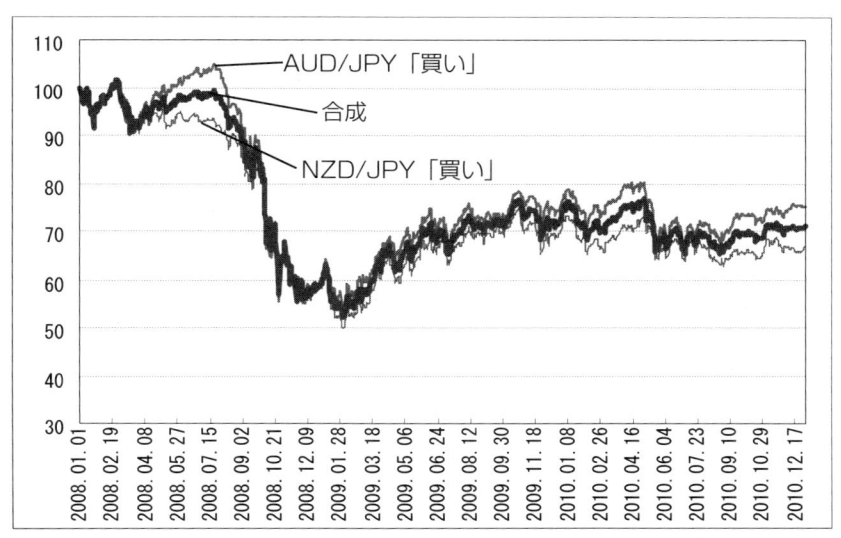

図4.4.3　①' USD/CAD「買い」と②' NZD/JPY「買い」

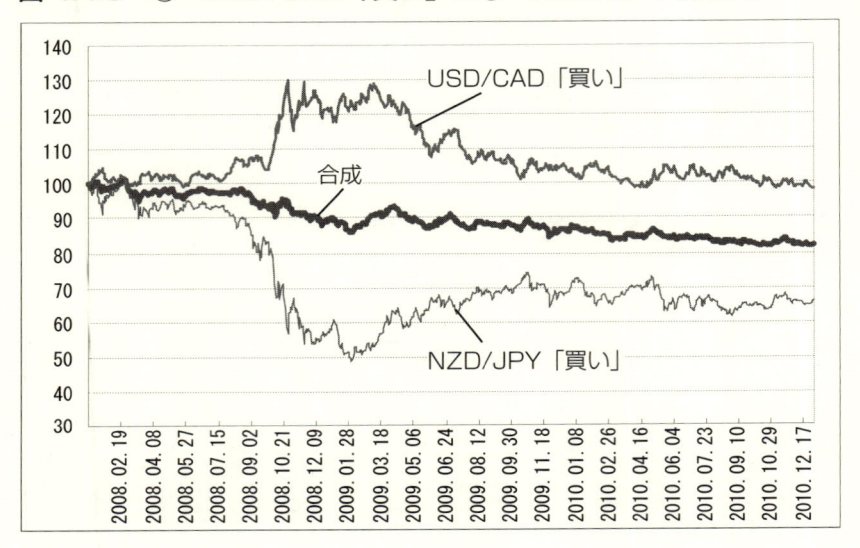

フは上下対称に近い動きをしています **(図4.4.3)**。

　合成したグラフを見比べてください。「正の相関」よりも、「負の相関」のほうが通貨ペア同士の動きを打ち消し合って、フラットに近い状態になっています。

一部「売り」保有

　次に、セル (D4) の「買い」という言葉を「売り」に変えてみましょう。①AUD/JPYグラフは上下ひっくり返り、セル (F4) の相関係数はマイナス表示になります。同時に相関性も「正」から「負」に変わっています **(図4.4.4)**。

　他にも (D5) (E4) (E5) のところを「買い」「売り」など、いろいろ入れ替えてみましょう。グラフ形状や相関係数の符号にどのような関連性があるかを体験してみてください。

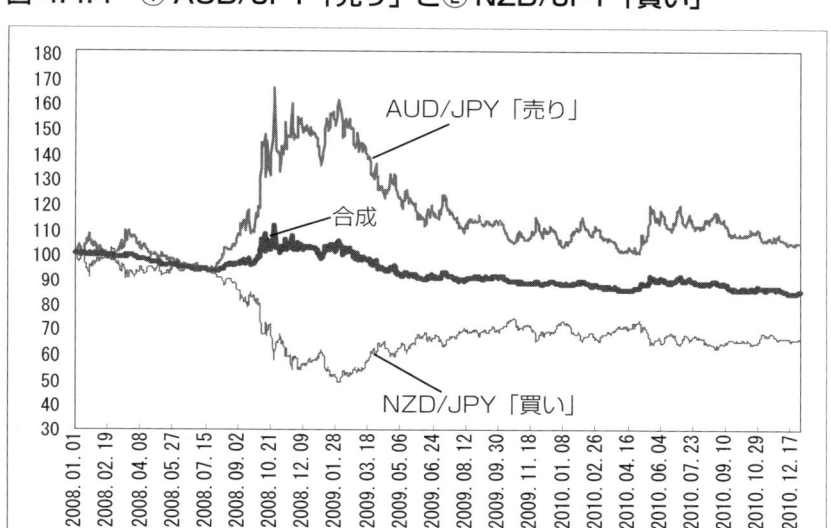

図 4.4.4　① AUD/JPY「売り」と② NZD/JPY「買い」

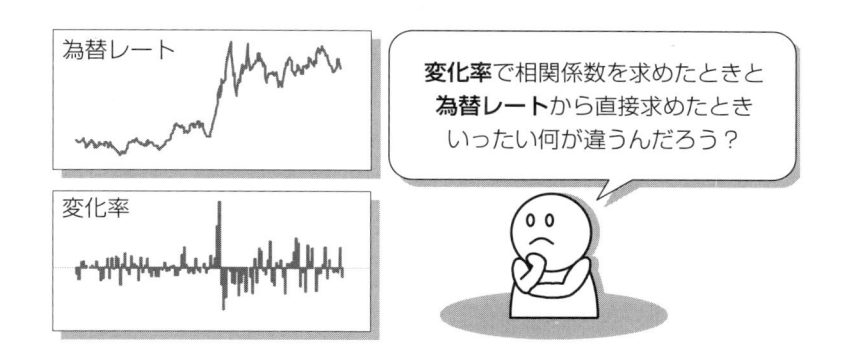

　セル（F7）とセル（F8）には、間違った相関係数が表示されています。変化率から計算した正しい相関とは微妙に値が違うようです。こちらはC列とD列、J列とK列のそれぞれの「為替レートそのもの」から直接計算したものです。

4-5. みせかけの相関

　相関係数は「変化率」から計算するのが正しいやり方です。ところがスワップ派が過熱していた2008年ごろ、個人投資家向けに書かれた書籍やサイト情報のほとんどすべてが、「為替レート」から計算する方法を紹介していました。このことがスワップ派にとって悲劇を生んだのです。

　為替レートから求めた相関係数は、何の役にも立ちません。それを確認するため、これから少し面白い検証をしてみます。

為替レートから相関係数を求めた場合

　エクセル教材のchapter4-2「6.みせかけの相関」タブを開いてください。通貨ペアAとBの擬似的なレートを1年分（260営業日数）発生させたものです。キリのよい数字を使い、どちらも平均は0で、1日当たりの標準偏差は1％としました**（図4.5.1）**。

- C列とD列には、お互い無関係な乱数を発生させています
- E列とF列で、乱数を正規乱数に変換しています。これは変化率を擬似的に発生させたものになります
- G列とH列で、各変化率を100から累積して指数化しました。これが擬似的な為替レートとなります
- セル（E5）は変化率（E列とF列）で計算した相関係数です

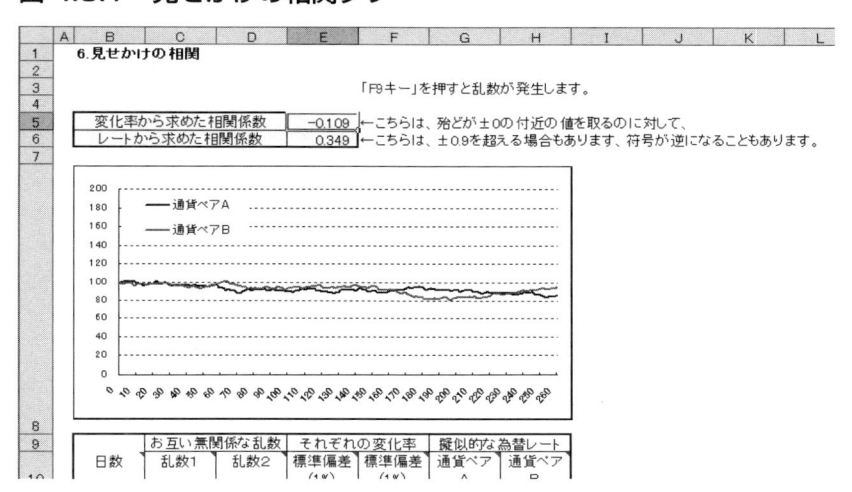

第4章　金融工学の基礎知識〜相関係数〜

図4.5.1　見せかけの相関タブ

	A	B	C	D	E	F	G	H	I	J	K	L
1		6.見せかけの相関										
2												
3						「F9キー」を押すと乱数が発生します。						
4												
5		変化率から求めた相関係数			-0.109	←こちらは、殆どが±0の付近の値を取るのに対して、						
6		レートから求めた相関係数			0.349	←こちらは、±0.9を超える場合もあります、符号が逆になることもあります。						
7												

（グラフ：通貨ペアA、通貨ペアB）

8		お互い無関係な乱数		それぞれの変化率		疑似的な為替レート	
9	日数	乱数1	乱数2	標準偏差(1σ)	標準偏差(1σ)	通貨ペアA	通貨ペアB

●セル（E6）はレート（G列とH列）で計算した相関係数です

　通貨ペアAとBは乱数から発生させたので、お互い無関係です。何の関係性もありません。理屈上は、両者の相関係数は常に無相関のゼロ付近となるはずです。本当にそうなるか検証してみましょう。

　F9キーを何度も押してみてください。押すたびに乱数が発生し、レートの動きも、相関係数も変化します。しばらく押し続けて変化する様子を見てください。両者の違いに気がついたでしょうか。

　図4.5.2はF9キーを500回押して、そのときに出現したセル（E5）とセル（E6）の相関係数を記録したものです。縦軸が相関係数の値で、横軸が試行回数になっています。

　変化率から計算した値は、ほとんどがゼロ付近で発生しています。相関係数は、常にゼロに近い値を取り、AとBはほぼ無相関の関係にあることが確認できます。

　それとは対象的に、レートから計算した値は、画面全体でバラバラに数字が出現しています。−1や1付近の数字もたくさん出ます。

図 4.5.2　レートと変化率の各相関を 500 回計算して記録

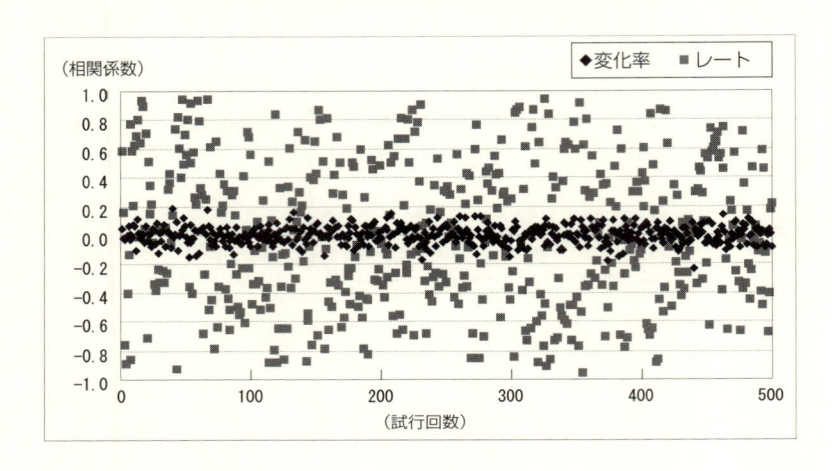

　実は、為替レートから計算した相関係数は、本来、互いに無関係なもの同士でも、正や負の強い相関を持つことがあります。このような、無意味な相関性のことを「みせかけの相関」といいます。

　変化率とレートの相関係数が食い違うことは頻繁に起きます。要するに、レートから計算した相関係数は、何の役にも立たないのです。

　そもそも相関係数は、2 つの系列が本質的に関連するかどうかを調べるためのものです。長期投資で使用するのですから、その都度、気まぐれでコロコロ変化するような一時的な関係を調べているわけではありません。「無関係なものは無関係」「関係があるものは関係がある」と正しく判断できなければ意味がないのです。

　間違った相関係数では、正しい判断はできません。投資の基準として、為替レートで計算した相関係数はまったく信用できません。ところが、なぜかは分かりませんが、個人投資家の間では、為替レートで相関係数を計算するやり方が広まってしまったようです。

　誤った相関係数の弊害について、もう少し説明していきましょう。

４－６．相関係数の「適正」な計算期間と賞味期限

　相関係数は、標準偏差と同様に、計算に使う期間を変えれば値が変化します。半年間のデータで計算した場合と、３年間で計算した場合とでは、数値に違いが出てきます。

　さらに、その「賞味期限」も気になります。つまり計算したものが、どのくらいの間、有効に機能するかという問題です。

　例えば、今年の１月に計算した相関係数が、１～２カ月程度で相関の正負がコロコロ入れ替わるようでは使いものになりません。一定期間は数値に信頼性がないと不安です。また、数値が変化するとしても、一体、何カ月ごとに計算しなおす必要があるのでしょうか。これはポートフォリオのリバランスのタイミングにも影響してきそうです（図4.6.1）。

変化率から求めれば時期に左右されにくい

　この問題については、レートから計算した誤った相関係数と比較しながら見てみたいと思います。

　以前、ある個人投資家向けのメディアで、「相関係数は、数値がコロコロ変わるので、あまり参考にしてはいけない」と説明しているのを読みました。「えっ？」と思って調べると、案の定、相関係数を為替レートから計算して、そういう結論になっていたようです。

　レートから求めた相関係数は、非常に不安定です。計算に用いる期

図 4.6.1　どのタイミングで計算しなおしたらいいの？

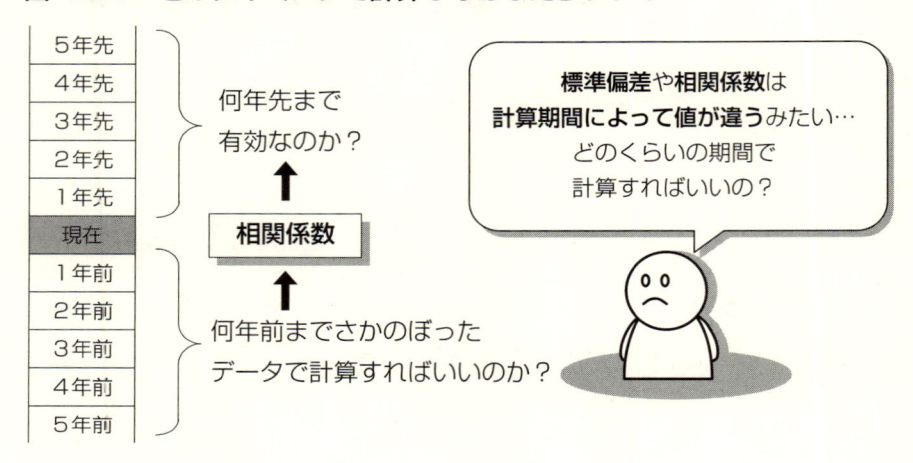

間によって全然違う値を取ります。また、一度求めた値も、ほんの数カ月で大きく変化します。

　逆に、変化率から計算した相関係数の場合には、計算期間や時期の違いによる影響がそこまで出ません。

　実際のデータを使って確認しましょう。今回はグラフの枚数が多いので、シートを2つに分けました。

　エクセル教材のchapter4-2「7. 相関係数の推移 その1（データ）」 タブを開いてください。使用データはUSD/JPYとCAD/JPYの通貨ペア、2000年から2010年までの11年分です**（図 4.6.2）**。

　E列には6カ月（130日）、F列には1年（260日）、D列には3年（780日）の3種類の期間について、「為替レート」で計算した相関係数が入っています。シートを下にスクロールしてみてください。それぞれの期間で計算された相関係数が順次現れてきます。これは「為替レート」で相関係数を計算したものです。

　一方、J列、K列、L列には、「変化率」で計算した相関係数が、同じ条件で計算されています。

第4章 金融工学の基礎知識〜相関係数〜

図4.6.2 USD/JPY、CAD/JPYの相関関係推移（2000〜2010年）

	A	B	C	D	E	F	G	H	I	J	K	L
1		7. 相関係数の推移（データ）										
2												
3		全期間における	為替レート		0.16							
4		相関係数	変化率		0.74							
5												
6			為替レートによる相関係数					変化率による相関係数				
7			為替レート		相関係数			変化率		相関係数		
8		日付	USDJPY	CADJPY	130日	260日	780日	USDJPY	CADJPY	130日	260日	780日
9		2000.01.03	102.14	70.55								
10		2000.01.04	101.70	70.25				-0.43%	-0.42%			
11		2000.01.05	103.17	71.02				1.44%	1.08%			
12		2000.01.06	104.15	71.84				0.95%	1.15%			
13		2000.01.07	105.24	72.06				1.04%	0.31%			
14		2000.01.10	105.17	72.19				-0.07%	0.18%			
15		2000.01.11	105.17	72.26				0.00%	0.09%			
16		2000.01.12	105.96	72.76				0.75%	0.70%			
17		2000.01.13	105.76	72.73				-0.19%	-0.05%			
786		2002.12.25	120.18	77.49	0.792	0.946		-0.21%	-0.20%	0.777	0.815	
787		2002.12.26	120.31	77.72	0.800	0.947		0.11%	0.30%	0.778	0.816	
788		2002.12.27	119.96	76.92	0.808	0.947	0.952	-0.29%	-1.03%	0.771	0.813	
789		2002.12.30	119.88	76.50	0.820	0.947	0.952	-0.07%	-0.55%	0.772	0.814	0.860
790		2002.12.31	118.50	75.18	0.830	0.947	0.951	-1.16%	-1.75%	0.780	0.816	0.860
791		2003.01.01	118.79	75.35	0.841	0.947	0.951	0.24%	0.23%	0.781	0.816	0.860
792		2003.01.02	118.79	75.49	0.847	0.947	0.951	0.00%	0.19%	0.784	0.816	0.859
793		2003.01.03	120.09	76.61	0.852	0.947	0.951	1.09%	1.48%	0.790	0.816	0.860
794		2003.01.06	119.81	76.58	0.859	0.947	0.951	-0.23%	-0.04%	0.789	0.819	0.860
795		2003.01.07	119.21	76.44	0.866	0.947	0.950	-0.50%	-0.19%	0.790	0.818	0.860

|◀ ◀ ▶ ▶|＼6.見せかけの相関 ＼7.相関係数の推移 その1（データ）／7.相関係数の推移 その2（グラフ）／8.相関行列／9.共分散行列／

次に、エクセル教材のchapter4「7. 相関係数の推移 その2（グラフ）」タブを開いてください。6つのグラフがあります。これらは先ほどの「7. 相関係数の推移 その1（データ）」を読み込んで作ったものです。まず、左側列3つのグラフを順番に見ていきましょう。

為替レート

図4.6.3は為替レートの動きです。大きな動きではところどころで異なっていますが、細かい動きをよく見ればUSD/JPYが上昇したときはCAD/JPYも上昇、下落したときは下落しています。11年間の全期間で計算した（変化率の）相関係数は0.74ですので、この2つの通貨ペアは、それなりに正の相関が強いと言えます。

図4.6.3　USD/JPY、CAD/JPY為替レートの動き

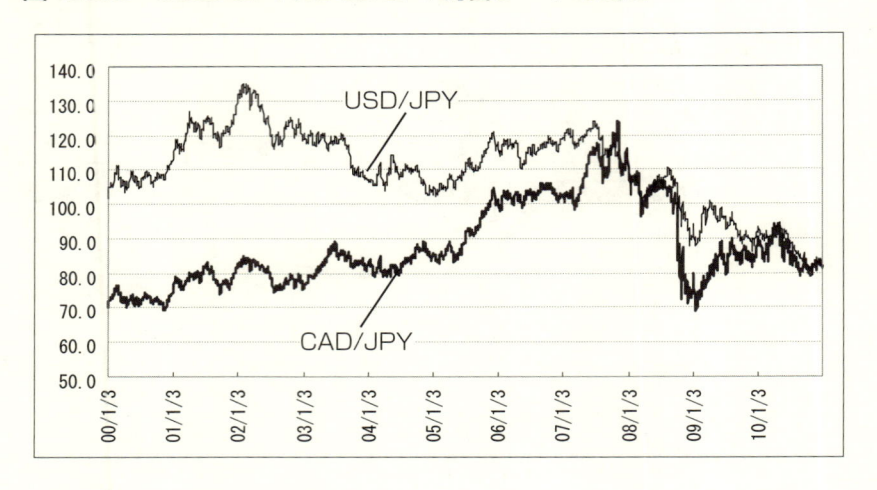

レートで相関係数を計算した場合

　図4.6.4は、為替レートから相関係数を計算した場合（為替レート相関）の推移です。E列：6カ月（130日）、F列：1年（260日）、D列：3年（780日）と、3つの期間で計算したものが、どのように推移しているのかを示しています。

　パッと見た感じ、各推移は規則性もなくバラバラに見えます。例えば2010年4月ごろは、3年（780日）と6カ月（130日）で計算すると0.9付近と正の相関性が強いのに対し、1年（260日）で計算したものは−0.1付近と、負の相関性になっています。

　さらに日数が経過していくと、相関係数が激しく上下に変化しました。半年と1年で計算したものは、わずか2〜3カ月の間に0.9から−0.5まで変動し、3年で計算したものですら、1〜2年の間に同じような変動が起きています。

　しかしです！　そもそも、USD/JPYとCAD/JPYの関係は、短い期間でこれほど、劇的な変化を繰り返すものなのでしょうか。

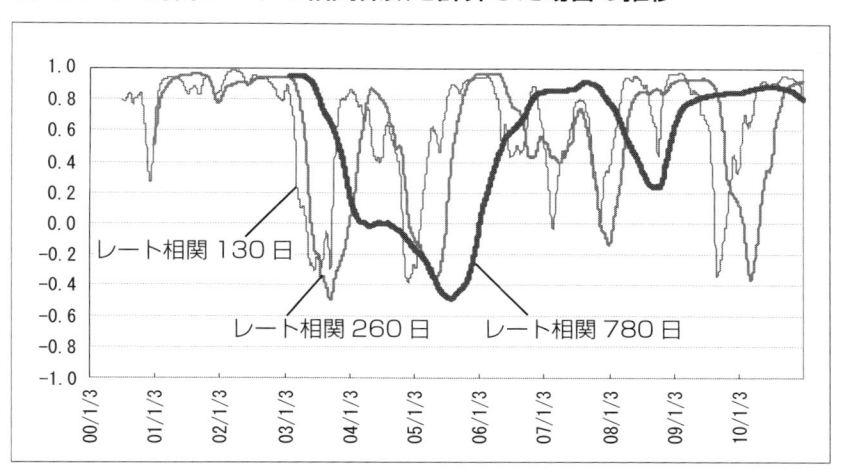

図4.6.4　為替レートで相関係数を計算した場合の推移

　通常、スワップ派は長期戦です。ポートフォリオは「1年ぐらい効力を発揮するであろう」という前提で組みます。通貨ペアを選ぶときの基準となる相関係数が、ちょっとした計算期間の違いでコロコロ変わってしまうのでは、信頼性がほとんどありません。このようなものは最初から使わないほうがマシでしょう。

変化率で相関係数を計算した場合

　図4.6.5は変化率で相関係数を計算した場合（変化率相関）の推移です。為替レート相関と違い、それほど変化が起きていないのが分かります。

　特に2007年以降は、どの期間、どの時期で計算したものであっても、0.6から0.9の間と非常に近い数値で収まっています。この程度の変化推移であれば、ちょっとした計算期間の違いでも、大きな影響はないでしょう。

　極端な話、1年前のデータで計算しても、それなりに通用するポー

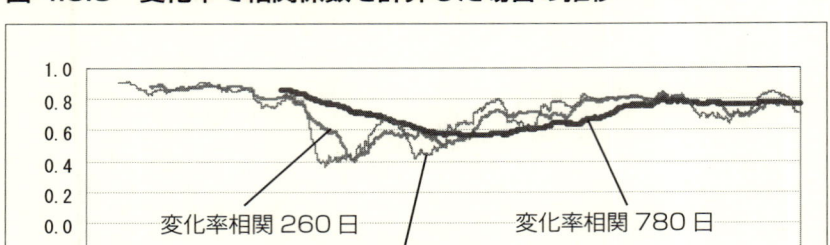

図 4.6.5　変化率で相関係数を計算した場合の推移

　トフォリオが組めることになります。多少、計算期間を粗くしても信頼性は高いと言えます。

　もし、短いスパンでポートフォリオのリバランスを頻繁に行うのであれば、半年～1年ぐらいの期間で相関係数を求めるのがよいかもしれません。逆に、あまりリバランスは行わず、年間を通じてほったらかし投資とするならば、3～4年ぐらいの期間で計算するのがよいのではないかと思います。

　結局、「どのくらいの期間で計算すると信頼性が高いのか」ではなく、「自分の戦略に合わせて計算期間を決めるべき」ということが分かっていただけたでしょうか。そして、3年分のデータで計算したものを、仮に2年や4年に変えたとしても、それほど値が違わないので、安心して使えます。

　なお、**エクセル教材の** chapter4「7. 相関係数の推移 その2（グラフ）」の右側の列には、6カ月（130日）、1年（260日）、3年（780日）の期間ごとにレート相関と変化率相関を比較したものも載せておきました。こちらのほうが同じ期間で比較しているぶん、両者の違いがハッキリ

第4章 金融工学の基礎知識～相関係数～

図 4.6.6 6カ月、1年、3年のレート相関と変化率相関

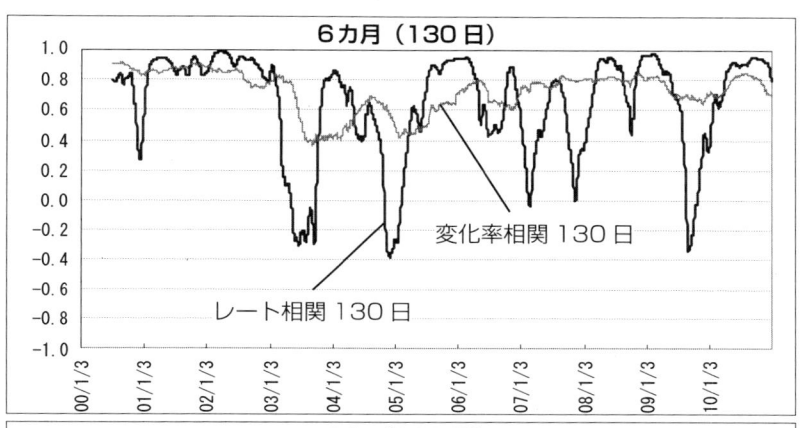

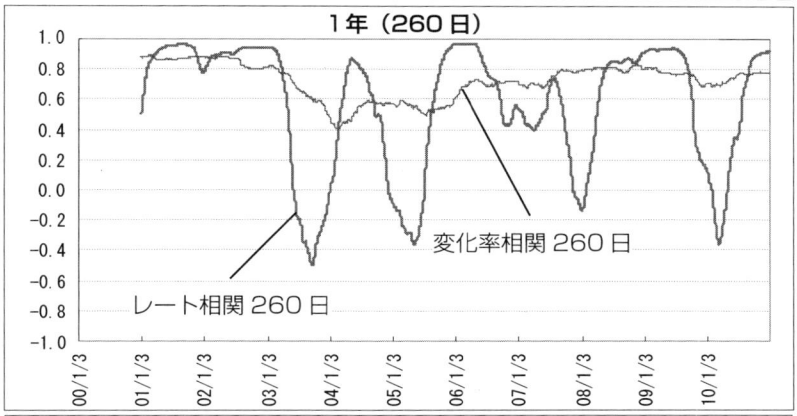

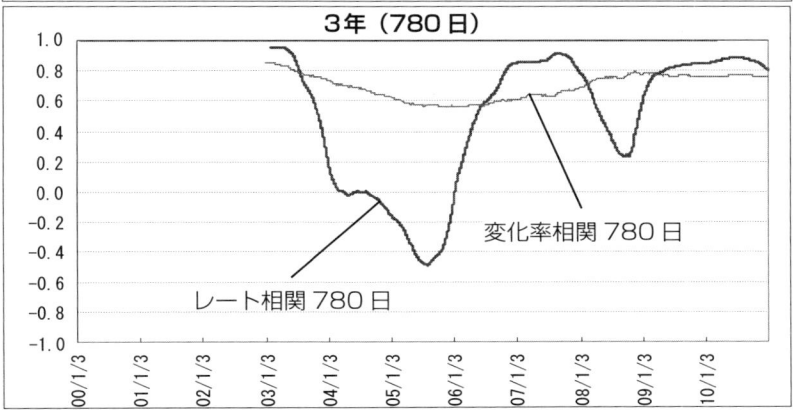

分かるかと思います（図 4.6.6）。

どのグラフも、変化率相関のほうは狭い範囲を緩やかに推移しているのに対して、レート相関のほうは、短期間で大きく上下に行き来しているのが分かると思います。

何が危険なのか

さて、為替レートから相関係数を求めることが誤りであるということは分かっていただけたかと思います。

このことが決定的に危険な理由は、ポートフォリオのリスクを、大抵の場合「過小なリスク」として推定してしまうことです。

なぜ過小なリスクとなってしまうのでしょうか。それは、ポートフォリオを作成するときに、リスクが小さくなるようなエラーを持つ相関係数の組み合わせを多く選んでしまう可能性が高いのです。これは「エラー最大化」などと言われ、ポートフォリオの最適化をする場合に特によく見られる傾向です。

第1章で、実際は5メートルの深さなのに50センチの落とし穴と勘違いして道を歩く話をしました。エラー最大化は、まさにそういう事態を招きます。実際に、どのくらいのリスク推定エラーが起きるのかは、「1－5．リーマンショック前後の3つの運用結果」でお見せしたとおりです。

変化率相関を使って最適化したポートフォリオは、3分の1弱のドローダウンで済みました。ところが、為替レート相関を使って最適化したものは、2分の1強ものドローダウンが発生したのです。

私は、金融工学の理論を勉強して投資をすることは、非常によいことだと思っています。ただし、それらのロジックを勘違いして計算をしてしまうと、とんでもない結果をもたらすかもしれません。

繰り返しになりますが、相関係数を為替レート自体から計算するよ

うなやり方は論外です。

目的と使い方を間違わないことが重要

　ただし、以上のようなことが分かったうえで、通貨ペアの相性を調べる以外のときに、レートで計算した相関係数を使うこと自体を否定はしません。

　例えば、トレード派が使用するRCIは非常に有用なインディケーターですが、相関性の計算にレートを使います（RCIとは"Rank Correlation Index"の略。「順位相関係数」。日付［時間］と価格それぞれに順位をつけることによって、両者にどれだけの相関関係があるのかを計算し、相場のトレンドとその勢い、過熱感を知ることができる）。

　つまり、「相関係数を算出するときには何でもかんでも変化率で行うべき」と言いたいのではありません。当然、ケースごとに異なります。

　しかし「私たちスワップ派が資産運用のリスク分析をするための相関は、変化率から計算する方法が適している」ということです。

> **参考**
>
> ポートフォリオのリスク計算で使う相関係数の算出に変化率を使うのは数式で書けば、非常に明快です。ウエイトを省略すると資産1と資産2 (それぞれ変化率は r1, r2) で構成されるポートフォリオの変化率 r_p の分散は以下のように書けるので、その計算に使う相関係数は r_1 と r_2 から計算します。
>
> $r_p = r_1 + r_2$ とすれば、
> r_p のリスク Var(r_p) は、
> Var(r_p) = Var($r_1 + r_2$) = Var(r_1) + Var(r_2) + 2Cov(r_1, r_2)
> = Var(r_1) + Var(r_2) + 2Std(r_1) Std(r_2) Corr(r_1, r_2)
>
> あまりにも当たり前のことなので、専門書には「相関は変化率から計算します」などということも書かれません。

4-7. 相関係数からポートフォリオの標準偏差を求める

相関係数をもう少し使いこなしてみましょう。

ポートフォリオの標準偏差は、相関係数から直接計算できます。いちいち変化率を合成してから求める手間が省けるので、こちらのほうが楽だと思います。

AとB、2つの通貨ペアで構成されたポートフォリオの1日当たりの標準偏差を求める場合です。

分散　$V_{ab} = (W_a^2 \times \sigma_a^2 + W_b^2 \times \sigma_b^2 + 2 \times W_a \times W_b \times C_{ab})$

共分散　$C_{ab} = P_{ab} \times \sigma_a \times \sigma_b$

ポートフォリオ1日当たりの標準偏差　$\sigma_{ab} = \sqrt{V_{ab}}$

ただし、

Aの標準偏差　σ_a

Bの標準偏差　σ_b

ABの相関係数　P_{ab}

V_{ab}はポートフォリオの分散になります。この分散を求める式の末尾部分「C_{ab}」を「AとBの共分散」といいます。共分散は特に3つ以上の通貨ペアで構成されたポートフォリオの標準偏差を求めるときに使うと便利です。

少々複雑な式に見えますが、掛け算と足し算しか使っていないので、よく読めば、それほど難しくはありません。それに、エクセルで

計算できるので、式自体を覚える必要もありません。

　エクセル教材のchapter4-1「3.相関係数の計算」タブでは、上記の式を使って求めた1日当たりの標準偏差がセル（N5）に、年率換算したものがセル（N6）に計算されています。いずれのセルにもエクセルの計算式が登録されています。

　これらは、変化率を合成してポートフォリオの標準偏差を求めたセル（I6）、セル（J6）と同じ数値になっているのを確認してください。

　次は、3つ以上の通貨ペアを持つポートフォリオの場合です。ここからは少々、作業が複雑になります。

4−8.「相関行列」と「共分散行列」

「相関行列」と「共分散行列」。字面だけを見ると、頭が割れそうな言葉が2つ並んでいます。しかし、複雑な計算はすべてエクセルがしてくれますので、「何に使うのか？」という流れだけを理解すれば十分です。

相関係数で計算できるのは、2つの通貨ペアについての関係性です。3つ以上の関係は、ひとつの相関係数で相性判断できません（**図4.8.1**）。

3つ以上の通貨ペアで相関係数を使うには

では、3つ以上の通貨ペアを組み込んだポートフォリオの場合、どうすればよいでしょうか。

そのために、**図4.8.2**のような表を作ってみることになります。これは、第6章で紹介する「リスク分析ツール」の一画面です。このような表を「相関行列」と呼びます。

これは、総当たりのリーグ対戦表と同じものだと思ってください。ひとつの通貨ペアが他の通貨ペアに対して、それぞれどのような相関性を持つのかを1対1でチェックする対戦表みたいなものです。

この相関行列をエクセルで作るのは単純といえば単純です。相関行列のひとつひとつのセルにCORREL関数を入れて計算するだけです。しかし、通貨ペアの数が多くなると、作業が非常に面倒です。

図4.8.1　相関係数で見るのは２つの通貨ペア

（吹き出し）相関係数は**２つずつの相性**を調べるものです

（吹き出し）３つ以上の相性を**同時には調べられません**

図4.8.2　リスク分析ツール　相関行列タブ

相関行列　　　　　　　　　　　　スワップ派のためのFXポートフォリオ

データ日付：2011/12/21
計算期間：　　780日

	標準偏差	1 AUDJPY	2 AUDUSD	3 CADJPY	4 GBPJPY	5 ZARJPY
1 AUDJPY	21.58%	1.000	0.839	0.866	0.782	0.833
2 AUDUSD	17.28%	0.839	1.000	0.591	0.514	0.641
3 CADJPY	18.64%	0.866	0.591	1.000	0.769	0.779
4 GBPJPY	17.25%	0.782	0.514	0.769	1.000	0.694
5 ZARJPY	23.43%	0.833	0.641	0.779	0.694	1.000

　例えば、５通貨ペアの場合、10通りの組み合わせがありますので、CORRELを10回も使うことになります。

　そこで本書では、もっと楽な方法をご紹介します。この方法はとても簡単なのですが、ネットなどで調べてみたところ、なぜかほとんど紹介されていないようです。

第4章　金融工学の基礎知識〜相関係数〜

図4.8.3　相関行列タブ

	A	B	C	D	E	F	G	H	I	J	K	L	M	N
1		8. 相関行列												
2														
3			AUDJPY	CHFJPY	EURJPY	GBPJPY	NZDJPY							
4		AUDJPY	1											
5		CHFJPY	0.70457	1										
6		EURJPY	0.76592	0.79626	1									
7		GBPJPY	0.76195	0.68922	0.79687	1								
8		NZDJPY	0.91861	0.68735	0.77254	0.76904	1							
9														
10					為替レート（終値）					変化率				
11		日付	AUDJPY	CHFJPY	EURJPY	GBPJPY	NZDJPY	AUDJPY	CHFJPY	EURJPY	GBPJPY	NZDJPY	合成	年率換算
12		2010.01.04	84.37	89.84	133.38	148.98	67.87	1.169%	0.780%	0.927%	0.899%	1.093%	0.881%	14.211%
13		2010.01.05	83.45	88.57	131.50	146.37	67.14	-1.10%	-1.42%	-1.42%	-1.77%	-1.08%	-1.358%	
14		2010.01.06	84.94	89.85	133.01	147.95	68.13	1.77%	1.43%	1.14%	1.07%	1.46%	1.377%	
15		2010.01.07	85.74	90.38	133.79	148.88	68.43	0.94%	0.59%	0.58%	0.63%	0.44%	0.635%	
16		2010.01.08	85.66	90.46	133.41	148.42	68.24	-0.09%	0.09%	-0.28%	-0.31%	-0.28%	-0.175%	
17		2010.01.11	85.60	90.56	133.62	148.37	68.29	-0.07%	0.11%	0.16%	-0.03%	0.07%	0.047%	
18		2010.01.12	83.84	89.39	131.87	147.13	67.23	-2.08%	-1.30%	-1.32%	-0.84%	-1.56%	-1.420%	
19		2010.01.13	84.43	89.80	132.72	148.80	67.62	0.70%	0.46%	0.64%	1.13%	0.58%	0.702%	
20		2010.01.14	84.98	89.57	132.33	149.07	67.71	0.65%	-0.26%	-0.29%	0.18%	0.13%	0.083%	
21		2010.01.15	83.73	88.49	130.57	147.59	66.94	-1.48%	-1.21%	-1.34%	-1.00%	-1.14%	-1.235%	
22		2010.01.18	84.08	88.58	130.65	148.30	67.15	0.42%	0.10%	0.06%	0.48%	0.31%	0.275%	

エクセルで相関行列を作ってみよう

　エクセル教材のchapter4-2「8. 相関行列」タブを開いてください。5つの通貨ペアのデータを2010年の1年分、用意してあります。また、各通貨ペアの変化率も計算されています。シートではすでに相関行列を計算していますので、この手順を示しておきます（**図4.8.3**）。

　メニューから[ツール] → [アドイン] を選択します。分析ツールにチェックを入れて[OK] を押してください（分析ツールがない人は、エクセルのインストールでアドインの分析ツールを使うように再設定をする必要があります）。もともとチェックがついている人は、そのままで結構です。

　準備が終わったら[ツール] → [分析ツール]を選択します。[データ分析] の窓が開いたら、[相関] を選択して[OK] を押します。[相関] の窓が開きます。

　入力範囲はセル（H13:L271）を選択してください。次に出力先を選び、エクセルシートをずっと下のほうにスクロールして、セル（G273）をクリックして選択します。

図 4.8.4 相関行列ができました

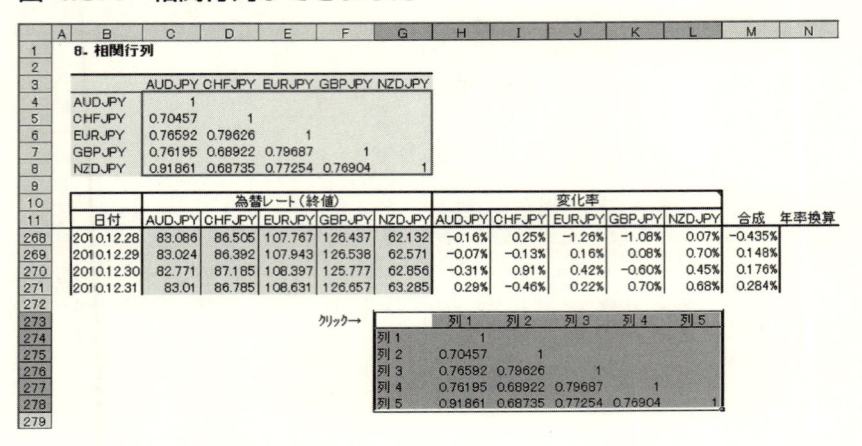

	A	B	C	D	E	F	G	H	I	J	K	L	M	N
1		8. 相関行列												
2														
3			AUDJPY	CHFJPY	EURJPY	GBPJPY	NZDJPY							
4		AUDJPY	1											
5		CHFJPY	0.70457	1										
6		EURJPY	0.76592	0.79626	1									
7		GBPJPY	0.76195	0.68922	0.79687	1								
8		NZDJPY	0.91861	0.68735	0.77254	0.76904	1							
9														
10				為替レート(終値)						変化率			合成	年率換算
11		日付	AUDJPY	CHFJPY	EURJPY	GBPJPY	NZDJPY	AUDJPY	CHFJPY	EURJPY	GBPJPY	NZDJPY		
268		2010.12.28	83.086	86.505	107.767	126.437	62.132	−0.16%	0.25%	−1.26%	−1.08%	0.07%	−0.435%	
269		2010.12.29	83.024	86.392	107.943	126.538	62.571	−0.07%	−0.13%	0.16%	0.08%	0.70%	0.148%	
270		2010.12.30	82.771	87.185	108.397	125.777	62.856	−0.31%	0.91%	0.42%	−0.60%	0.45%	0.176%	
271		2010.12.31	83.01	86.785	108.631	126.657	63.285	0.29%	−0.46%	0.22%	0.70%	0.68%	0.284%	
272														
273					クリック→		列1	列2	列3	列4	列5			
274						列1	1							
275						列2	0.70457	1						
276						列3	0.76592	0.79626	1					
277						列4	0.76195	0.68922	0.79687	1				
278						列5	0.91861	0.68735	0.77254	0.76904	1			
279														

OK ボタンを押すと相関行列ができます**（図4.8.4）**。

なお、セル（C4:G8）には、あらかじめ計算された相関行列が入っています。今作成したものと数値を比べて、一致していれば手順が正しかったということです。

このやり方なら、通貨ペアがいくら増えたとしても、相関行列は簡単に計算できます。

もし、通貨ペアの数や種類、分析する日数を増やしたい場合は、このシートをベースに相関行列を作ってみてください。

なお、ここでは為替レートの変化率、あるいはポジション額の変化率がすべて「買い」の場合で計算しました。もし「売り」ポジションを考慮したい場合は、その通貨ペアのベース通貨を入れ替えて（例えばAUD/JPYはJPY/AUD）、そのレート列をすべて逆数（例えば84.37は=1/84.37）にすることで対応できます。

あるいはもっと簡単に、「売り」に対応する相関係数の符号をマイナスにしてもかまいません。同じく「売り」保有を考慮した相関行列になります。慣れてくれば、符号を変えるほうが楽でしょう**（図**

図 4.8.5　AUD/JPY と NZD/JPY を売りポジションにしたときの相関行列

	AUDJPY	CHFJPY	EURJPY	GBPJPY	NZDJPY
AUDJPY	1				
CHFJPY	-0.7046	1			
EURJPY	-0.7659	0.79626	1		
GBPJPY	-0.762	0.68922	0.79687	1	
NZDJPY	0.91861	-0.6874	-0.7725	-0.769	1

4.8.5)。

ポートフォリオの標準偏差を求める

次にポートフォリオの標準偏差を一発で求める方法です。これは今作成した相関行列を使って「共分散行列」を作ることでできます。

では、その「共分散行列」の出し方について説明しましょう。

正直、ここの部分はエクセル関数もややこしくなるので、必要な情報を入力すれば、自動的に求められるエクセルシートを用意しました。ここは作業の流れだけを理解していただきたいと思います。

エクセル教材の chapter4-2「9. 共分散行列」タブを開いてください。「8. 相関行列」で作成したものが赤い枠の中にコピーされています**（図4.8.6）**。

実は、共分散行列も先ほどと同じようにエクセルの [分析ツール] の中にある [共分散] を選択することで作成できるのですが、エクセルで用意されている関数は「母共分散」だけで、スワップ派が使用する「標本共分散」とは若干違っています。そこで、すでにシートの青枠（C16:G20）には、（標本）共分散行列の計算式を埋め込んでおきました。

赤い枠内（C5:G9）にあらかじめ求めた相関行列をコピーペースト

図 4.8.6　共分散行列タブ

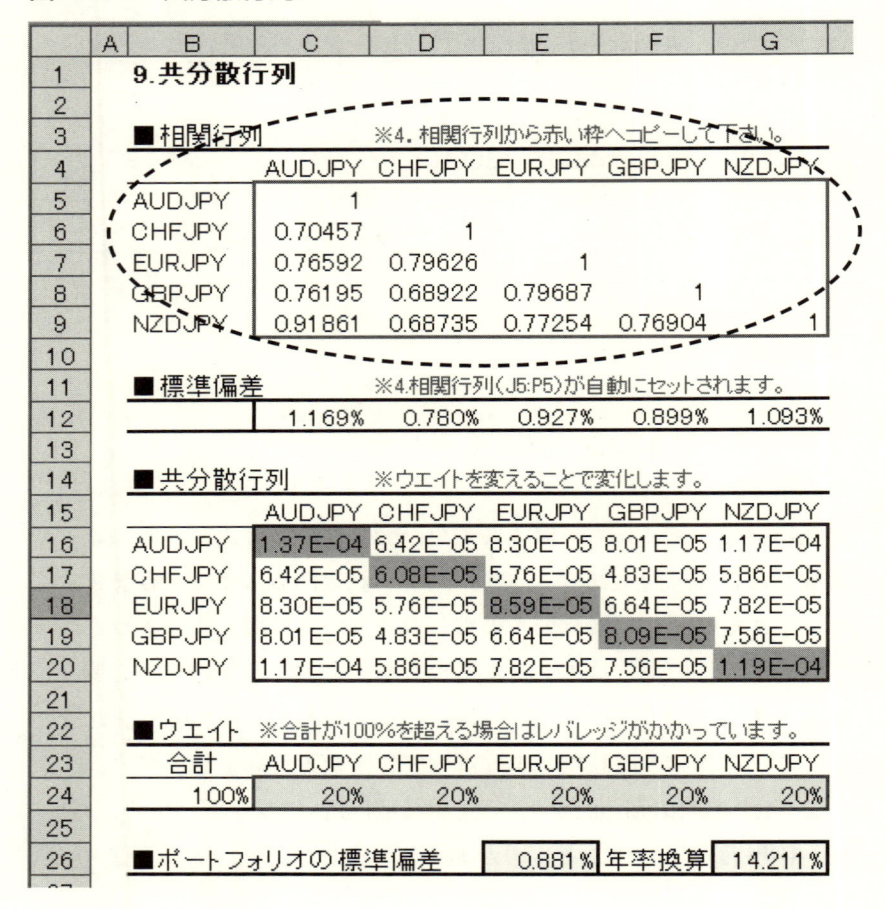

	A	B	C	D	E	F	G
1		9.共分散行列					
2							
3		■相関行列		※4.相関行列から赤い枠へコピーして下さい。			
4			AUDJPY	CHFJPY	EURJPY	GBPJPY	NZDJPY
5		AUDJPY	1				
6		CHFJPY	0.70457	1			
7		EURJPY	0.76592	0.79626	1		
8		GBPJPY	0.76195	0.68922	0.79687	1	
9		NZDJPY	0.91861	0.68735	0.77254	0.76904	1
10							
11		■標準偏差		※4.相関行列(J5:P5)が自動にセットされます。			
12			1.169%	0.780%	0.927%	0.899%	1.093%
13							
14		■共分散行列		※ウエイトを変えることで変化します。			
15			AUDJPY	CHFJPY	EURJPY	GBPJPY	NZDJPY
16		AUDJPY	1.37E-04	6.42E-05	8.30E-05	8.01E-05	1.17E-04
17		CHFJPY	6.42E-05	6.08E-05	5.76E-05	4.83E-05	5.86E-05
18		EURJPY	8.30E-05	5.76E-05	8.59E-05	6.64E-05	7.82E-05
19		GBPJPY	8.01E-05	4.83E-05	6.64E-05	8.09E-05	7.56E-05
20		NZDJPY	1.17E-04	5.86E-05	7.82E-05	7.56E-05	1.19E-04
21							
22		■ウエイト	※合計が100%を超える場合はレバレッジがかかっています。				
23		合計	AUDJPY	CHFJPY	EURJPY	GBPJPY	NZDJPY
24		100%	20%	20%	20%	20%	20%
25							
26		■ポートフォリオの標準偏差			0.881%	年率換算	14.211%

します。ペーストするときは、マウス右クリックから[形式を選択して貼り付け]を選び[値]で貼り付けてください。

　緑の枠内（C24:G24）に各通貨ペアのウエイトを入力すれば、「ポートフォリオの1日当たりの標準偏差」がセル（E26）に自動計算されます。年率換算したものはセル（G26）になります。

　各値を求めるための計算式はセルに書かれていますので、行列式や

エクセル関数が分かる方は、それを参考にしてみてください。

相関係数が使えることのメリット

　ここまで、いろいろと難しい言葉が出てきましたが、相関係数については、その扱いを知るだけでもとても大変かもしれません。特に、今までレートで変化率を求めていた方は、改めて正しい使用法を確認しておいてください。
　最後に、スワップ派が相関係数を使うメリットについてまとめておきました。

１．ポートフォリオの標準偏差を少ない計算量で算出できる
　相関係数と標準偏差をあらかじめ計算しておけば、ポートフォリオの変化率を作成してから計算するよりも、圧倒的に少ない計算量でポートフォリオの標準偏差を計算できます。これは、ポートフォリオの最適化をするときに非常に有利です。

２．通貨ペア同士の関係が分かる
　相関係数は通貨ペア同士の関係を－１～１の範囲で示してくれます。変化率を使うことで、通貨ペア同士の背後に潜む関係が感覚的によく分かります。

３．予測値などを想定できる
　ポートフォリオの標準偏差を計算する目的は、将来の予想リスクを計算するためです。もし、将来の相関係数や標準偏差を、何らかのモデルや推定値を使って算出できるならば、それらの値を使ってポートフォリオの予想リスクを計算できます。
　これは、過去のデータから計算した変化率だけではできません。

4-9. 通貨ウエイト

　今からご説明するのは、ポートフォリオの期待リターンや変化率を求めるときに使用した「通貨ペア」のウエイトではなく、「通貨」のウエイトです。注意してください。
　ポートフォリオというと、複数の銘柄を保有することでリスクを分散させるイメージですが、FXの場合、「通貨ペア」ではなく「通貨」でバランスよく分散させることが大切です。
　通貨ペアだけを見て組んだポートフォリオでは、得てしてある特定の通貨だけに組み入れが偏ってしまい、リスク分散がうまくいかないからです (**図4.9.1**)。そこで通貨ウエイトのチェックが重要になります。

分解してみよう

　通貨ウエイトをどう定義するかは、意外にややこしい話になります。なぜなら、ポートフォリオに組み込んだ個々の通貨を分解して整理する必要があるからです。
　まず、通貨ペアを売買するとは、どういう状態を意味するのかを厳密に定義しましょう。AUD/JPYを例にします。

AUD/JPYの「買い」とは、AUDをロングポジション、JPYをショートポジションで保有すること…①

図 4.9.1　通貨全体のバランスが重要

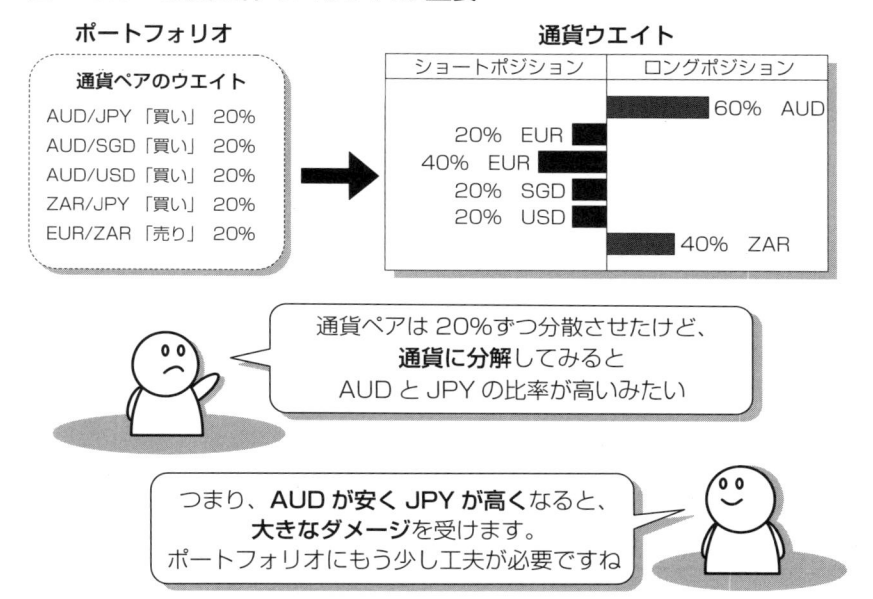

ポートフォリオ

通貨ペアのウエイト
- AUD/JPY「買い」20%
- AUD/SGD「買い」20%
- AUD/USD「買い」20%
- ZAR/JPY「買い」20%
- EUR/ZAR「売り」20%

通貨ウエイト

ショートポジション	ロングポジション
	60% AUD
20% EUR	
40% EUR	
20% SGD	
20% USD	
	40% ZAR

> 通貨ペアは20%ずつ分散させたけど、**通貨に分解してみると**AUDとJPYの比率が高いみたい

> つまり、**AUDが安くJPYが高く**なると、**大きなダメージ**を受けます。ポートフォリオにもう少し工夫が必要ですね

AUD/JPYの「売り」とは、AUDをショートポジション、JPYをロングポジションで保有すること…②

　具体的なポートフォリオで見てみましょう。次のようなポジションをとったとします。

通貨ペア	レート	保有単位
AUD/JPY	100円	+ 10,000
NZD/JPY	80円	− 10,000

※一般的にAUD/JPYの買い（売り）をAUD/JPYのロング（ショート）という言い方をすることもありますが、混乱するので本書では使いません。その場合は、AUD/JPYの「買い（売り）」と表現を統一したいと思います。

レバレッジ1倍で保有した場合、ポジション額は180万円になりました。
　なお、この表以降は整理しやすくするため、ロングポジションは＋符号、ショートポジションは－符号で表すことにします。
　これを、先ほどの定義①②に従って、ロングとショートに分解すると、次のようになります。

通貨	レート	保有単位	評価額
AUD	100円	＋10,000	＋1,000,000円
JPY	1円	－1,000,000	－1,000,000円
NZD	80円	－10,000	－800,000円
JPY	1円	＋800,000	＋800,000円
合計			0円

※評価額＝レート×保有単位
　＋はロングポジション、－はショートポジションを表します

　それぞれの通貨を、レート、保有単位、評価金額で項目分けしました。
　評価金額は、ロングとショートの合計が必ず0になります。
　また、分解のときは、保有単位のところに気をつけてください。AUDを円で1万単位買うと100万円のロングポジションになりますが、それに対してJPYは、1円で100万単位のショートポジションを保有する必要があります。
　また、レート80円のNZDを1万単位売って、80万円のショートポジションを保有するためには、JPYは1円で80万単位のロングポジションを保有する必要があります。
　ここで①と②に続いて、3つ目の重要な定義を示します。

ポジション額は、ロングポジション側の評価額合計となる…③

ロングポジション側の合計を計算してみてください。＋符号の付く評価額を合計すると、確かに180万円になっています。

JPYが2行入っていますので、次のように1行にまとめました。

通貨	レート	保有単位	評価額	ウエイト
AUD	100円	＋10,000	＋1,000,000円	100%
NZD	80円	－10,000	－800,000円	－80%
JPY	1円	－200,000	－200,000円	－20%
合計			0円	0%

※評価額＝レート×保有単位
　＋はロングポジション、－はショートポジションを表します

今度は、列にウエイトを加えています。

スッキリした表になりましたが、③の定義に従うと、ポジション額は100万円になっています。

80万円はどこへ消えたのでしょうか。これはJPYに、ロング（80万円）とショート（100万円）2種類のポジションがあったことで、それぞれ打ち消し合い、JPYが20万円のショートとなったため、180万円が100万円になったのです。

当初の180万円を、「表面的な」ポジション額とすると、この100万円は、ポートフォリオの「実質的な」ポジション額になります。

このように、同一通貨をロングとショートで保有して、通貨の打ち消し合いがある場合、「実質ポジション」が存在するのです。

通貨ウエイトの計算式

通貨ウエイトは、各通貨の評価額に対し、この実質ポジションを分母とすることで、求めることができます。

$$\text{通貨ウエイト} = \frac{\text{通貨の評価額}}{\text{実質ポジション}}$$

　実質ポジションをベースにすると、実質レバレッジなども求めることができます。

$$\text{実質レバレッジ} = \frac{\text{実質ポジション}}{\text{証拠金}}$$

　なお、業者が必要証拠金の算定などをするのは、あくまで表面的なポジションのほうなので注意してください。
　FXのポートフォリオは組み入れ通貨が多くなると、非常にややこしくなってきます。そのため、自分がどのようなポジションを持っているのかを管理するためには、通貨ウエイトを計算して、実質的なポジションや実質レバレッジ、通貨の分散具合などをチェックする必要があります。

北山広京のクオンツコラム④
もっとも重要なリスク管理

　リスク管理は難しいように感じますが、実はみなさんも日常生活で無意識に行なっているものです。

　例えば、自動車の運転では、適切な速度を保ち、周囲の状況に応じた多くの操作をしています。自動車運転のリスク管理です。その手助けのひとつとして、スピードメーターなど各種の計器があります。
　ところがもし、そのリスクを管理するための計器が狂っていたらどうなってしまうでしょうか。実際には100km/hの速度が出ているのに、表示上では40km/hであったとしたら。安全運転のつもりが危険運転となってしまいます。

　この本で解説しているVaR（第5章で解説）などのリスクを表す数値は、自動車のスピードメーターに相当するものです。それがもし誤った数値を示していたとしたら、これほど危険なことはありません。
　例えば、ポートフォリオの99% VaRの実際の値が10万円なのに、誤った計算を行なったために、その値が5万円と表示されてしまったとします。もし、VaRを基準にリスク管理してレバレッジを決めていたとしたら、2倍もの過剰なリスクで運用することになります。
　これが、相関係数を誤って計算したために起こる大きな弊害です。

　この問題は、相関係数を使ってリスクの小さなポートフォリオを作成しようとした場合に、より顕著に発生します。例えば、A、B、Cの3つの資産があり、それらの間の相関係数を正しく計算すると、すべて0.5であったとします。
　ところが誤った相関係数では、AとBの組み合わせが－0.6、ほかの組み合わせは0.7と表示されました。すると、投資家はAとBの組み合わせ

を選択するでしょう。

　つまり、もっともリスクが過小推定されるポートフォリオを作成してしまうのです。自動車のスピードメーターの例で言えば、実は同じ速度であるのに一番低い表示速度を示すメーターを選択しているのと同じことです。
　誤った相関係数を使ってリスクの小さいポートフォリオを作成すると、ほとんどの場合、この例のように、実際のリスクは表示された値よりも、はるかに大きくなってしまいます。リスク最小化ではなく最大化です。リスク管理どころではありません。

　ポートフォリオでリスク分散をしたつもりだった多くのスワップ派が、運用に失敗した理由も、これが大きな理由のひとつだと思います。
　リスク管理をするのに、誤った知識ほど危険なことなことはありません。正しい知識をつけることこそ、もっとも重要なリスク管理と言えるかもしれません。

第5章

金融工学の基礎知識
～リスク管理～

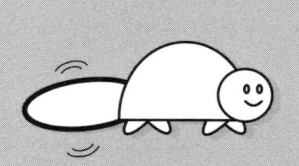

5－1．リスク管理のお話

　スワップ派のリスクが「変動」にあることは、繰り返し述べてきました。その変動は標準偏差として数値で表すことができ、それを小さくするためには分散投資、つまりポートフォリオを組むなどの工夫が必要であるということは、お分かりいただけたと思います。
　ただし、実は、その"リスク"にも2種類あります。それが「共通リスク」と「固有リスク」です。

●共通リスク　分散投資でも消去できないリスク
●固有リスク　分散投資で消去できるリスク

　これらはFXに限らず、株式市場などでもよく言われることです。例えば、リーマンショックのような大暴落のときには、国内株式のなかで優れたポートフォリオを組み、分散投資をしていたとしても、評価額の下落リスクを消去することはできません（ただし「売り」は除く）。
　つまり、国内株式には共通するリスクがあり、非常時にはそのリスクが強く顕在化し、すべての銘柄が同時に下落するのです。
　一方、固有リスクの場合は、粉飾決算や事故など、その企業や銘柄固有の理由によって発生するリスクです。
　例えば、ある食品会社が、賞味期限切れを偽って販売していたことがバレてしまったとします。その場合、その会社の株価は下落します

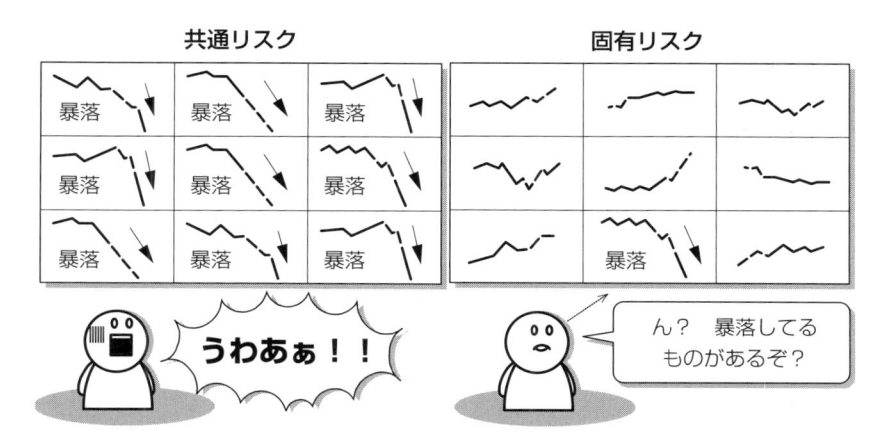

図5.1.1　固有リスクの影響は限定的

が、それとは無関係の通信系の会社の株価が下がることは基本的にはありません。

つまり、個々の株式の固有リスクは、他の株式の固有リスクに影響を与えないので、分散投資の効果が強く働くのです(**図5.1.1**)。

さて、為替市場の場合はどうでしょうか。リーマンショック時の通貨の動きを見ると、高金利通貨には共通のリスクがあるようです。

このような共通リスクが存在した場合には、気をつけなければならないことがあります。それは「共通リスクはどんなに分散投資をしても低減できない」ということです。特に共通リスクは、ある日突然に顕在化することがあり、そのような相場状況ではリスク管理が非常に難しくなります。表面だけを見て分散したつもりでいると、あとでとんでもない目に遭ってしまうでしょう。

共通リスクとして考えられるものは、高金利通貨以外にも、地理的なものや国の格付けもあります。ほかにもいろいろあると思います。

投資対象がどのようなものであっても、分散投資でリスク管理をする場合、「隠れた共通リスクはないだろうか？」と考えて投資することが大切です。

5-2. ファットテール問題

　ファットテールという言葉を聞いたことがあるでしょうか。ファットテールとは「太った尻尾」「分厚いスソ」という意味です。
　投資仲間の会話では、ちょっと気取って「今回の出来事はファットテールだよな」なんて言ったりすることもあります。実は、先ほどお話しした共通リスクの多くは、ファットテールを持っています。
　しかし、言葉だけ聞くと何を意味しているのか、さっぱり分かりません。なぜ、このような奇妙な表現をするのでしょうか？

ファットテールと正規分布の関係

　ここで一度、正規分布の読み方をおさらいしてみましょう。発生する確率とリスクの関係が、曲線に沿ってどのように変化するのかを、図5.2.1でもう一度チェックしておいてください。
　為替レートの変動は、あまり動かない状態ほど頻度が高く、激しく動くものほど頻度が低いことが読み取れますね。
　長期にわたってチャートを見渡すと、たしかに普段は変動の小さい時期のほうが多いようです。そして、ときどき何らかの拍子に大きく変動することがあります。しかし、一年中激しく動いているわけではありません。
　以上の事柄を踏まえて、実際のデータを見てみましょう。エクセル教材のchapter5「1.ファットテール」タブを開いてください。

図 5.2.1　正規分布の読み方

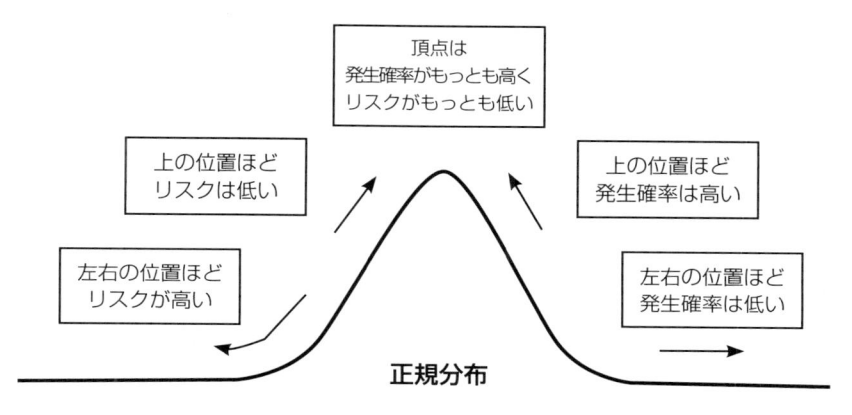

- 頂点は発生確率がもっとも高くリスクがもっとも低い
- 上の位置ほどリスクは低い
- 上の位置ほど発生確率は高い
- 左右の位置ほどリスクが高い
- 左右の位置ほど発生確率は低い

正規分布

　chapter5にはVBA（エクセルに備わっているプログラム言語）が含まれているタブがありますので、ファイルを開いたときにセキュリティを聞いてくることがあります。その場合は、「マクロを有効にする」ボタンを押してください。また、セキュリティレベルが「高」以上になっていると実行ができません。その場合は、エクセルのメニューバーから［ツール］－［マクロ］－［セキュリティ］を選択して、セキュリティレベルを「中」にしてください。

　さて、これはGBP/USD、1981年から2010年まで、日次データ30年分で変化率の分布を調べ、分布図にしたものです。

　また、そのデータから平均（C3）と標準偏差（C4）を計算して、それをもとに描いた正規分布も載せています（**図5.2.2**）。

　過去30年分という豊富なデータだけあって、きれいなつりがね型の分布になっていますね。当然、これは正規分布に従っていると仮定してかまいません。しかし、実は少し異なっている部分があります。分かりにくいので、**図5.2.2**のグラフ左下の四角でかこんだところを拡大してみましょう（**図5.2.3**）。

　図5.2.2で見ると、分布のスソ部分（左右の端に近いほう）では変

図 5.2.2 ファットテール

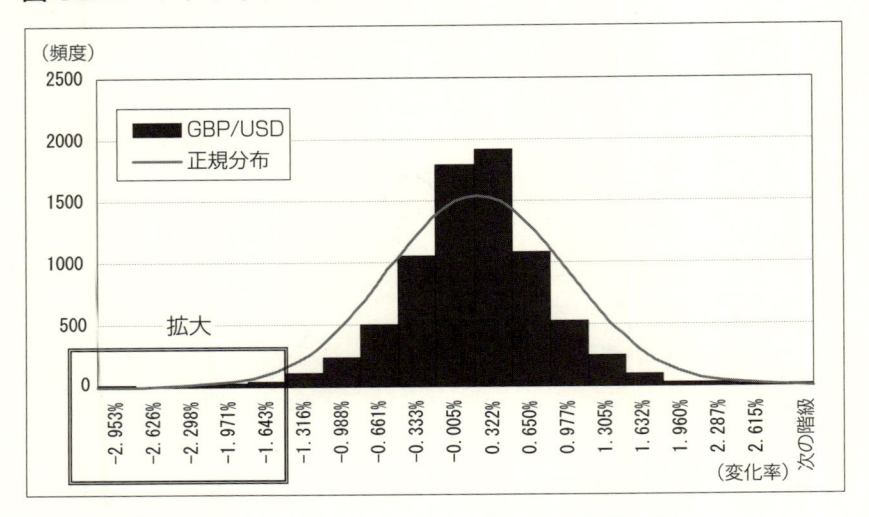

(頻度) グラフ: GBP/USD と 正規分布、拡大部分あり
横軸 (変化率): -2.953%, -2.626%, -2.298%, -1.971%, -1.643%, -1.316%, -0.988%, -0.661%, -0.333%, -0.005%, 0.322%, 0.650%, 0.977%, 1.305%, 1.632%, 1.960%, 2.287%, 2.615%, 次の階級

図 5.2.3 スソ部分の拡大図

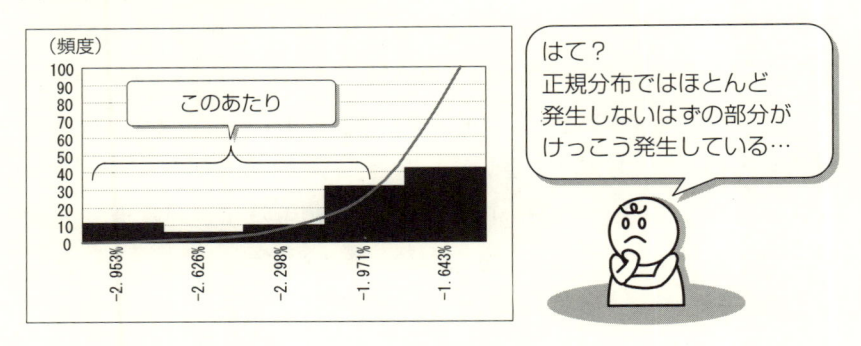

(頻度) グラフ: このあたり
横軸: -2.953%, -2.626%, -2.298%, -1.971%, -1.643%

> はて？
> 正規分布ではほとんど発生しないはずの部分がけっこう発生している…

化率の発生はほとんどなさそうに見えますが、拡大してみると、実際の変動ではチラホラと発生しているようです。

　正規分布に従っていると仮定しているわりには、このスソ部分で発生している頻度が、妙に多いと思いませんか？

図 5.2.4　正規分布と実際値の比較

2. 正規分布と実際値の比較

平均: μ	-0.005%
標準偏差: σ	0.655%

正規分布					実際の値					発生確率の比率
値の範囲			確率		個数		確率			
μ ±0.5σ	-0.333% ～ 0.322%	の範囲外に	61.708%	の確率で分布するが	実際は	2993	個の頻度で発生し	38.575%	の確率で分布してる	0.63
μ ±1.0σ	-0.361% ～ 0.650%	の範囲外に	31.731%	の確率で分布するが	実際は	1420	個の頻度で発生し	18.301%	の確率で分布してる	0.58
μ ±1.5σ	-0.388% ～ 0.977%	の範囲外に	13.361%	の確率で分布するが	実際は	648	個の頻度で発生し	8.352%	の確率で分布してる	0.63
μ ±2.0σ	-1.316% ～ 1.305%	の範囲外に	4.550%	の確率で分布するが	実際は	281	個の頻度で発生し	3.622%	の確率で分布してる	0.80
μ ±2.5σ	-1.643% ～ 1.632%	の範囲外に	1.242%	の確率で分布するが	実際は	138	個の頻度で発生し	1.779%	の確率で分布してる	1.43
μ ±3.0σ	-1.971% ～ 1.960%	の範囲外に	0.270%	の確率で分布するが	実際は	72	個の頻度で発生し	0.928%	の確率で分布してる	3.44
μ ±3.5σ	-2.298% ～ 2.287%	の範囲外に	0.047%	の確率で分布するが	実際は	41	個の頻度で発生し	0.528%	の確率で分布してる	11.36
μ ±4.0σ	-2.626% ～ 2.615%	の範囲外に	0.006%	の確率で分布するが	実際は	27	個の頻度で発生し	0.348%	の確率で分布してる	54.94

スソ部分の発生確率

「いや、たいした頻度には見えないなぁ」と思われる方も多いかもしれませんので、実際にGBP/USDの変化率の頻度から発生確率を求めて、それを正規分布と比較してみました。

第３章で使用した**エクセルのchapter5「2. 正規分布と実際値の比較」タブ**を開いてください。第３章でお話しした「正規分布の決まりごと」から、実際の値とその発生確率を比較したものです **(図 5.2.4)**。

この表は**図5.2.2**の部分を具体的な数字で検証したものです。数字だらけで面白くないかもしれませんが、非常に重要なことが書かれています。

この表から読み取れることを、**図5.2.5**に示しておきました。

正規分布と実際の変化率の発生確率は、だいたい μ ±2.0σ あたりから大きな違いが出てきます。

エクセルシートの一番右端「発生確率の比率」という部分を見てください **(図5.2.6)**。μ ±2.0σ までの実際の確率は、正規分布の取り得る確率に比べて、0.63から0.80と多少低いのですが、それほど大きな違いではありません。しかし、μ ±2.0σ を越えてくると、徐々に発生確率は正規分布に比べて増大してくるのが分かるでしょうか。

μ ±3.0σ で3.44倍、μ ±4.0σ 以上に至っては54.94倍です。μ ±4.0σ

図5.2.5　図5.2.4から読み取れること

大体の目安として
＋2.0σ以上になればなるほど
－2.0σ以下になればなるほど
正規分布の何十倍もの発生確率

おおよそ
μ±2.0σの間

±2.0σあたりまでの領域は
実際の値と正規分布に
それほど大きなズレは起きない

μ−2σ以下　　　　　μ＋2σ以上

正規分布

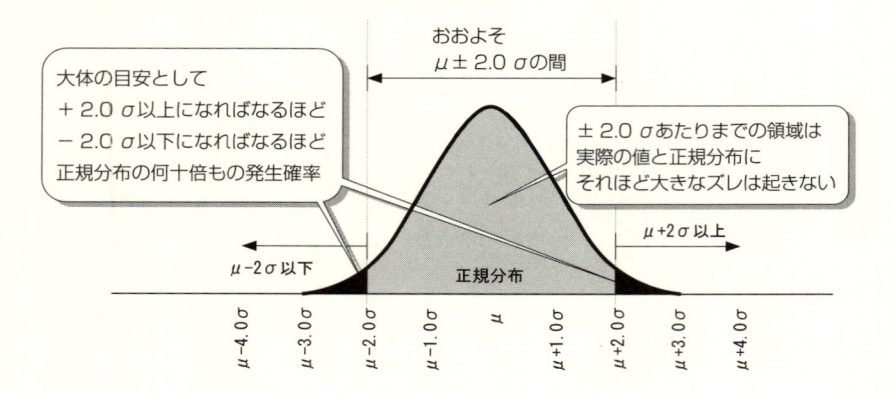

図5.2.6　発生確率の比率

値の範囲	確率の比率
μ±0.5σ	0.63
μ±1.0σ	0.58
μ±1.5σ	0.63
μ±2.0σ	0.80
μ±2.5σ	1.43
μ±3.0σ	3.44
μ±3.5σ	11.36
μ±4.0σ	54.94

注）発生確率の比率＝実際の確率÷正規分布の確率

　以上の変化率など、本来ならば60年間に1回発生するかどうかのものです。それが30年間で27回も発生しています。
　正規分布ではほとんど起きない変動（＝リスク）が、実際にはかなり頻繁に発生しているようです。一体どういうことでしょうか。
　実は、極端なリスクを取るような状況では、正規分布の仮定は使いものにならないのです。正規分布に従うと仮定してはいますが、実際の為替変動の分布は、正規分布よりも両側にふくらみが出てきます。

図 5.2.7　ファットテール

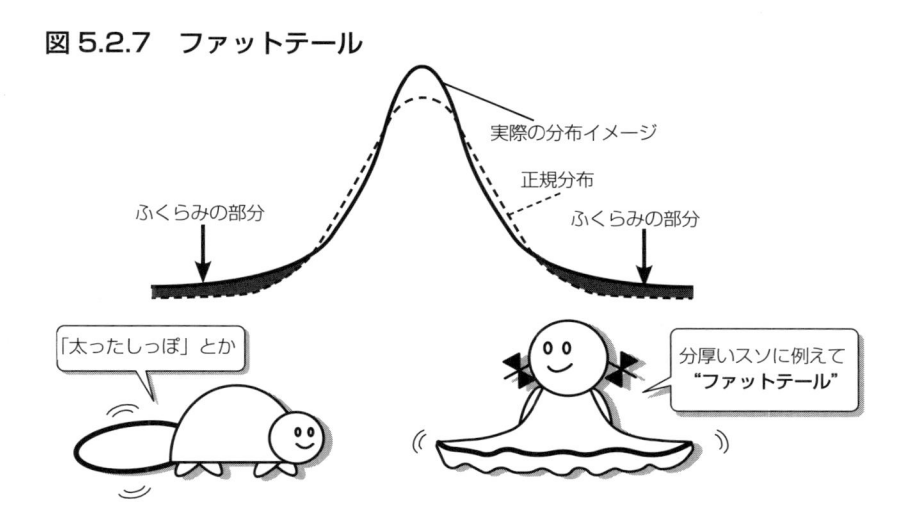

（図：正規分布と実際の分布イメージの比較。両裾の「ふくらみの部分」を指す矢印。キャラクターの吹き出しに「『太ったしっぽ』とか」「分厚いスソに例えて"ファットテール"」）

このような現象を「ファットテール」と呼びます（**図5.2.7**）。

理論と現実のギャップ

　この尻尾（スソ）の部分は、現実には正規分布よりもはるかに高い頻度で起きるのです。

　正規分布を使った予測で100年の１度のリスクだと思っていたものが、実際には２～３年に１度ぐらいの頻度で発生するものだった……などということはよくあります。

　この理論と現実のギャップは、為替に限らず、株式やコモディティ（商品）など、市場性のある資産の変動で全般的に見られます。ファットテール現象は、資産のリスク管理を非常に難しくする問題のひとつです。

　ちなみに、その発生要因をひとつひとつ調べてみると、ほとんどが共通リスクとして出現する大暴落時に発生していることが分かります。

5－3. ファットテール対策

では次に、この厄介なファットテールへの対策を考えてみましょう。

残念なことに、この問題に対する特効薬はありません。分散投資をしても、この性質を消すことは難しいのです。

一番簡単な対策は、結局のところ「レバレッジに余裕を持つ」ということです。

投資をするときは、$\mu \pm 3.0\sigma$、$\mu \pm 4.0\sigma$の変化率だとしても、頻繁に発生するという前提でいることが大切です。例えば、リーマンショックのような出来事が起きた場合でも、最大ドローダウンが資産評価額の3分の1以内に収まるようにレバレッジを調整しておくと安全です。余裕を持ったレバレッジの具体的な求め方については「5－4. VaRと最大推定ドローダウン」で説明します。

ここで、少し面白いリスク管理をご紹介したいと思います。これは個人投資家の間ではほとんど知られていないものですが、プロの世界では、当たり前に使われている実用性の高い方法です。

リスクの性質を読み取る

エクセルのchapter5「3.指数加重σ」タブを開いてください（図5.3.1）。青い棒グラフは2006年から2010年までのNZD/JPY変化率の日次データ、5年分を棒グラフにしたものです。リスクが高い時

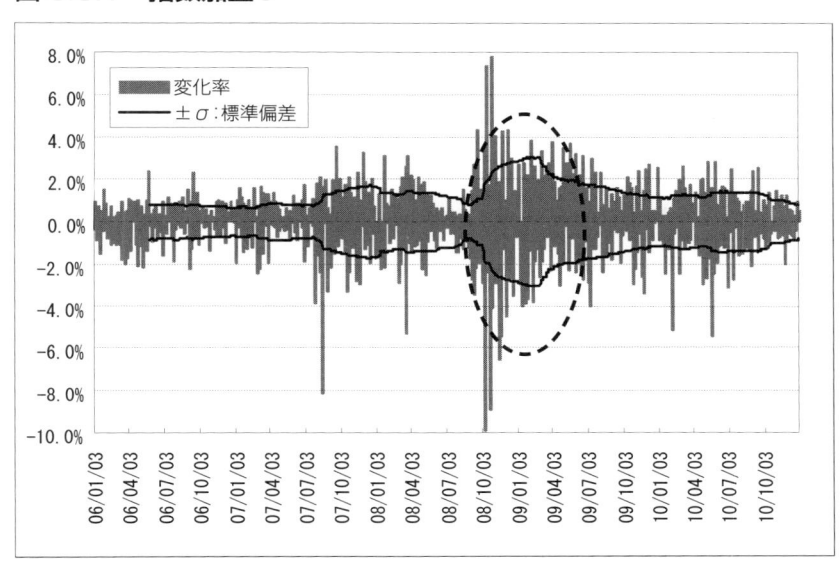

図 5.3.1　指数加重 σ

期は、長い棒グラフが集中している状態です。

　また、赤い線グラフは100日で計算した1日当たりの標準偏差 σ の推移です。分りやすいように、0％の位置を対称にして－1をかけた値も表示し、±σ で帯状にしてあります。これはボリンジャーバンドと同じ仕組みです。バンドが膨らんでいる状態ほど、標準偏差が大きい、つまりリスクが高い時期であることを示します。

　標準偏差 σ の推移を見てみると、5年間でかなり変化しているのが分かります。2006年ごろと2008年の後半を比べると、相場状況はまったく異なっているようです。このグラフから、リスクについて次のような性質を読み取ることができます。

- リスクは時間がたつと変化し、時期によって異なる
- リスクが低ければ、しばらくは低い状態が続く
- リスクが高ければ、しばらくは高い状態が続く

- リスクの低い時期から高い時期へは突然移行する
- リスクの高い時期から低い時期へは徐々に移行する

　これらの性質を踏まえて、どのように運用を心掛ければよいでしょうか。単純に考えれば、相場が荒れてきたと判断したら、レバレッジを下げてポートフォリオのリスクを減らせばよいでしょう。要はマーケットの変化を機敏に察知することでリスクを回避するのです。

「使える」標準偏差とは

　ここで、先ほどの100日で計算した標準偏差 σ の推移を、もう一度見てください。これをうまく利用できないものでしょうか。標準偏差 σ の変化を、リスク増減に対する判断材料にするのです。日次の変化率を表す棒グラフと、そこから計算された標準偏差 σ の線グラフのバンドは対応しているように見えます。

　標準偏差 σ が大きくなったら、「マーケットが変化してきたぞ！」という判断材料にできそうです。

　しかし、よく見てください。リーマンショック発生の2008年9月以降、確かにバンドは膨らんでいますが、最大の太さになるのは2009年の2月ごろです。実際、変化率が一番大きい（相場が荒れた）時期は2008年10月です。ほぼ半年遅れと、ずいぶんタイムラグがあります。これでは実用性に難点がありそうです（**図5.3.2　前図からリーマンショック前後の時期を抜粋**）。

　そもそも標準偏差は、1日前のデータも100日前のデータも、すべて同じ重みで計算しています。したがって、直近で大きく価格が動いたとしても、標準偏差の値が変動についていけず、指標としては数カ月もタイムラグが発生したものになっています。

　かといって標準偏差の計算期間を短くすれば、今度は短期的な変動

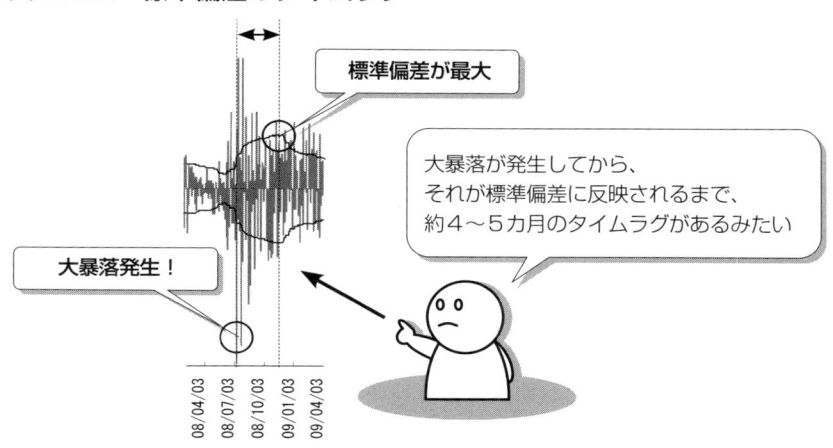

図5.3.2　標準偏差のタイムラグ

標準偏差が最大

大暴落発生！

大暴落が発生してから、それが標準偏差に反映されるまで、約4〜5カ月のタイムラグがあるみたい

08/04/03　08/07/03　08/10/03　09/01/03　09/04/03

に敏感に反応し、極端な上下を繰り返すことで役に立ちません。やはり、マーケット状況を判断するには、100日間ぐらいのデータを使って計算する必要があるでしょう。

　つまり、ある程度まとまった期間のデータで計算しつつも、直近の変動に対して機敏に反応する便利な指標があればよいわけです。

　ところで、このタイムラグが「単純移動平均線」の問題と似ていることに気づかれたでしょうか。

　単純移動平均はトレンドを見る非常に優れた指標のひとつです。しかし、レートの動きに対して反応が遅いという欠点があります。

　そこで、その弱点を補った移動平均線がいくつか考えられてきました。例えば、そのなかのひとつに「指数加重移動平均線」と呼ばれるものがあります。指数平滑移動平均ともいいます。

　単純移動平均が、計算期間のすべての価格に対して同じ比率で平均値を計算しているのに対して、指数加重移動平均は、現時点に近い価格ほど比率を大きくして計算する方式です。

　この結果、指数加重移動平均線は、トレンドをつかむというメリッ

図5.3.3　AUD/JPYの為替レート

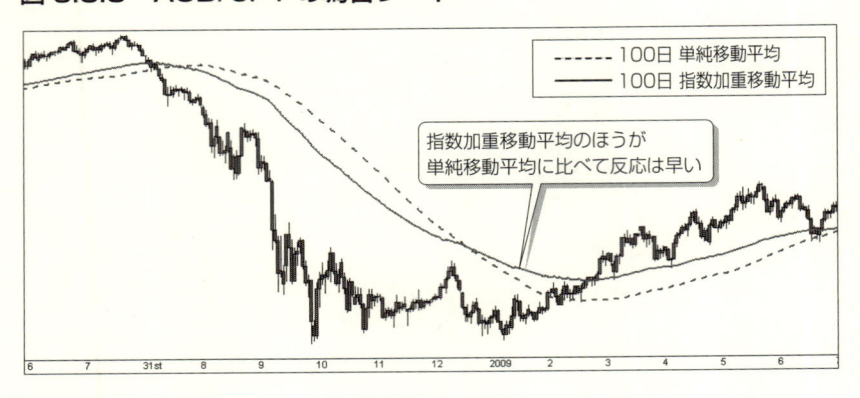

（グラフ中の凡例）
- ------- 100日 単純移動平均
- ―――― 100日 指数加重移動平均

（吹き出し）指数加重移動平均のほうが単純移動平均に比べて反応は早い

トを残しながらも、直近の変化に対して機敏に反応するという、都合のよい性質があります（図5.3.3）。

実は、この考え方を標準偏差の計算方法にも応用したものがあります。それは「指数加重標準偏差」と呼ばれているものです。

指数加重標準偏差の使い方

この指数加重標準偏差は、プロのリスク管理では当たり前のように使われています。まずは、どのような効果があるのかを見てみましょう。

もう一度、エクセル教材のchapter5「3.指数加重σ」タブを見てください（図5.3.4）。

赤の線が通常の標準偏差（100日）、緑の線が指数加重標準偏差（100日）です。見やすくするために、変化率の棒グラフを灰色にしています。また、先ほどと同様、指数加重標準偏差側にもマイナスを掛けてバンド状にしています。

両者を比較すると、リスクが増大する局面で、指数加重標準偏差のほうは、素早く反応していることが分かります。特に2008年9月のリー

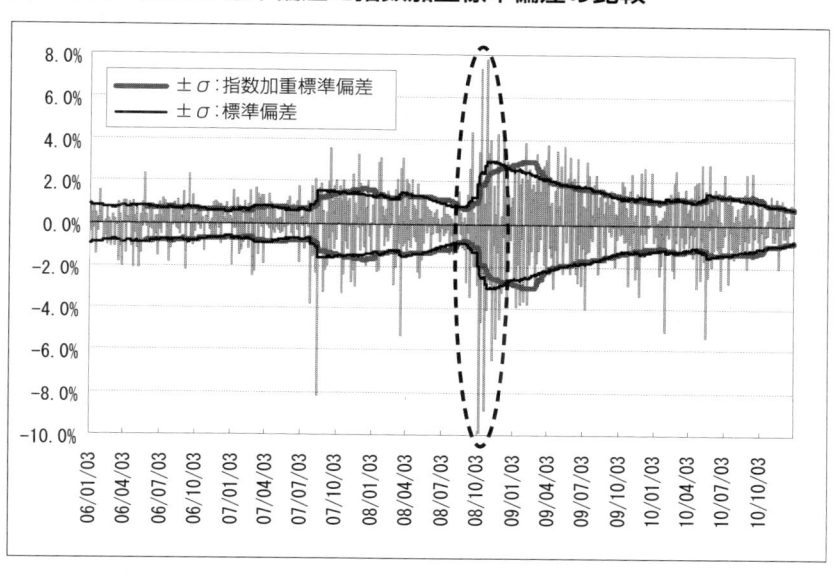

図5.3.4 通常の標準偏差と指数加重標準偏差の比較

マンショック前後を見ると分かりやすいと思います。通常の標準偏差は、これほどの大暴落に対して半年遅れでやっと最大値を取っていますが、指数加重標準偏差は、変化率の増大に対して即座に反応しています（図5.3.5）。

また、リスクがあまり変化しない時期には、単純標準偏差と同じように安定的に推移しています。

この特徴はリスク管理をするうえで、かなり都合のよい性質です。指数加重標準偏差は、リスク変化が変化すれば素早く反応しますが、リスクが安定している時期には不要な動きは少なくなります。

計算式は次のとおりです。エクセル式はG列とH列を参照してください。

$$EW\sigma^2 = \frac{2}{n+1} \times r^2 + (1 - \frac{2}{n+1}) \times 前日のEW\sigma^2$$

図 5.3.5 指数加重標準偏差のタイムラグ

タイムラグはほとんどなし

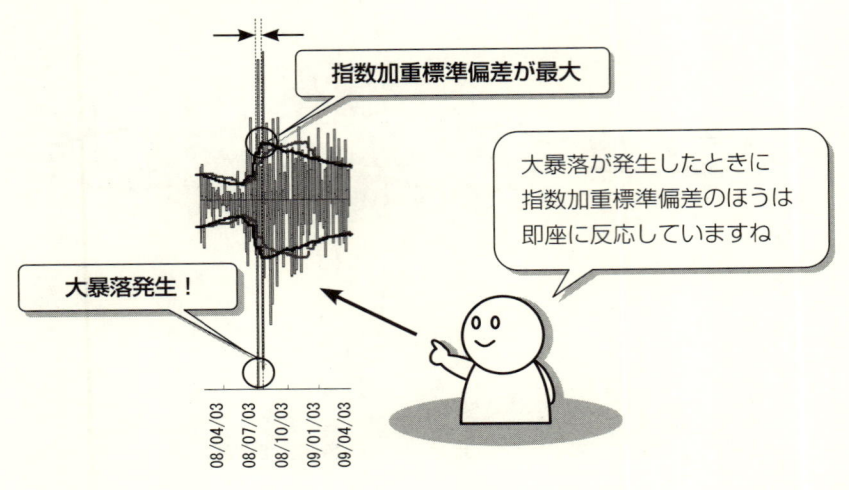

指数加重標準偏差が最大

大暴落が発生したときに指数加重標準偏差のほうは即座に反応していますね

大暴落発生！

$$EW\sigma = \sqrt{EW\sigma^2}$$

指数加重標準偏差　　　$EW\sigma$
変化率　r
計算に使う日数　n

　エクセルシートでは自由に減衰率を変えられるようになっていますので、0〜100％の間で変化させてみてください。減衰率が指数加重標準偏差にどのような影響を与えるのかが分かります。
　エクセルではNZD/JPY単一の通貨ペアで行いましたが、複数の通貨ペアの場合でも同様に変化率から計算できます。

5-4. VaRと最大推定ドローダウン

「バリュー・アット・リスク（以下、VaR）」と「最大推定ドローダウン（以下、最大推定DD）」は、いずれも将来のリスクを推定するものです。過去ではなく、未来の損失を予測します。

VaRと最大推定DDは、ときどき個人投資家向けのメディアなどで混同されていることがあるので、本書では両者の違いを正確に整理しておきたいと思います。

最大DDとは運用中に資産価値が「もっとも下がったときの値」のことです。したがって、最大推定DDは、将来発生するその値と確率を推定したものです。それに対してVaRは「将来のある時点における」損失確率を金額で表したものです（図5.4.1）。

VaRでは途中で発生する最大の損失は分かりません。したがって、リスクの推定には最大推定DDを用いるほうが適しているでしょう。

しかし、最大推定DDを求めるには、ノックアウトオプションと呼ばれる、かなり複雑なオプション計算式が必要です。これは本書で扱う範囲を大幅に超えてしまうので、比較的簡単な計算で求められる、VaRを将来リスクの推定として使用したいと思います。

VaRは、最大推定DDよりもリスクを甘く算出する傾向があります。しかし、そのぶんリスク管理を厳しくすれば、大きな問題にはならないはずです。

図 5.4.1　最大ドローダウンと VaR

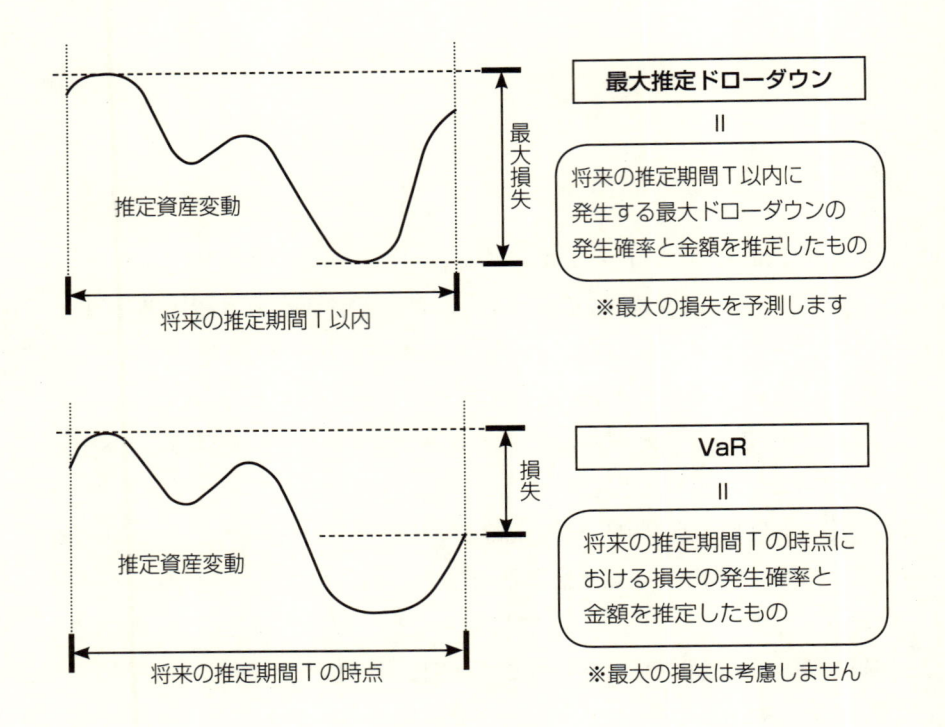

最大推定ドローダウン
＝
将来の推定期間 T 以内に発生する最大ドローダウンの発生確率と金額を推定したもの

※最大の損失を予測します

VaR
＝
将来の推定期間 T の時点における損失の発生確率と金額を推定したもの

※最大の損失は考慮しません

VaR の求め方

　まずは、具体例で見てみましょう。次のようなポートフォリオがあるとします。

１年当たり標準偏差（１日当たりを年率換算）　10％
ポジション額　100 万円
変化率の平均は０とします。スワップ金利は考慮しません。

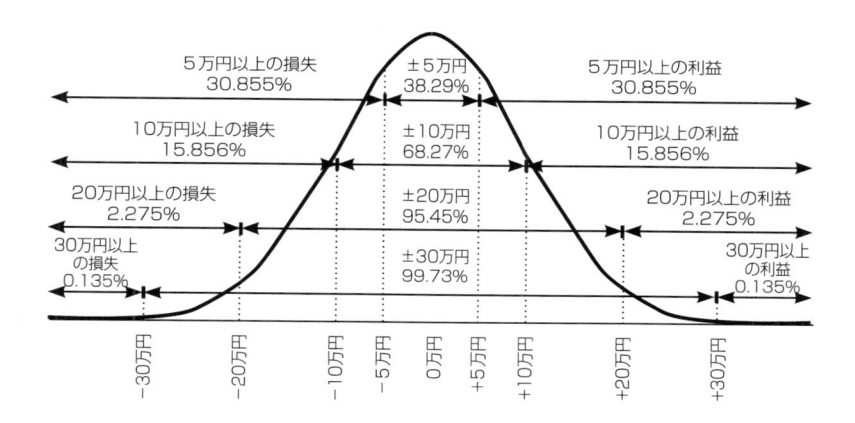

第5章　金融工学の基礎知識〜リスク管理〜

図 5.4.2　ポジション額 100 万円、1 年後の発生損益

(図：正規分布曲線)
- 5万円以上の損失 30.855%
- ±5万円 38.29%
- 5万円以上の利益 30.855%
- 10万円以上の損失 15.856%
- ±10万円 68.27%
- 10万円以上の利益 15.856%
- 20万円以上の損失 2.275%
- ±20万円 95.45%
- 20万円以上の利益 2.275%
- 30万円以上の損失 0.135%
- ±30万円 99.73%
- 30万円以上の利益 0.135%

横軸：-30万円、-20万円、-10万円、-5万円、0万円、+5万円、+10万円、+20万円、+30万円

　ぴったり1年後の評価額の損益を予測してみましょう。エクセル教材のchapter3「5. 正規分布の決まりごと」を使えば、すぐに求められます。各損益は次のとおりです（図5.4.2）。

ポジション額 100 万円に対して
± 0.5 σの間に約 38.29% ＝ ± 5 万円以上の損益は 61.71%で発生
± 1 σの間に約 68.27% ＝ ± 10 万円以上の損益は 31.73%で発生
± 2 σの間に約 95.45% ＝ ± 20 万円以上の損益は 4.55%で発生
± 3 σの間に約 99.73% ＝ ± 30 万円以上の損益は 0.27%で発生

　損益が「±30万円以上の損益は0.27％で発生」ということは、0.135％の確率で、30万円以上の利益、または損失が推定されるということです。
　1年後の損失状況を、もう少し整理してみました。

30.855％の確率で5万円以上の損失を出している
15.856％の確率で10万円以上の損失を出している

2.275％の確率で20万円以上の損失を出している
0.135％の確率で30万円以上の損失を出している

　かなり具体的に将来リスクが出ました。しかし、確率が端数のままではいまひとつ分かりにくいので、1％や10％といったスッキリした数字にしましょう。そのときの金額がVaRです。
　VaRは確率に応じた呼び名があります。1％で発生する確率のVaRを「99％VaR」、5％では「95％VaR」といいます。これらは以下の簡単な式で求めることができます。

X％ VaR ＝投資金額×リスク（＝標準偏差）×リスク倍率

　「リスク倍率」とは「1σ＝1リスク倍率」と定義したもので、VaRを簡単に求めるために本書で新たに定めたものです。エクセル関数では、「NORMSINV（上記式のX％）」で求められます。
　それぞれのリスク倍率は次のとおりです。

VaR	85％ VaR	90％ VaR	95％ VaR	99％ VaR
確率	15％	10％	5％	1％
リスク倍率	1.036	1.282	1.645	2.326

　先ほどのポートフォリオで、1年後の各VaRを求めてみましょう。

1年後1％の確率で発生する損失は、
99％ VaR ＝ 100万円× 10％× 2.326 ＝ 23.26万円以上
1年後5％の確率で発生する損失は、
95％ VaR ＝ 100万円× 10％× 1.645 ＝ 16.45万円以上
1年後10％の確率で発生する損失は、

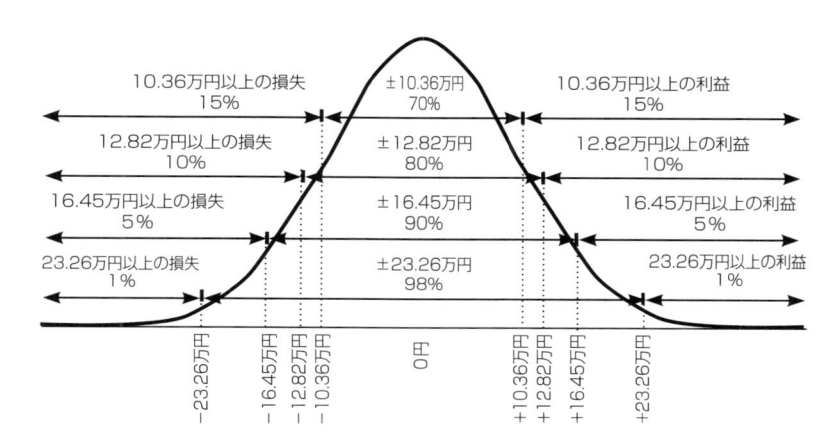

図5.4.3　ポジション額100万円、1年後の各VaR

図中のラベル：
- 10.36万円以上の損失 15% ／ ±10.36万円 70% ／ 10.36万円以上の利益 15%
- 12.82万円以上の損失 10% ／ ±12.82万円 80% ／ 12.82万円以上の利益 10%
- 16.45万円以上の損失 5% ／ ±16.45万円 90% ／ 16.45万円以上の利益 5%
- 23.26万円以上の損失 1% ／ ±23.26万円 98% ／ 23.26万円以上の利益 1%

横軸：−23.26万円、−16.45万円、−12.82万円、−10.36万円、0円、+10.36万円、+12.82万円、+16.45万円、+23.26万円

90% VaR ＝ 100万円 × 10% × 1.282 ＝ 12.82万円以上
1年後15%の確率で発生する損失は、
85% VaR ＝ 100万円 × 10% × 1.036 ＝ 10.36万円以上

　確率の数字がきれいに出ることで、リスクがイメージしやすくなったと思います。分布の様子も見てみましょう（**図5.4.3**）。
　先ほどの**図5.4.2**と見比べてみてください。正規分布は±σの係数1.0とか2.0ときれいな数字に揃っていますが、VaRの場合は確率のほうを1%や10%というきれいな数字に揃えたものになります。

エクセルで計算してみよう

　エクセル教材のchapter5「4.VaR」タブを開いてください。セル（D3:D7）に任意の値を入れれば、99% VaR～50% VaRがセル（G13:G19）に自動で求められるようになっています。初期状態では（**図5.4.4**）のように各値が入力されています。

図 5.4.4　VaR タブの初期状態

	A	B	C	D	E	F	G	H	I	J	K	L	M
1		4.VaR-バリューアットリスク											
2													
3		ポジション額(万円)		100.00			1日後のVaRを見たいときは、期間に「1/260」を入れます。						
4		証拠金(万円)		100.00			1週間後のVaRを見たいときは、期間に「1/52」を入れます。						
5		期待リターン(年率)		5.00%			1ヶ月後のVaRを見たいときは、期間に「1/12」を入れます。						
6		標準偏差(年率)		20.00%			半年後のVaRを見たいときは、期間に「1/2」を入れます。						
7		期間(年)		1.000	←								
8		レバレッジ(倍)		1									
9		期間換算P		5.00%									
10		期間換算σ		20.00%									
11													
12				リスク倍率									
13		99% VaR		2.326		1%の確率で	41.53	万円以上の	損失	を出している可能性があります。			
14		95% VaR		1.645		5%の確率で	27.90	万円以上の	損失	を出している可能性があります。			
15		90% VaR		1.282		10%の確率で	20.63	万円以上の	損失	を出している可能性があります。			
16		80% VaR		0.842		20%の確率で	11.83	万円以上の	損失	を出している可能性があります。			
17		70% VaR		0.524		30%の確率で	5.49	万円以上の	損失	を出している可能性があります。			
18		60% VaR		0.253		40%の確率で	0.07	万円以上の	損失	を出している可能性があります。			
19		50% VaR		0.000		50%の確率で	5.00	万円以上の	利益	を出している可能性があります。			
20													

セル（D5）は期待リターンの設定です。スワップ金利を考慮した場合でも求めることができます。

セル（D7）は期間（年）の設定です。1であれば1年後のVaRになります。ここには以下の値を入れることで、違う期間に対応したVaRも求めることができます。

1カ月後（1カ月VaR）は、12分の1年なので「1/12」
1週間後（1週間VaR）は、1年が52週なので「1/52」
1日後は（1日VaR）は、営業日数分の1で考えるので「1/260」
または「1/250」

試しに1カ月99％VaRを求めてみましょう。他のセルはそのままで、セル（D7）に「1/12」を入れてください。セル（G13）が13.01万円となっていれば正解です。これは1カ月後に13.01万円以上の損失が出る可能性が1％という意味です。

ところで発生確率の％は、期間との関係について注意が必要です。1年99％VaRは、年に対する1％の損失金額です。分かりやすく言え

ば、「この条件で100年間運用すれば、そのうちの1年はこの金額以上の損失が発生する」という意味です。ほかの期間も99％VaRを例にまとめておきました。

　1カ月99％VaRは、100カ月のうち1カ月は発生する損失額
　1週間99％VaRは、100週間のうち1週間は発生する損失額
　1日99％VaRは、100日のうち1日は発生する損失額

注意点

　これは、正規分布で仮定したVaRです。「5-2．ファットテール問題」でも確認したように、変化率の分布は発生確率が低いリスクほど、値の信頼性が低くなります。
　1年後の99％VaRが23.26万円以上というと、本来ならば100年に1回の頻度で発生する損失です。しかし、実際は2～3年に1度は発生すると考えておいたほうが無難です。また、運用中には23.26万円以上の最大ドローダウンが発生することも十分あり得ます。とはいえ、その値はVaRをそれほど大きく上回るわけではないので、99％VaRの最低2倍は証拠金を用意しておけば、まず安心と思われます。

5-5. リスク・リターン平面と効率的フロンティア

いよいよ、最適化の話へ入りましょう。

ここまで、シャープレシオが高いほど魅力的な投資である、と繰り返し述べてきました。そのシャープレシオを平面グラフとして視覚的に見てみましょう。

「効率的な投資」が分かる平面図

ここで扱うのはノーベル経済学賞をとったハリー・マーコウィッツ（Harry Markowitz）先生の偉大なアイデアです。

彼のアイデアとは、予想リスクと期待リターンの2つのパラメータをX-Yグラフ平面上で表現し、「効率的な投資とは何か」を明らかにしたことです。

期待リターンと予想リスクをX-Y平面上に描くと、どんなことが分かるのか、実際に見てみましょう。**図5.5.1**を見てください。

X軸を予想リスク、Y軸を期待リターンとしました。これをリスク・リターン平面といいます。A、B、C、Dの4つの点がプロットされています。プロットされたA、B、C、D4つの点はシャープレシオをリスク・リターン比として図にしたものです。

このリスク・リターン平面を使うと、期待リターン（スワップ金利）と予想リスク（標準偏差）の関係がよく分かります。

各点の期待リターン、予想リスクは図に記載されているとおりで

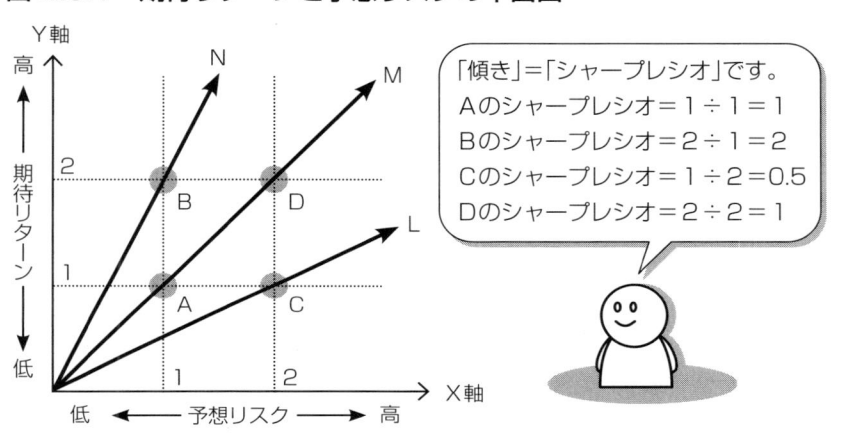

第5章　金融工学の基礎知識〜リスク管理〜

図5.5.1　期待リターンと予想リスクの平面図

「傾き」＝「シャープレシオ」です。
Aのシャープレシオ＝1÷1＝1
Bのシャープレシオ＝2÷1＝2
Cのシャープレシオ＝1÷2＝0.5
Dのシャープレシオ＝2÷2＝1

す。点の位置はシャープレシオそのものですから、傾きが急なものほど、良い投資対象ということです。

　A、B、C、Dの傾きは、高い順にB（0.5）＞A（1）＝D（1）＞C（2）となります。

　AとDがイコールなのは、傾きの同じ同一線上にあるからです。つまり、シャープレシオが同じなので、AとDは、どちらを選んでもよいことになります。なお、AとDの違いはレバレッジの違いです。AよりもDのほうが高いレバレッジを掛けたということです。

通貨ペアのポートフォリオを平面図に当てはめる

　次に、2つの通貨ペアで構成されたポートフォリオを、このリスク・リターン平面に当てはめてみましょう。

　エクセル教材のchapter5「5.効率的フロンティア」タブを開いてください（もし実行できない場合は、199ページの手順でセキュリティレベルを「中」にしてください）。

図 5.5.2　通貨ペア A と通貨ペア B のリスクリターン平面図

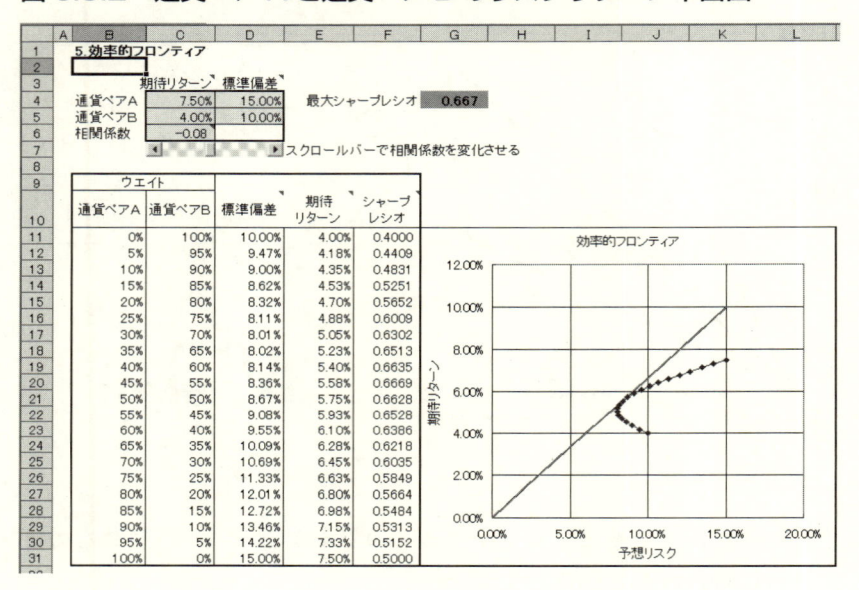

	A	B	C	D	E	F
1		5_効率的フロンティア				
2						
3			期待リターン	標準偏差		
4		通貨ペアA	7.50%	15.00%	最大シャープレシオ	0.667
5		通貨ペアB	4.00%	10.00%		
6		相関係数	-0.08			
7			◀ ▶	スクロールバーで相関係数を変化させる		
8						
9		ウエイト				
10		通貨ペアA	通貨ペアB	標準偏差	期待リターン	シャープレシオ
11		0%	100%	10.00%	4.00%	0.4000
12		5%	95%	9.47%	4.18%	0.4409
13		10%	90%	9.00%	4.35%	0.4831
14		15%	85%	8.62%	4.53%	0.5251
15		20%	80%	8.32%	4.70%	0.5652
16		25%	75%	8.11%	4.88%	0.6009
17		30%	70%	8.01%	5.05%	0.6302
18		35%	65%	8.02%	5.23%	0.6513
19		40%	60%	8.14%	5.40%	0.6635
20		45%	55%	8.36%	5.58%	0.6669
21		50%	50%	8.67%	5.75%	0.6628
22		55%	45%	9.08%	5.93%	0.6528
23		60%	40%	9.55%	6.10%	0.6386
24		65%	35%	10.09%	6.28%	0.6218
25		70%	30%	10.69%	6.45%	0.6035
26		75%	25%	11.33%	6.63%	0.5849
27		80%	20%	12.01%	6.80%	0.5664
28		85%	15%	12.72%	6.98%	0.5484
29		90%	10%	13.46%	7.15%	0.5313
30		95%	5%	14.22%	7.33%	0.5152
31		100%	0%	15.00%	7.50%	0.5000

　このシートは、通貨ペアAと通貨ペアBの関係をリスク・リターン平面で表したものです（図5.5.2）。

　通貨ペアA、Bそれぞれのスワップ金利がセルの（C4）と（C5）に、標準偏差がセルの（D4）と（D5）に、そしてAとBの相関係数がセル（C6）にセットされています。数値が入力された緑色のセルは、任意の値をセットできますので、実際の通貨ペアの各値でも行うことができます。

　B列、C列には、AとBのウエイト合計が100％となるように、それぞれ0〜100％に5％刻みでセットしています。

　標準偏差はD列に、期待リターンはE列に、シャープレシオはF列に計算されています。

　ウエイトで調整した予想リスクと期待リターンの各数字をリスク・リターン平面上にプロット（青色の点）して、各点を結ぶと、平仮名

の「し」に似た曲線ができます。これを「効率的フロンティア」と呼びます。

この曲線の上端の点は通貨ペアA、下端の点は通貨ペアBに単独投資した点です。そしてA、Bのウエイトを変えると、シャープレシオはリスク・リターン平面上を移動し、その軌跡がこの効率的フロンティアの形になるわけです。私たちは、この曲線上の好きな位置で投資をすることができます。

次に、グラフに描かれた直線を見てください。これは「原点」と「シャープレシオが最大となる効率的フロンティア上の点」を結んだものです。リスク・リターン平面では「傾き」＝「シャープレシオ」になります。したがって、この傾きが最大になるような効率的フロンティアを見つければよいということになります。

しかし、この効率的フロンティアの形状は、通貨ペアAとBの関係によっていろいろと変化します。

そこで、いくつかの関係性を調べて、効率的フロンティアがどのように変化するかを見てみましょう。

効率的フロンティアと相関係数の関係

まず、相関係数の影響を調べます。

シートに設けてあるスクロールバーを左右に移動させてみてください。そのとき、セル（C6）の相関係数が変化します。同時に、効率的フロンティアの形状や直線の傾きも変化します（**図5.5.3**）。

スクロールバーを一番右に移動してください。セル（C6）相関係数の値は1.0になっているはずです。このとき効率的フロンティアは、AとBを結ぶ直線となります。このとき、ポートフォリオにリスクを減らす効果はありません。AとBは完全順相関となり、まったく同じ動きをする通貨ペア同士になるからです。

図 5.5.3　相関係数による効率的フロンティアの変化

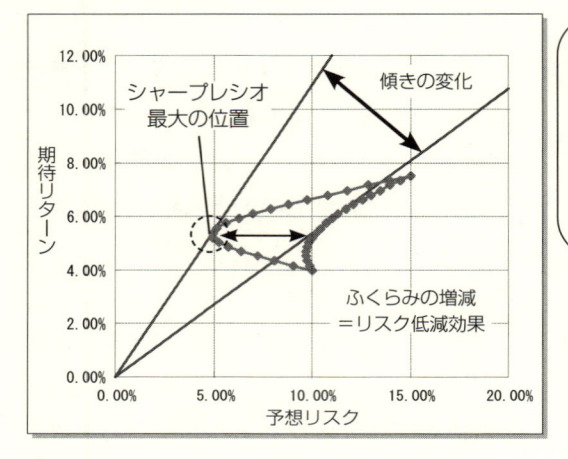

相関係数を変化させると青い点で結ばれた曲線のゆがみが変化します
それによって
傾き＝**シャープレシオ**
が変わります

　では、スクロールバーを少しずつ左に移動してみましょう。セル（C6）の相関係数は少しずつ小さくなり、効率的フロンティアは左側にふくらむようになっていきます。

　相関が1.0のときと比べて、期待リターンが同じ位置でも、よりリスクの低い投資ができることになります。この曲線の左側へのふくらみを「リスク低減効果」といいます。

　相関係数をさらに小さくして−1.0にすると、予想リスクが0になる点があります。完全逆相関の関係にあり、無リスクで期待リターンだけ取れる点です。もし見つかれば、絶対に投資したいところです（おそらく見つかりませんが）。

　第4章で調べた相関係数の性質を思い出してください。ポートフォリオは相関性の低いもの、つまり−1に近い通貨ペア同士で組むほうがよいということが、この平面上なら視覚的によく分かります。

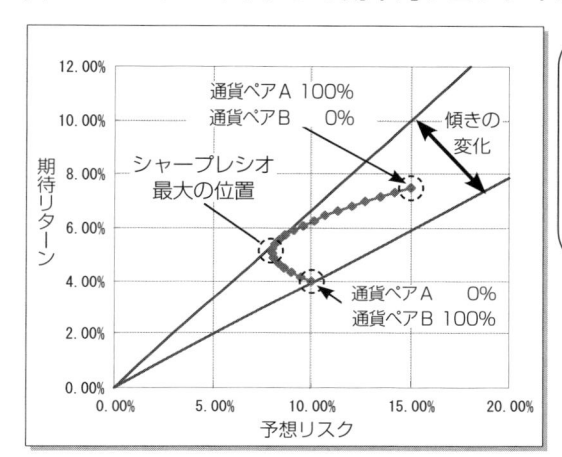

第5章　金融工学の基礎知識〜リスク管理〜

図 5.5.4　ウエイトによる効率的フロンティアの変化

(図中ラベル)
- 通貨ペアA 100%　通貨ペアB 0%
- 傾きの変化
- シャープレシオ最大の位置
- 通貨ペアA 0%　通貨ペアB 100%
- 期待リターン／予想リスク

（吹き出し）ウエイトを変化させると直線は青い点で結ばれた曲線上を移動します　それによって傾き＝シャープレシオが変わります

効率的フロンティアとウエイトの関係

　次に、ウエイトの調整です。

　F列のシャープレシオに注目してください。このシートのパラメータが初期状態では、A、Bのウエイトがそれぞれ45%、55%の点で最大のシャープレシオとなっています。

　シャープレシオを投資の良し悪しの基準とするならば、このウエイトが、もっとも適した投資になります。ちなみにこのウエイトを変化させるとどうなるでしょうか（**図5.5.4**）。

　ウエイトの変化は効率的フロンティアの軌跡になりますので、直線の傾きは**図5.5.4**の範囲で変化します。

　傾きが最大になる位置を見つけるということは、ポートフォリオ最適化の手順のなかで「最適なウエイト」を見つけたことになります。

　なお、**図 5.5.4** のウエイトによる変化を見るプログラムは、いまご覧いただいている**エクセル教材の** chapter5「5. 効率的フロンティア」にはありませんが、第6章で登場する「リスク分析ツール」に備わっ

223

図 5.5.5　レバレッジと効率的フロンティア

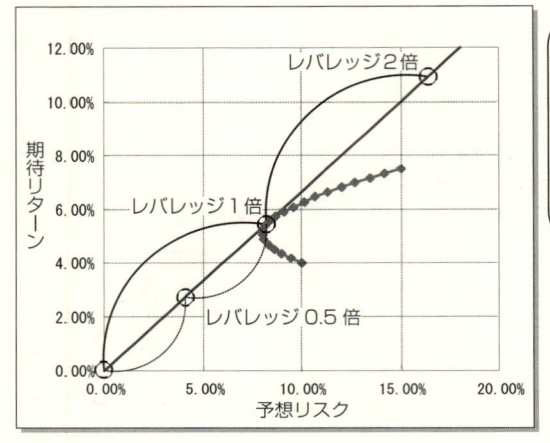

シャープレシオの直線と**効率的フロンティアの接点**が**レバレッジ1倍**です
そこから同じ距離で上に行くほどレバレッジは2倍、3倍と増加します

ています。

もっとも高いシャープレシオで投資するには

　さて、もうひとつ重要なことがあります。グラフに描かれた直線を見てください。

　実は、この直線上の好きな点でも投資ができます。通貨ペアAとBの相対的な投資比率を一定としたまま、レバレッジを変化させると直線上を自由に移動することが可能です**（図5.5.5）**。

　ちょうど、効率的フロンティアと直線が接している点（接点）がレバレッジ1倍の点です。レバレッジを0.5倍とすれば、原点と接点との中間の位置になりますし、レバレッジを2倍とすれば、接点からこの直線を延ばして、原点から接点までの2倍の距離になった位置となります。

　ここは非常に重要です。投資で目標とする予想リスクや期待リターンにかかわらず、もっとも高いシャープレシオで投資をしたい場合に

は、次の手順で行ってください。

1．相関性の低そうな通貨ペアを選ぶ
2．レバレッジ1倍で、シャープレシオが最大となるウエイトを求める
3．相対的な組み入れ比率を固定したうえでレバレッジを変更する

　期待リターンであるスワップを上げたいからといって、むやみに高金利通貨を多く組み入れるやり方はうまくいきません。
　まず、お互いの動きを打ち消し合うような通貨ペアを選びます。その次に、シャープレシオが最大となるウエイトを見つけます。最後に、レバレッジを上げることによってスワップを上げるのが、良いやり方です。
　同様に、予想リスクを減らしたい場合にも、ウエイトを固定してレバレッジを下げればよいことになります。このやり方は、多数の通貨を組み入れたポートフォリオで、より効果的になります。

5-6. 複数通貨ペアのポートフォリオ最適化

　ここまでで、ポートフォリオ最適化のイメージはだいぶつかめてきたかと思います。

　ポートフォリオに組み入れる通貨ペアを決め、いろいろと調整しながら、シャープレシオがもっとも高くなるウエイトを見つける……。この作業を、「ポートフォリオの最適化」といいます。

2つの通貨ペアでも最適化は大変、3つ以上はもっと大変

　2つの通貨ペアの場合は比較的簡単だと思います。ただし、2つの通貨ペアの場合でも、どのペアで組み合わせるのかを決めるのは非常に大切です。例えば、10通貨ペアから2つの通貨ペアを選ぶ組み合わせの方法は45通りもあるので、それらの組み合わせすべてを試すのは、かなり面倒です。

　また、各通貨ペアのウエイトを10%刻みで変化させると11通りになるので、すべての組み合わせに対してウエイトを変えて計算すると45×11＝495通りにもなります。さらに、3ペア、4ペア、5ペアと組み入れ通貨が増えていくと、もうお手上げです。

　もし3通貨ペアの場合で、ウエイトの刻みを10%ずつにすると、66通りのウエイト計算に増えます。10通貨ペアから3通貨ペアを選ぶ組み合わせは、120通りあります。10通貨ペアから3通貨ペアを選んで、さらにウエイトも10%刻みで変化させると、7920通りの計算をする必

要が出てきます。これ以上の通貨ペアになると、組み合わせは何億通りにもなりそうです。

　もちろん、ある程度、通貨ペアの性質をつかんでおけば、効率よく選ぶことはできます。例えば、高金利通貨である豪ドル、トルコリラ、南アフリカランドなどを最初から組み入れると決めて、そこから予想リスクを打ち消し合う通貨ペアを選ぶようにすることで、4～5ペアぐらいまでの数であれば、エクセルで相関係数をチェックしながら、ロジカルに通貨ペアを選定していくことは可能でしょう。

　これは「高スワップのもの」＋「その変動を打ち消すもの」というポートフォリオの基本構造として、通貨ペア選定の重要なポイントとなります。

　しかし、そこからさらに各通貨ペアのウエイトを調整する作業になると、完全にお手上げです。通貨ペアのウエイトを少しずつ調整して計算していたら、とんでもない作業になります。

　そこで当然、「ポートフォリオの最適化をなるべく効率的にやりたい」と考えたくなります。少なくともウエイト調整は、自動で正確に計算したいところです。

　これを解決するには「数理計画法」という技術を使います。これは、"ある一定ルールの範囲内で、最適な解を求める"ときに使われる手法です。

　例えば、カーナビや電車の乗換案内などは、さまざまな条件（距離、時間、混雑、料金など）から、目的地までの最も適したルートを教えてくれます。これらには数理計画法が使われています。

　ポートフォリオの最適化で行う場合は、エクセルの「ソルバー」という機能を使います。これは、ある条件式の範囲において目標値（期待リターン）を満たすのに、最も適した複数の値（組み入れた各通貨ペアのウエイト）を計算してくれる便利な機能です。

　なお、通貨ペアの選定段階から、ウエイト調整までのすべてを自動

計算しようとすると、完全に専門特化したツールが必要になります(そのレベルのものはプロの機関投資家用として年間使用料が1000万円近くするはずです)。

本書ではそこまでの自動化を提供することはできませんが、なるべくそれに近いレベルで、個人投資家が管理できる範囲の最高のポートフォリオが作れるようにサポートします。

次の第6章以降では、それらの具体的なやり方も含め、いよいよ実践的な複数通貨ペアのポートフォリオ最適化について説明していきます。

「リスク分析ツール」登場

本章までで、基本的な話はほぼ網羅できました。ずいぶんたくさんの項目があったと思います。そのたびにエクセルシートでひとつひとつ順番に説明しました。「すでに頭がパンク状態、とても最適化なんて無理だ……」と思われた方も多いかもしれませんね。

実際に運用をするためには、たくさんのデータを集め、計算する必要があります。

さまざまな通貨ペア日次データを取得し、そこから変化率を求め、期待リターン、標準偏差を計算、さらに、相関行列、共分散行列を作成し、各通貨ペアの相性を調べながら、効率的フロンティアでウエイトを決めていく。そして、VaRで将来リスクを計算する……。気の遠くなるような作業です。

「せめて、運用を行うために必要な計算や値をひとつにまとめたツールがあればとても楽なのに……」

そういう考えから作成したのが、本書でご用意した「リスク分析ツー

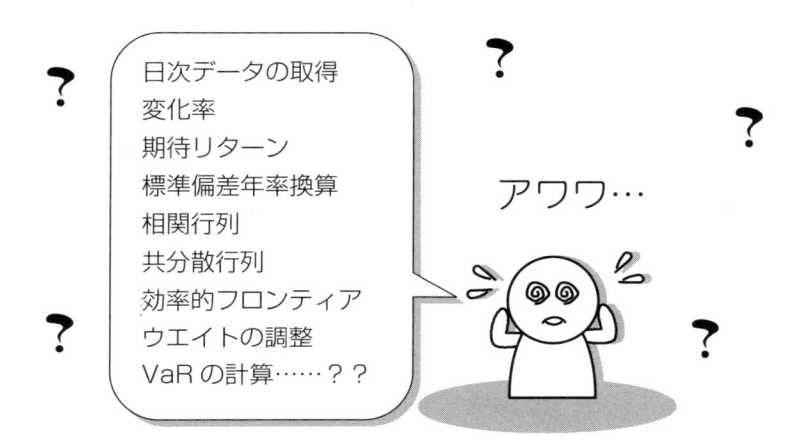

第5章　金融工学の基礎知識〜リスク管理〜

> 日次データの取得
> 変化率
> 期待リターン
> 標準偏差年率換算
> 相関行列
> 共分散行列
> 効率的フロンティア
> ウエイトの調整
> VaRの計算……？？

アワワ…

ル」です。これは、データを自動取得したうえで、3〜5章までで説明してきたような基本的な計算をすべて行えるツールです。本書の読者には無料で配布いたしますので、ぜひダウンロードをしてみてください。

第6章からは、ツールの活用方法をご説明していきたいと思います。

北山広京のクオンツコラム⑤
バリュー・アット・リスクの始まりは？

　リスク管理のために、多くの手法が開発されています。あまりにも多くの情報があるので、何から手をつけてよいのか分からないことも多いと思います。
　しかし、必ず目的があって作られたものですから、自分が何を知りたいのかを明確にすれば、何を使うべきか分かります。

　例えば、本書でも紹介しているVaRは、もともと米国の投資銀行のトップが、自社のポートフォリオ全体の1日後に起こり得る推定損失金額を知るために開発されたものです。
　投資銀行は多くの種類のリスク資産を持っており、個々の部門でそれぞれがリスク管理をしています。しかし、経営トップがまず知りたいのは細かい数字ではなく「全体としてどの程度のリスクがあるのか」です。それも、複雑な数値ではなく、分かりやすく直感的に理解できることが重要です。

　したがって、開発チームへの指示には「数秒以内に理解でき、かつ正確に状況をつかめる指標を作れ」という要求もあったはずです。
　そういうわけで、VaRは非常に分かりやすい指標となっています。使うだけであれば、標準偏差やら確率分布の知識はほとんど必要ありません。

　「明日までに1％の確率で起こる損失は1億ドルです」

　直感的に分かりますよね。
　各種のリスク指標は、どのように計算されているかを知ることも大切ですが、もっと大切なことは、目的にあった利用をすることです。どういう目的で作られたかを把握し、自分がどういう目的で使いたいのかを明確にしましょう。

第6章

ポートフォリオ作成実践編

6-1. リスク分析ツール

　この章では「リスク分析ツール」(**図6.1.1**)を使って、実際の最適化を実演していきます。

　まず、リスク分析ツールをダウンロードしてください(ダウンロード方法は39ページ)。このツールは、本書の3～5章で解説したさまざまな指標を、自動で計算できます。

　各通貨ペアのレートは自動で取得します。各業者の公開するスワップデータを設定することもできます。

　具体的な使用方法はダウンロードフォルダに同封されているマニュアルをご覧ください。それほど複雑なマニュアルではありません。また、マニュアルは最初から読むというよりも、本書の説明では不明な点をマニュアルで逆引きするような形で利用してほしいと思います。

　もともと、このツールは監修者の北山氏が、「誰でも金融工学の正しい方法論で、正確にリスク分析ができるように……」と作成し、北山氏が連載していたブログで無料配布したものです。2008年から約1年半ほど無料配布して、1000人以上の方にダウンロードしていただきました。

　今回、本書の内容に合わせて、対応通貨の追加、計算エンジンの強化などを行い、新しいバージョンとして配布します。

第6章　ポートフォリオ作成実践編

図6.1.1　リスク分析ツール

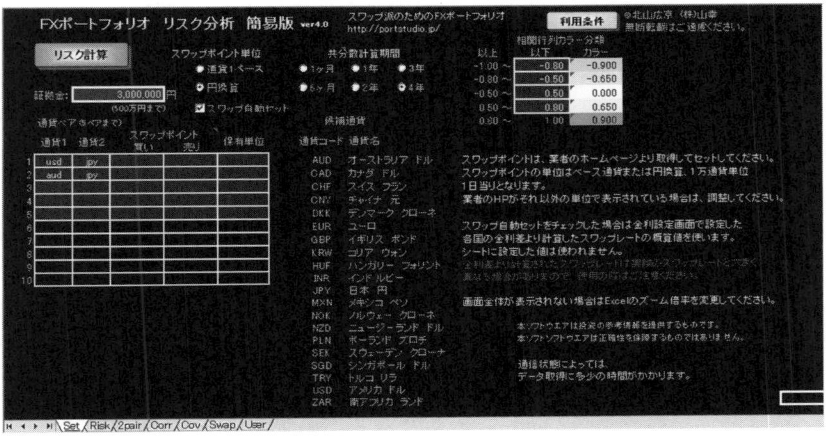

リスク分析ツールの機能

● 2ペア分析機能を搭載
● 5つの通貨ペアまでの組み入れ分析に対応
● 20通貨の任意の組み合わせによる190通りの通貨ペアで分析可能

　説明に使っている政策金利やスワップレートなどは、執筆時である2011年11～12月時点のものを使用しています。読者の方が、本書を手本に作業をする時点では、これらの数値はすでに変化している可能性があることをご了承ください。

　また説明には、開発中の画面を使用したので、実際と多少デザインが異なる部分もあります。

　なお、本章ではポートフォリオの最適化を行うために**エクセル教材chapter6**も合わせて使用します。

233

6-2. スワップ派の長期運用に適した業者

「どのFX業者を使うのがよいでしょうか？」
このような質問をよく受けます。
　基本的に為替のレートは、どこの業者でも同じ値を取りますが、スワップ金利は各業者によって微妙に違います。
　また、取り扱っている通貨ペアの種類や、取引単位にも幅があります。10通貨ペア程度で1万通貨単位から取引可能なところもあれば、120種類以上の通貨ペアをカバーし、1000通貨単位から取引できるところもあります。また、ひとつの業者内でも取引条件が変わることも多いようです。
　したがって本書では、具体名でどこの業者がよいという言い方はしません。「このような条件を満たすところが適している」というスタンスでお話ししたいと思います。かといって、それほど特殊な条件が必要なわけではありません。

①通貨ペア数が多い
　まず、ポートフォリオの組み入れに選べる通貨ペア数は、多いほうがよいでしょう。高品質のポートフォリオを作るためには、通貨ペアの選択に幅があるほど有利だからです。

②取引単位が小さなもののほうが手軽

次に取引単位です。もし、数百万円程度の証拠金から運用する場合は、1万単位よりも1000単位から売買できるほうがよいでしょう。最適化をする場合、より細かい単位で保有数を調整できるほうが有利だからです。ただし、1000万円以上もの大きな資金で運用しようという場合は、1万通貨単位からの取引でも問題ないと思います。

③高金利通貨をカバーし、スワップ金利が高い

さらに当たり前のことですが、高金利通貨をカバーし、スワップ金利の高い業者がよいでしょう。為替の変動リスクは基本的にどの業者で取引しても同じですが、リターンとなるスワップ金利は各業者によって多少の差が出てきます。

結局のところ、各業者には一長一短があると思います。ひとつに選びきれない場合は、異なる条件の業者を複数使って運用するのもひとつの手です（図6.2.1）。

しかし、証拠金の割り振りなど、複数の口座を管理するのは面倒だと思ったら、最初は細かい条件を気にせずに、ひとつの口座から始めてよいと思います。慣れてきたら徐々に通貨選択の幅を広げてください。初〜中級者ぐらいであれば、TRYかZARをカバーしており、20通貨ペアぐらいを選べる業者なら大きな問題はないはずです。

ご参考までに、私自身が使っている2つの業者の特徴をお話ししましょう。まず、スワップ金利は高いものの、メジャー通貨しか扱っていないところ、そして、スワップはほどほどですが1000通貨単位から幅広く通貨ペアを用意しているところです。

どのみち、ほとんどの業者は無料で口座開設ができます。いくつか開いておくのもよいかもしれません。

また、スプレッド差や約定スベリなど、取引コストの良し悪しが気

図 6.2.1 業者選びはどうする？

- 通貨ペアがたくさんある
- 高金利通貨の取引ができる
- スワップ金利が高い
- 資金量によっては1000通貨単位から取引できる

でも、全部を満たすような理想的な業者はないでしょう

2～3の業者を使うのも手です
ただしあまり**複雑にしない**ほうがいいですね

になる方もいると思います。しかし、スワップ派の場合、戦略を日次終値で分析することと、リバランスを含めて、最短でも1カ月、最長でも1年に1回程度の売買になるので、短期トレード派ほど気にする必要はありません。

　業者の質については、近年は金融庁がさまざまな制約を設けているので、いわゆる悪徳業者と呼ばれるようなものは、だいぶ淘汰されているようです。しかし、いずれにしても、念のために自分が取引をする業者に信頼がおけるかどうかネットで検索するなどしてチェックしておくとよいでしょう。

6-3. 通貨の組み合わせとスワップ金利

　スワップが多くもらえるような通貨同士の組み合わせについて考えてみましょう。
　第4章の「4-9. 通貨ウエイト」では、通貨ペアのポジションを分解し、「ロング、ショート、買う、売る」という4つの言葉を厳密に定めました。それらを使って、もう一度AUD/JPYのポジション分解をおさらいしてみます。

AUD/JPYの「買い」
AUDをロングポジション、JPYをショートポジションで保有すること…①

AUD/JPYの「売り」
AUDをショートポジション、JPYをロングポジションで保有すること…②

　ここで便宜上、ベース通貨をひっくり返したJPY/AUDという通貨ペアがあったとします。①、②と同様に「買い」と「売り」について、それぞれロングとショートにポジションを分解します。

JPY/AUDの「買い」
JPYをロングポジション、AUDをショートポジションで保有すること…③

JPY/AUD の「売り」

JPY をショートポジション、AUD をロングポジションで保有すること…④

　政策金利が AUD > JPY だとした場合、スワップがもらえるのは、①と④です。またスワップを取られるのは②と③になります。

　いずれの場合も、スワップがもらえる通貨の組み合わせは、金利の大きいほうがロングポジション、金利の小さいほうがショートポジションである点に注目してください。

通貨ペアの選び方

　スワップ金利は、大体、政策金利差に近い値を取ります。したがって、最初に、どのような通貨ペアを選ぶのかを考えるときには、政策金利の高い国と低い国で分類しておくとよいかもしれません。

　ただし、現状、経済情報の入手が困難な国の通貨を組み入れるのは避けたほうがよいでしょう。ご参考までに、私がポートフォリオに組み入れるのに基本としている15通貨を挙げておきます。

AUD	オーストラリア		NOK	ノルウェー
CAD	カナダ		NZD	ニュージーランド
CHF	スイス		SEK	スウェーデン
DKK	デンマーク		SGD	シンガポール
EUR	ユーロ		TRY	トルコ
GBP	イギリス		USD	アメリカ合衆国
JPY	日本		ZAR	南アフリカ
MXN	メキシコ			

　これはあくまで私個人の例なので、好みによって、もっと減らした

り増やしたりと、いろいろな考え方があってよいと思います。

この15通貨のなかで、2011年12月現在、比較的金利の高いものは、AUD、TRY、ZAR、MXNあたりです。また、金利の安い通貨は、JPY、USD、CHF、GBPあたりです。

これらを組み合わせた通貨ペアのスワップは、ロングポジションからショートポジションを引いたものが大体の目安になります。もらえる金額が具体的にいくらなのかは、各業者のスワップ金利一覧などで見てください。

また業者で取り扱っている通貨ペアの有無もありますので、TRYやZARが組み入れられた通貨ペアがよさそうだと思っても、これらをカバーしていない場合は、他の業者を使うか、別の組み合わせ（例えばAUDを含む）通貨ペアを選ぶことになります。

それでも難しいときは…

いずれにしろ、相当な数の組み合わせが考えられるので、最初のうちは一番身近な通貨である日本円のJPYを使っての「買い」「売り」に限定してもよいかもしれません。

日本円は長らくゼロ金利政策の影響で、非常に低い金利が続いています。JPYをショートポジションにして、ロングポジション側には他の通貨を選べば、基本的にはスワップがもらえる通貨ペアとなります。

スワップ金利を入力しよう

「リスク分析ツール」では、スワップ金利を短期金利の差から計算します。短期金利は政策金利とみなしてかまいません。

「Swap」タブを開き、現在の各国の短期金利を入力しておいてくだ

図6.3.1　リスク分析ツール　swapタブ

			短期金利
1	AUD	オーストラリア　ドル	4.50%
2	CAD	カナダ　ドル	1.00%
3	CHF	スイス　フラン	0.00%
4	CNY	チャイナ　元	6.56%
5	DKK	デンマーク　クローネ	0.75%
6	EUR	ユーロ	1.25%
7	GBP	イギリス　ポンド	0.50%
8	KRW	コリア　ウォン	3.25%
9	HUF	ハンガリー　フォリント	6.00%
10	INR	インドルピー	8.50%
11	JPY	日本　円	0.10%
12	MXN	メキシコ　ペソ	3.00%
13	NOK	ノルウェー　クローネ	2.20%
14	NZD	ニュージーランド　ドル	2.50%
15	PLN	ポーランド　ズロチ	4.50%
16	SEK	スウェーデン　クローナ	2.00%
17	SGD	シンガポール　ドル	0.10%
18	TRY	トルコ　リラ	5.75%
19	USD	アメリカ　ドル	0.10%
20	ZAR	南アフリカ　ランド	5.50%

さい（図6.3.1）。この数値がスワップの元データになります。

　最新の政策金利データは、各FXの情報サイトなどから取得してください。「オーストラリア　政策金利」などのキーワードで検索すれば、いくつかのサイトにたどりつけると思います。

　「Swap」タブを元データとする場合、「Set」タブの「スワップ自動セット」にチェックを入れておきます（図6.3.2）。

● **FX業者が決まっている場合**
　もし、具体的な取引業者が決まっているのであれば、そこが提示し

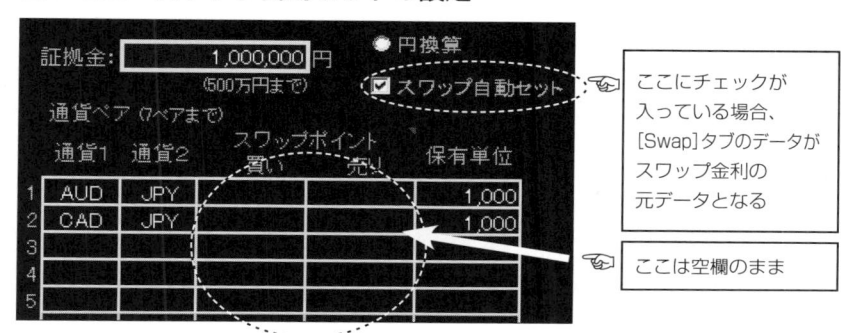

図6.3.2 スワップ自動セットの設定

(図：証拠金1,000,000円、スワップ自動セットにチェック、通貨ペア AUD/JPY 1,000、CAD/JPY 1,000。注釈「ここにチェックが入っている場合、[Swap]タブのデータがスワップ金利の元データとなる」「ここは空欄のまま」)

ている「買い」「売り」に対応するスワップを使うことができます。

ただし、スワップは毎日変化するので、その日に発表されているものを直接使うというよりも、直近の10日間程度のデータ平均値などを取って丸めた数字を使うとよいでしょう。

私自身は10日分のスワップを指数平滑平均で丸めたものを使っています。指数平滑平均を使う理由ですが、「○○ショック」のようにレートが激変したとき、または政策金利が変更されたときなどは、数日程度でも、スワップがかなり変動するからです。

そのような場合は、自分が最適化に使用する期待リターン＝スワップの値幅がどのような状態なのかを、最新の変動の様子から迅速に把握することが重要です。直近10日間の指数平滑平均を使用しているのは、そのような事態を考慮してのことです。

計算方法は、エクセル教材のchapter6「1. スワップ指数平滑化」タブで簡単に求められます。業者のスワップを使用される方は使ってみてください。通貨ペア5つ分の計算枠を用意しています（**図6.3.3**）。

なお、スワップ表示形式は各業者でバラバラです。「リスク分析ツール」に入力する場合は1万通貨単位で1日当たりのスワップポイントを「通貨1ベース」または「円換算」した値を使います。

「通貨1ベース」とは、その名のとおり「通貨1」をベースにします。

図 6.3.3　スワップ指数平滑化タブ

1.スワップ指数平滑化

※平滑化の計算式
10日前の指数平滑化（10日前のスワップ+9日前のスワップ+……+昨日のスワップ）÷10
9日前からの計算（前日の指数平滑値+(2÷(n+1))×(当日終値-前日の指数平滑値)

AUDJPY	買い	
使用するスワップの値	93.04	
スワップ(年利)		指数平滑
9日前	95.11	93.28
8日前	94.25	93.45
7日前	94.25	93.42
6日前	94.25	93.43
5日前	90.15	92.68
4日前	90.55	92.89
3日前	94.34	93.54
2日前	94.38	93.43
1日前	93.50	93.29
最新日	92.00	93.04

AUDUSD	買い	
使用するスワップの値	94.84	
スワップ(年利)		指数平滑
9日前	97.25	95.02
8日前	96.55	95.30
7日前	95.22	95.01
6日前	95.22	95.06
5日前	92.30	94.52
4日前	91.84	94.53
3日前	96.11	95.31
2日前	96.48	95.23
1日前	95.24	95.02
最新日	94.00	94.84

CADJPY	売り	
使用するスワップの値	-21.45	
スワップ(年利)		指数平滑
9日前	-21.04	-21.27
8日前	-21.00	-21.22
7日前	-20.50	-21.14
6日前	-19.51	-20.97
5日前	-19.98	-21.09
4日前	-20.99	-21.25
3日前	-21.84	-21.38
2日前	-22.84	-21.54
1日前	-22.54	-21.45
最新日	-22.45	-21.45

GBPJPY	売り	
使用するスワップの値	-17.25	
スワップ(年利)		指数平滑
9日前	-17.41	-17.10
8日前	-17.55	-17.18
7日前	-17.55	-17.17
6日前	-17.55	-17.17
5日前	-16.15	-16.91
4日前	-16.81	-17.08
3日前	-15.51	-16.81
2日前	-16.98	-17.13
1日前	-17.50	-17.17
最新日	-17.98	-17.25

ZARJPY	買い	
使用するスワップの値	11.76	
スワップ(年利)		指数平滑
9日前	11.49	11.68
8日前	11.00	11.55
7日前	10.58	11.50
6日前	12.51	11.86
5日前	12.10	11.72
4日前	12.58	11.83
3日前	11.81	11.67
2日前	11.84	11.71
1日前	10.84	11.52
最新日	12.00	11.76

枠に「各通貨ペア名」と「保有条件」、「FX業者から取得したスワップポイント」を入れる。
※入力する値は、1万通貨単位で1日に付くスワップポイントとする。

例えばEUR/USDであれば米ドルで、USD/CHFならスイスフランで、1日当たりにつくスワップポイントを表示したものです。そして「円換算」とは、その米ドルやスイスフランを対円レートで換算したものとなります。

> **FX業者の用意したスワップ金利の値を使う場合に注意する点**
> ●直近10日程度のスワップ値の平均を取る（本書では指数平滑化）
> ●1万通貨単位で1日に付くスワップポイント（円または通貨1ベース）を使用する
> ●3～4日分まとめて付くときは、1日分ごとに修正する

FX業者のスワップを使う場合は、先ほどの「Swap」タブではなく、「Set」タブに入力します（**図6.3.4**）。

よく分からない場合は、業者スワップとの間に誤差があるという前提ではありますが、「スワップ自動セット」にチェックを入れて、「Swap」

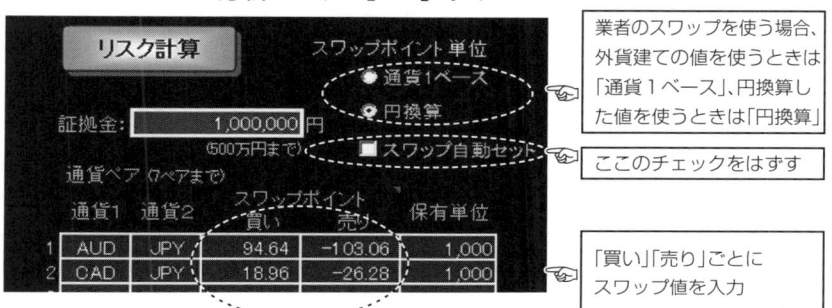

図 6.3.4　リスク分析ツール［set］タブ

（業者のスワップを使う場合、外貨建ての値を使うときは「通貨1ベース」、円換算した値を使うときは「円換算」）

（ここのチェックをはずす）

（「買い」「売り」ごとにスワップ値を入力）

タブの短期金利差をスワップの元データとして、そのまま使用してください。最初はそれでかまいません。

多少アバウトでも、大まかな点で要所要所を押さえていれば、それほどひどい誤差が生じることはないと思います。大切なのは、最適化をするときのスワップ金利の状態を把握しておくことです。

6-4. 2つの通貨ペアの最適化

　まずは、2つの通貨ペアで最適化をしてみましょう。2通貨ペアを組み入れたポートフォリオです。非常にシンプルですが、最適化の仕方によっては、とても高性能なものになります。

　ポートフォリオ最適化の手順として、まず組み入れる通貨ペアを選ばなければなりません。ここでは、ある程度ロジカルに考えて選ぶ必要があります。

　ここで「高スワップのもの」+「その変動を打ち消すもの」というポートフォリオの基本構造を覚えてください。

　もちろん、高スワップの通貨ペア同士で、変動リスクが打ち消し合ってくれれば一番よいのですが、なかなかそううまくはいきません。高スワップの通貨ペアと、それを打ち消し合う通貨ペアを組ませる、と考えることはとても合理的です。

①通貨ペアを選ぶ

　まず収益のメインに据える「高スワップのもの」をAUD/JPYの「買い」にしてみましょう。オーストラリアは資源国であり、先進国として安定した政治と経済が期待されています。しかも比較的高い金利を維持していることから、個人投資家には人気があります。

　しかしAUD/JPYだけの運用は、低レバレッジでも暴落時に破産の危険性がありました。そこで、「その変動を打ち消すもの」として

図6.4.1　変動を打ち消しあう通貨ペアを探そう

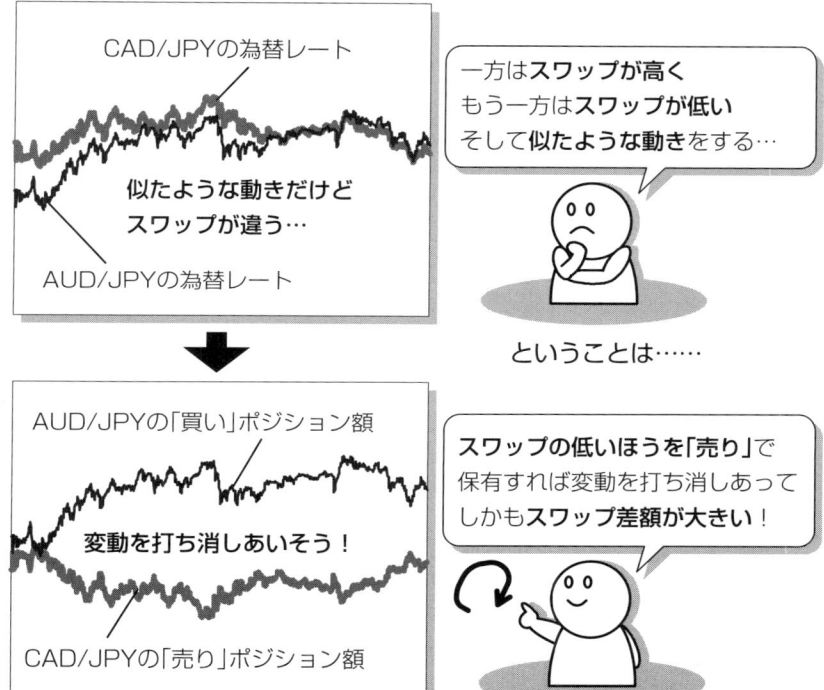

CAD/JPYの為替レート

似たような動きだけど
スワップが違う…

AUD/JPYの為替レート

一方は**スワップが高く**
もう一方は**スワップが低い**
そして似たような**動きをする**…

ということは……

AUD/JPYの「買い」ポジション額

変動を打ち消しあいそう！

CAD/JPYの「売り」ポジション額

スワップの低いほうを「売り」で
保有すれば変動を打ち消しあって
しかも**スワップ差額が大きい**！

AUD/JPYと相関性の低い通貨ペアを組み合わせ、リスクを減らすことにしました。

単純に標準偏差を打ち消すには、AUD/JPYの「売り」を合わせることです。しかしそれでは、単なる両建てとなって、スワップも打ち消し合って意味がありません。

一番手軽な方法は、AUD/JPYと似たような動きをする通貨ペアで、なおかつ金利差の小さいものを「売り」で保有することです。うまくいけば、両者の標準偏差を打ち消し合ってくれます。

先進国通貨は似たような動きをするので、いろいろと候補はありそうです。ここではオーストラリアと同じ資源国であり、米国とも強

い関係にあるカナダに注目して、CAD/JPYとの相関性を調べてみましょう**（図6.4.1）**。

CAD/JPYを「売る」ということは、当然スワップを取られることになります。しかし、政策金利が違いました。

国名	オーストラリア	カナダ	日本
政策金利	4.50%	1.00%	0.10%

カナダの政策金利は1.00％と、オーストラリアの4.50％よりも低いので、「売り」を保有してもAUD/JPYの「買い」以上のスワップが取られることはなさそうです。

受け取れる正確な額ではありませんが、政策金利差を元にしてスワップの大体の目安を計算します。

AUD/JPYの「買い」＝ 4.50％－ 0.10％＝ 4.40％
CAD/JPY を「売る」＝ 0.10％－ 1.00％＝－ 0.90％

仮にウエイトを50％ずつで組み入れたとしても、レバレッジ1倍でポジション額に対する年利を求めると、加重平均の計算から（4.40％×1/2）＋（－0.90％×1/2）＝1.75％になります。レバレッジ2倍で運用したとすれば3.5％、3倍にすれば5.25％です。悪くありません。あとはリスクをどれだけ減らせるかです。

それでは、AUD/JPYの「買い」と、CAD/JPYの「売り」の2つの通貨ペアで最適化を行なってみます（データは2011年11月14日時点のものを使用しました）。

図6.4.2　保有単位の入力

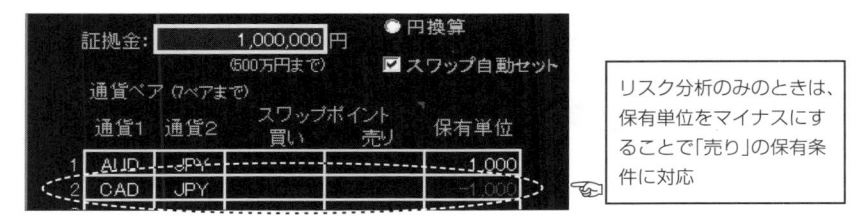

しかし、最適化のために両者の相関性を調べるときは…

② set タブの入力

「リスク分析ツール」で「set」タブを開いて通貨をセットします。

ここで、通貨をセットするときに、気をつけてほしい点がひとつあります。このツールは通貨ペアの「売り」に対しては、保有単位をマイナス（赤い数字になります）入力することで、リスク計算ができるようになっています。しかし、相関係数に関しては、「ポジション額の変化率」ではなく「為替レートの変化率」で相関を計算しますので、「買い」「売り」の保有条件は符号に反映されません。そこで「売り」保有については、通貨ペアのベース通貨を入れ替えてください。

例えば、CAD/JPYの「売り」はJPY/CADの「買い」と見立てます。やり方は、通貨1にJPY、通貨2にCADのポジションをセットします。両者は実質的に同じポジションになるので問題はありません**（図6.4.2）**。

よく分からないという方は「4－3．相関係数」と「4－4．正の相関、負の相関」を参照してください。

最初にセットする値は、証拠金は100万円、保有単位は1000にして

図 6.4.3　Corr タブ

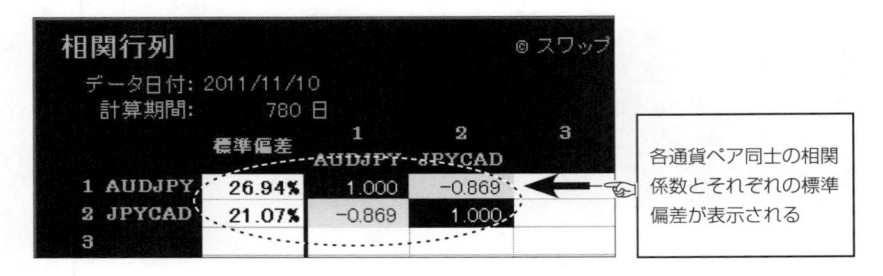

```
相関行列                              ©スワップ
データ日付: 2011/11/10
計算期間:      780 日
                        1        2       3
           標準偏差  AUDJPY  JRYCAD
1 AUDJPY    26.94%   1.000   -0.869
2 JPYCAD    21.07%  -0.869    1.000
3
```

各通貨ペア同士の相関係数とそれぞれの標準偏差が表示される

おきます。これは後からレバレッジや実際の証拠金を調整するときに100や1000という数字を基準にしておくと便利だからです。

　数値をセットしたら「リスク計算」ボタンをクリックします。

　なお、「共分散計算期間」で、過去データをどこまでさかのぼって計算するか、半年から4年まで選べます。ここでは3年で設定しました。

③相関係数を調べる

　「Corr」タブを開いてみましょう。Corr は Correlation（相関性）の略で、このシートでは相関行列が計算されています**(図6.4.3)**。

　相関係数は−0.869と負の相関性が強く、相性が良さそうです。AUD/JPY「買い」とCAD/JPY「売り」の組み合わせは使えそうです。これでいきましょう！

④ウエイト調整

　次は通貨ペアのウエイト調整です。「2pair」タブを開いてください。2ペアだけの場合は、このシートでウエイト調整できます。ものすごく簡単です。

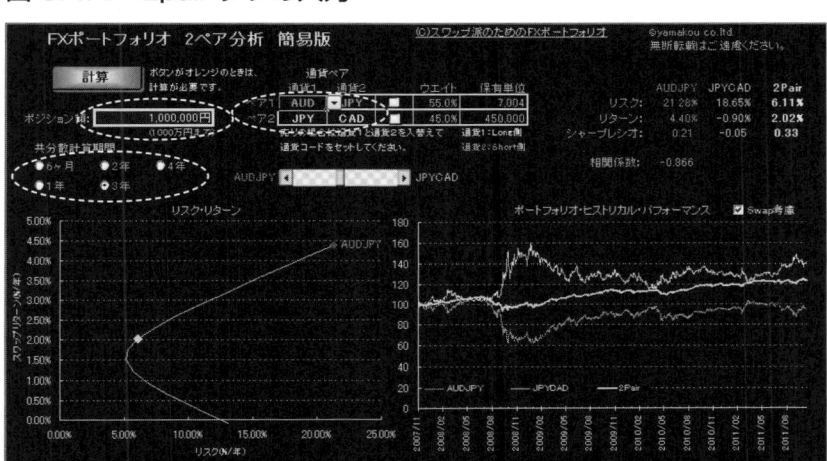

図 6.4.4　2pair タブの入力

図 6.4.5　ウエイト調整

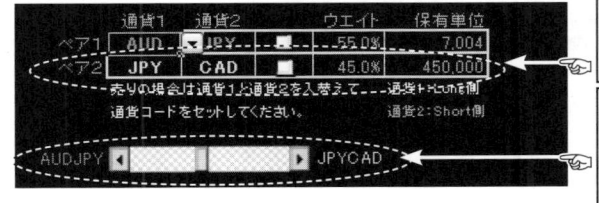

「売り」の保有条件には通貨1と通貨2のベース通貨入れ替えて対応

バーを左右に移動させることでウエイトの調整ができる

　「Set」タブで設定した「ポジション額」「共分散計算期間」「通貨ペア」の同じ内容を、この [2pair] の各欄にも入力してください（**図 6.4.4**）。

　「通貨ペア」ですが、ここでも CAD/JPY の「売り」は JPY/CAD の「買い」に見立てて、通貨1にショート側の JPY、通貨2にロング側の CAD をセットします。セットできたら [計算] ボタンを押します。

　バーをスライドさせてウエイトを調整しましょう（**図 6.4.5**）。リスクリターン平面上の点が変化します。シャープレシオの一番傾きの大きくなるウエイトを探すと、AUD/JPY の「買い」55％、CAD/

図 6.4.6 ウエイト調整結果

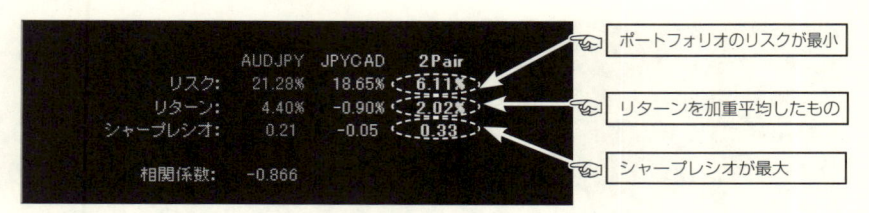

	AUDJPY	JPYCAD	2Pair	
リスク	21.28%	18.65%	6.11%	← ポートフォリオのリスクが最小
リターン	4.40%	-0.90%	2.02%	← リターンを加重平均したもの
シャープレシオ	0.21	-0.05	0.33	← シャープレシオが最大
相関係数		-0.866		

図 6.4.7 リスクリターン平面図

（リスク・リターン平面図：横軸 リスク(%/年) 0.00%〜25.00%、縦軸 スワップリターン(%/年) 0.00%〜5.00%、AUDJPY の点が右上に表示）

- ウエイトを変化させると黄色い点が効率的フロンティアの上を移動
- 原点と黄色い点を結ぶ角度が最大の位置がシャープレシオ最大

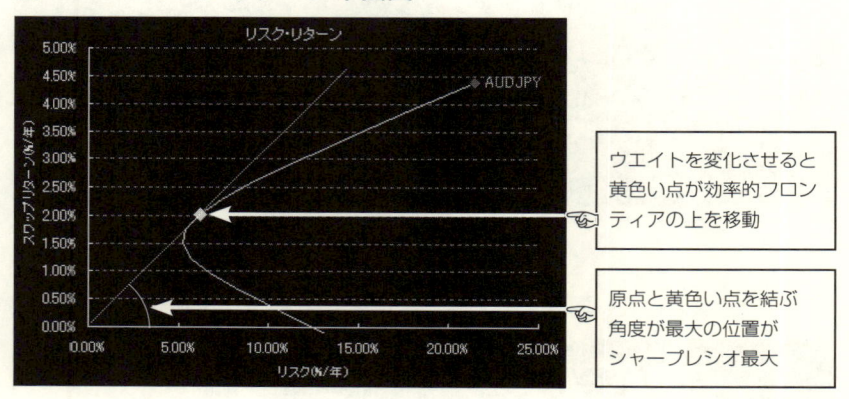

JPY の「売り」45% となりました。同時に保有単位も変化しているはずです（図 6.4.6）、（図 6.4.7）。

ここまでの結果をまとめると次のようになります。

通貨ペア	保有条件	保有単位
AUD/JPY	買い	7,004
JPY/CAD	買い	450,000

⑤保有単位の修正

さて、次に通貨ペアと保有単位を修正します。業者で取引可能なの

は最低1000単位からです。そこで、端数を丸めます。基本的には四捨五入でかまいませんが、最適化で求めたウエイトを極端に損なわないように気をつけてください。

　AUD/JPYの保有単位7004は百の位で四捨五入して7000としましょう。また、CAD/JPYのベース通貨を入れ替えて最適化したので、CADとJPYのレートから保有単位を調整し、JPY/CAD「買い」保有単位45万をCAD/JPY「売り」の保有単位にする必要があります。

　ベース通貨を入れ替えて最適化した場合の戻し方は、次の手順で行ってください。

● 1JPY 当たりの CAD を求める

　現在のレートが1CAD=75.792JPYだとします。その逆数を取れば1JPY当たりのCADです。つまり1JPY=1/75.792CADとします。

● CAD/JPY の保有単位を求める

　JPY/CADの保有単位45万に1/75.792を掛ければCAD/JPYの保有単位が求められます。

　JPY/CAD「買い」45万単位 = 45万 × 1/75.792 = 5937単位
※小数点以下切り捨て

　こちらも百の位以下で四捨五入して6000単位としましょう。これで2ペアの最適化は終わりです。

通貨ペア	保有条件	保有単位
AUD/JPY	買い	7,000
CAD/JPY	売り	6,000

　あとはリスク分析を行い、レバレッジの調整作業に入ります。

図 6.4.8　setタブに入力

	通貨1	通貨2	スワップポイント 買い	スワップポイント 売り	保有単位
1	AUD	JPY			7,000
2	CAD	JPY			-6,000

最終的に求めた通貨ペアと保有単位を入力

図 6.4.9　ポートフォリオ分析結果の見方

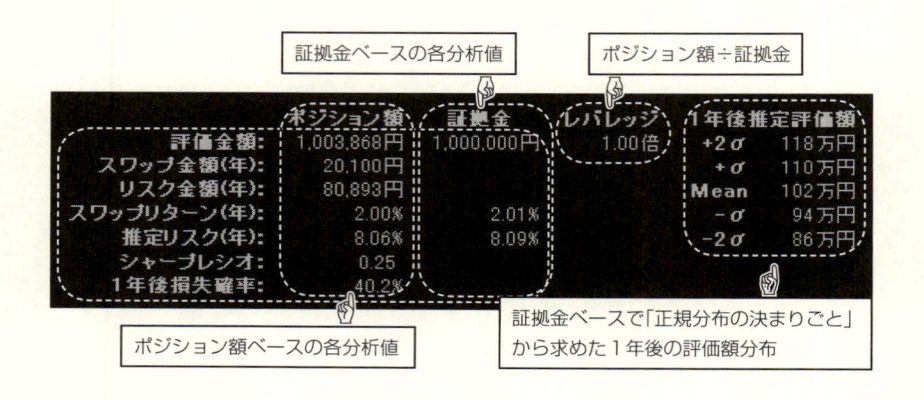

証拠金ベースの各分析値

ポジション額÷証拠金

	ポジション額	証拠金	レバレッジ	1年後推定評価額	
評価金額:	1,003,868円	1,000,000円	1.00倍	+2σ	118万円
スワップ金額(年):	20,100円			+σ	110万円
リスク金額(年):	80,893円			Mean	102万円
スワップリターン(年):	2.00%	2.01%		-σ	94万円
推定リスク(年):	8.06%	8.09%		-2σ	86万円
シャープレシオ:	0.25				
1年後損失確率:	40.2%				

ポジション額ベースの各分析値

証拠金ベースで「正規分布の決まりごと」から求めた1年後の評価額分布

⑥レバレッジの調整

「Set」タブを開いて、最適化した数値を、対応している通貨ペアの保有単位に入力してください**（図6.4.8）**。

「リスク計算」ボタンを押すと「Risk」タブが自動で開きます。「ポートフォリオ分析結果」を見てください。このポートフォリオのリスク分析が表示されています。

なお、数値は表示上、小数点以下第3位を四捨五入して丸めていますが、実際に計算するときは丸めていないものを使用しています**（図6.4.9）**。

Riskタブの項目を確認しよう

　Riskタブの各項目については、ここまで読まれた方には意味が分かると思いますが、少し整理をしておきましょう。

● 「スワップリターン」は「期待リターン」です
● 「推定リスク」は「予想リスク＝標準偏差」です
● 「シャープレシオ」＝「スワップリターン÷推定リスク」です

　そして、ここで初めて出てきた「１年後損失確率」を「１年後推定評価額」と一緒に説明しましょう。
　いままで「正規分布の決まりごと」を利用した予想リスクの推定は、期待リターンであるスワップを考慮しないできました。そこで、もしスワップを考慮すると、その分布はどうなるのか、図6.4.10で示してみました。
　この価格の分布を時間との関係でみると図6.4.11のようになります。
　１年後の価格帯を示す正規分布は、スワップリターンの分だけ正の方向（利益側）にズレます。このツールでは「１年後推定評価額」を証拠金ベースにしていますので、表記が金額であれば20100円、パーセントであれば2.01％が正の方向にズレることになります。そのズレを考慮したうえで、１年後に取り得る分布状況を示したものが「１年後推定評価額」の各値になっています。ズレたあとの分布の中心はMeanと表記しています。Meanとは統計上の平均を意味する言葉です。つまり１年後には50％の確率でこの値になるということです。
　また、「１年後損失確率」40.2％というのは、スワップリターンの分を入れてもなお、為替レートの変動によって損失が出ている可能性を示したものになります。このポジションは１年後に、４割の確率で

図 6.4.10 正規分布にスワップ分をプラス

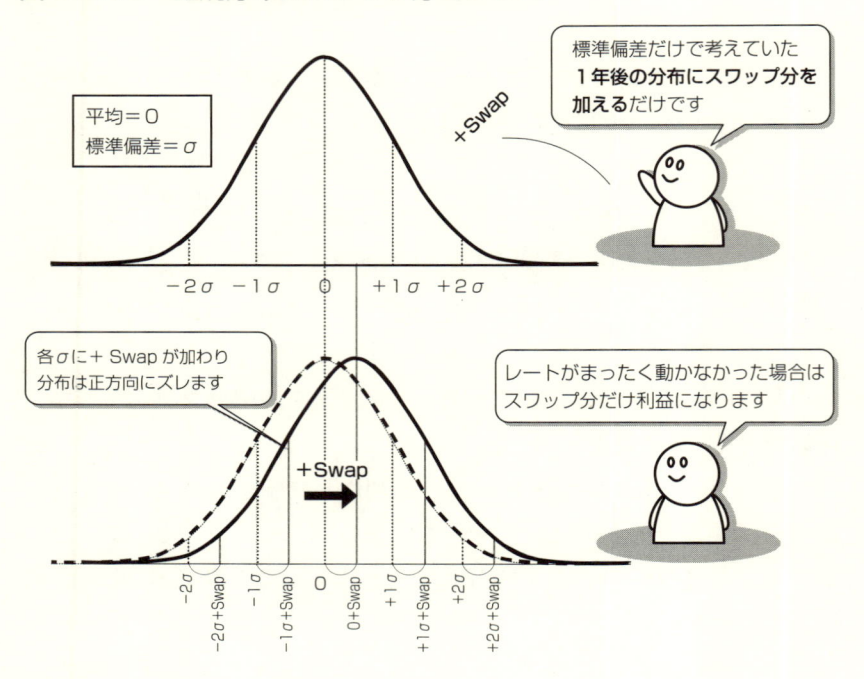

平均＝0
標準偏差＝σ

＋Swap

標準偏差だけで考えていた**1年後の分布にスワップ分を加える**だけです

-2σ -1σ 0 $+1\sigma$ $+2\sigma$

各σに＋Swapが加わり分布は正方向にズレます

＋Swap

レートがまったく動かなかった場合はスワップ分だけ利益になります

-2σ＋Swap -1σ＋Swap 0 $+1\sigma$＋Swap $+2\sigma$＋Swap
※中央基準：0＋Swap、$+1\sigma$

図 6.4.11 価格の分布と時間との関係

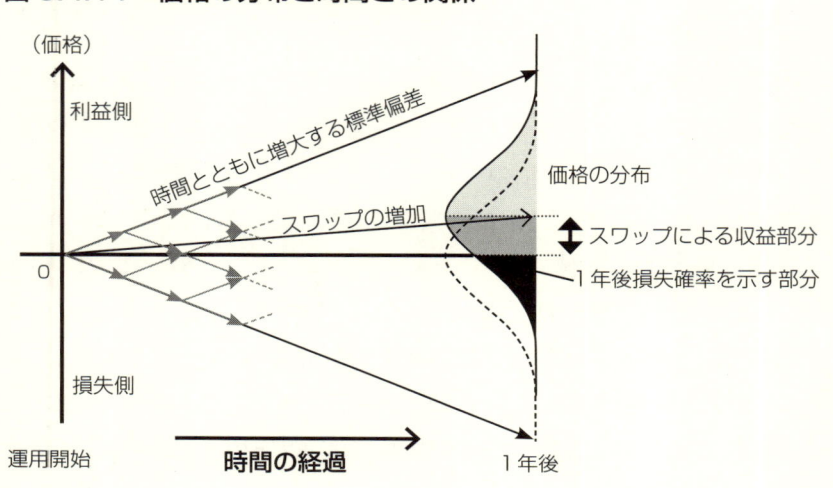

(価格)

利益側

時間とともに増大する標準偏差

スワップの増加

価格の分布

スワップによる収益部分

1年後損失確率を示す部分

損失側

運用開始 — 時間の経過 → 1年後

第6章　ポートフォリオ作成実践編

図6.4.12　VaRタブ

	A	B	C	D	E	F	G	H	I	J	K	L	M	N	O
1		3.VaR-バリューアットリスク													
2															
3		ポジション額(万円)		100.39											
4		証拠金(万円)		100.00											
5		スワップリターン(年)		2.00%		ポジション額ベース									
6		推定リスク(年)		8.06%		ポジション額ベース									
7		レバレッジ(倍)		1.003868											
8															
9		1年後に													
10		99% VaR	2.326		1%の確率で	16.82	万円以上の		損失	を出している可能性があります。		←100年に1回の発生頻度			
11		95% VaR	1.645		5%の確率で	11.30	万円以上の		損失	を出している可能性があります。		←20年に1回の発生頻度			
12		90% VaR	1.282		10%の確率で	8.36	万円以上の		損失	を出している可能性があります。		←10年に1回の発生頻度			
13		80% VaR	0.842		20%の確率で	4.80	万円以上の		損失	を出している可能性があります。		←5年に1回の発生頻度			
14		50% VaR	0.000		50%の確率で	2.01	万円以上の		利益	を出している可能性があります。		←2年に1回の発生頻度			
15															
16		半年後に													
17		99% VaR	2.326		1%の確率で	12.31	万円以上の		損失	を出している可能性があります。		←50年に1回の発生頻度			
18		95% VaR	1.645		5%の確率で	8.41	万円以上の		損失	を出している可能性があります。		←10年に1回の発生頻度			
19		90% VaR	1.282		10%の確率で	6.33	万円以上の		損失	を出している可能性があります。		←5年に1回の発生頻度			
20		80% VaR	0.842		20%の確率で	3.81	万円以上の		損失	を出している可能性があります。		←2.5年に1回の発生頻度			
21		50% VaR	0.000		50%の確率で	1.00	万円以上の		利益	を出している可能性があります。		←1年に1回の発生頻度			
22															
23		1ヶ月後に													
24		99% VaR	2.326		1%の確率で	5.27	万円以上の		損失	を出している可能性があります。		←100ヶ月に1回の発生頻度			
25		95% VaR	1.645		5%の確率で	3.67	万円以上の		損失	を出している可能性があります。		←20ヶ月に1回の発生頻度			
26		90% VaR	1.282		10%の確率で	2.83	万円以上の		損失	を出している可能性があります。		←10ヶ月に1回の発生頻度			
27		80% VaR	0.842		20%の確率で	1.80	万円以上の		損失	を出している可能性があります。		←5ヶ月に1回の発生頻度			
28		50% VaR	0.000		50%の確率で	0.17	万円以上の		利益	を出している可能性があります。		←2ヶ月に1回の発生頻度			
29															
30		1週間後に													
31		99% VaR	2.326		1%の確率で	2.57	万円以上の		損失	を出している可能性があります。		←100週間に1回の発生頻度			
32		95% VaR	1.645		5%の確率で	1.81	万円以上の		損失	を出している可能性があります。		←20週間に1回の発生頻度			
33		90% VaR	1.282		10%の確率で	1.40	万円以上の		損失	を出している可能性があります。		←10週間に1回の発生頻度			
34		80% VaR	0.842		20%の確率で	0.91	万円以上の		損失	を出している可能性があります。		←5週間に1回の発生頻度			
35		50% VaR	0.000		50%の確率で	0.04	万円以上の		利益	を出している可能性があります。		←1週間に1回の発生頻度			
36															
37		1日後に													
38		99% VaR	2.326		1%の確率で	1.18	万円以上の		損失	を出している可能性があります。		←100日に1回の発生頻度			
39		95% VaR	1.645		5%の確率で	0.83	万円以上の		損失	を出している可能性があります。		←20日に1回の発生頻度			
40		90% VaR	1.282		10%の確率で	0.65	万円以上の		損失	を出している可能性があります。		←10日に1回の発生頻度			
41		80% VaR	0.842		20%の確率で	0.42	万円以上の		損失	を出している可能性があります。		←5日に1回の発生頻度			
42		50% VaR	0.000		50%の確率で	0.01	万円以上の		利益	を出している可能性があります。		←2日に1回の発生頻度			
43															

損失となり、6割の確率で利益が出るということです。

なお、変化率の平均ですが、前章までは基本に沿って、データから真面目に平均を計算していましたが、為替レートの変動に関しては、非常に小さな値となりますので、実践編となる本章では「平均＝0」として考えてかまいません。

さて、「1年後推定評価額」は、これだけでは損失確率が今ひとつピンときませんね。そこでVaRを使って、もう少し具体的にリスクを把握しましょう。

エクセル教材のchapter6「3.VaR」タブを開いてください。これは第5章で使用した「VaR」のシートを実践用に少し作り変えたものです。1年後、半年後、1カ月後、1週間後、1日後と5つの期間で複数のVaRが計算できるようになっています(図6.4.12)。

255

図 6.4.13　リスク分析ツールの Risk タブ

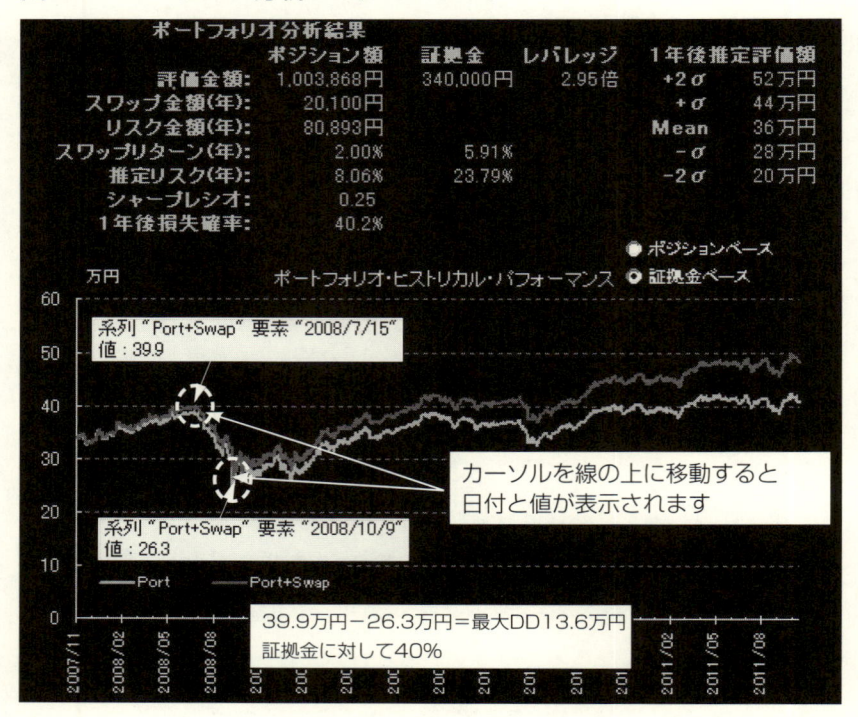

ポジション額、証拠金、推定リスク（ポジション額ベース）、スワップリターン（ポジション額ベース）の4つを入力すれば、すべてのVaRが自動で計算されるようになっています。

特に重点的にチェックするのは1年後の99％VaRです。先ほどの「ポートフォリオ分析結果」の各値を入力したところ、このポジションでは1年後に約1％の確率で16.82万円程度の損失が発生する可能性がありそうです。したがって今回求めた保有単位では、最低でも17万円の2倍の34万円を証拠金として用意したいところです。

リスク分析ツールの「Set」タブを開きます。99% VaR から求めた34万円の証拠金をセットして「リスク計算」ボタンを押してください。「Risk」タブが開きます（図 6.4.13）。

もう一度、分析結果を見てみます。

レバレッジ2.94倍で、スワップは証拠金34万円に対して5.91％の年利となって、1年で2万円の利益を比較的低リスクで狙えます。

1年後の証拠金額は、±σである44万円から28万円の間に68.27％の確率で収まり、±2σの52万円から20万円の間に95.45％の確率で収まるということになります。期間内で発生するリスクについてはVaRのシートで詳しくチェックしてみてください。

「ポートフォリオ・ヒストリカル・パフォーマンス」はバックテストに当たります。評価額の推移は、ポジションベースと証拠金ベースの2種類で見ることができます。これは、ポートフォリオを現時点のスワップ金利で4年前から運用したと仮定した場合、その評価金額の推移をグラフで示したものです。

ところで、なぜ、現時点のスワップを使うのでしょうか。それは、これから運用しようとするポートフォリオの性能を過去の値動きから確認するためです。例えば、もし再びリーマンショック並の暴落が起きたら、どのくらいの損失を出すのかなどを確かめるのに、バックテストはとても参考になります。

では、それらを踏まえて、証拠金に対して、過去4年以内にどの程度のドローダウンが発生していたのかを調べてみましょう。マウスカーソルをグラフ線上に置くと、日付と値が出ます。

2008年のリーマンショック時のドローダウンは13.6万円と証拠金に対して40％で済んでいます。さらに大底をつけてから回復まで1年程度です。これがどれだけすごいことかは、第1章に、AUD/JPYだけをレバレッジ3倍で運用したポジション額の推移がありますので、それと比較してみてください。**図1.5.1**のポートフォリオ①がそれに当たります。リーマンショックでは、2カ月程度で破産しているはずです。

また直近の2011年は、東日本大震災、米国債デフォルト騒動、ギリ

シャに端を発するユーロ圏のソブリン危機と、さまざまな困難が立て続けに起きたにも関わらず、ここ1年の利益は3～4万円前後と証拠金に対して年利10％以上ものパフォーマンスを出しています。たった2つの通貨ペアを最適化しただけで、これほど投資条件が有利になったことは驚異的です。下手な投信を買うよりもずっと良いかもしれません。

　通貨ペアの組み合わせは、もっとたくさんあります。AUD/JPYの代わりにAUD/USDやAUD/SGDを使ってもよいかもしれません。他の高金利ペアである、ZAR/JPYやTRY/JPYなどを組み合わせて最適化しても、面白いものができるでしょう。

マイナススワップも気にしない

　ところで「マイナススワップを組み込むのはちょっと……」という方は、プラススワップだけの通貨ペアで同様の作業を行なってみてください。それで良いものができれば、別にマイナススワップのものを使う必要はありません。

　まれに「マイナススワップの通貨ペアは組み入れるべきではない、負（逆）の相関は使ってはいけない」という断定的な意見もあるようです。単なる個人的な運用ポリシーであれば否定しませんが、客観的な意見としてはナンセンスだと思います。それらを禁止したからといって、実質的な意味はありません。

　ポートフォリオはひとつの生き物に似ています。生き物にとって、「脳と心臓どちらが大切か」という比較が無意味なのと同じです。どちらが欠けても生命活動は維持できません。

　ポートフォリオも同じです。最終的にできあがったポートフォリオの性能を向上させるのであれば、組み入れた通貨ペアにマイナススワップがあったとしても、気にする必要はまったくありません（図

図 6.4.14　全体を見て判断しよう

> ポートフォリオは**全体でひとつの性能を発揮**するものです

> 変なのがいるからといっても

> **全体を見て向上しているのであれば何も問題ありません！**

個々の通貨ペアの成績にこだわるのではなく、組み合わせにこだわります

6.4.14）。

　以上を踏まえて、最適化をいろいろと試してみてください。

6−5．複数ペアの最適化 ── 通貨を選ぶ

　ポートフォリオに組み入れる通貨ペアの数が多いほど、分散効果が高くなります。そこで、今度はもっとたくさんの通貨ペアを組み入れたポートフォリオの最適化に挑戦してみましょう。

　しかし、最適化ツールのような専用ソフトを使わないかぎりは、実際に自力で最適化するために選べる数は、5ペアぐらいが限界だと思います。それを超えた数の通貨ペアでポートフォリオを作成しようとすると、専門のプログラムが必要になってきます。

　「リスク分析ツール」では最大5つの通貨ペアまでカバーしていますので、その能力をフル活用して、その最適化をやってみることにしましょう。

　ただし、たくさんの通貨ペアの中から5つを選ぶのは大変です。なかには政治情勢がよく分からない国もあります。そこで、くりっく365に限定するという縛りを入れてみました（**図6.5.1**）。

　くりっく365とは、東京金融取引所が管理する「取引所FX」市場であり、そこで扱っている26の通貨ペア（2011年現在）は、初級者でも比較的とっつきやすいものが用意されています。

　では、通貨ペアを選んでみます。せっかくですから、先ほど最適化に使った2つの通貨ペアからスタートしましょう。AUD/JPY「買い」とCAD/JPY「売り」で、まず2つです。

　AUDは金利が高いので、JPYだけではなく同様に金利の低い通貨でポジションを作ってもよいと思います。そこで、AUD/USD「買い」

図6.5.1　まずは「縛り」を入れてみる

条件を自由にしすぎると、かえって分からなくなります

ある程度は条件に縛りを入れていきましょう

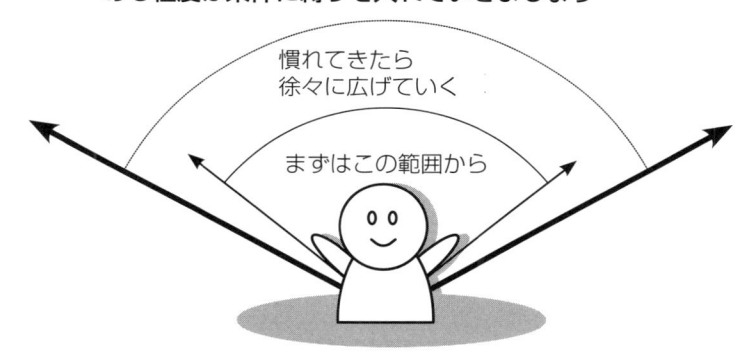

慣れてきたら
徐々に広げていく

まずはこの範囲から

も組み入れます。

　これは、金利の高いAUDのロングポジションを取る場合、金利の安いJPYとUSDの2つでショートポジションを取ることで「買い」を分けてしまえば、多少はリスクの分散効果が出るのではないか、という期待からです（**図6.5.2**）。

　同様にして、CADも別の通貨で「売り」分けても良いのですが、ここでは、オーストラリアと関係が深い英国ポンドも金利が低いことに着目し、GBP/JPYの「売り」を入れてみます。

　さて、ほかの通貨ペアを見渡すと、高いスワップがもらえるものにZAR/JPY「買い」があります。これも組み入れましょう。

図 6.5.2　複数の組み合わせでリスク分散

ロングポジション　　　ショートポジション

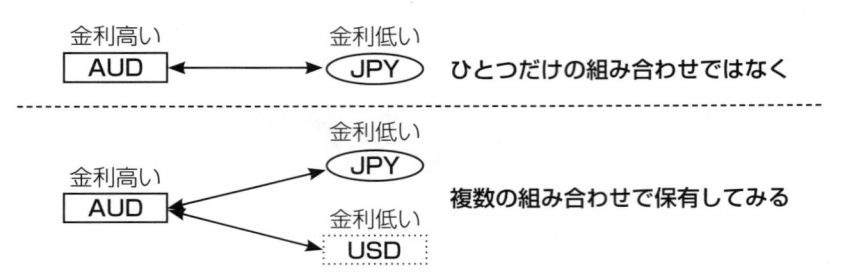

金利高い　　　　　　　金利低い
AUD　←――――→　JPY　　ひとつだけの組み合わせではなく

- -

　　　　　　　　　　　金利低い
金利高い　　　　　　　JPY
AUD　←　　　　　　　　　　　　複数の組み合わせで保有してみる
　　　　　　　　　　　金利低い
　　　　　　　　　　　USD

　これでとりあえず5つの通貨ペアが決まりました。アバウトに見えますが、こんな感じでバンバン決めていってかまいません。

　「高スワップのもの」+「その変動を打ち消すもの」という基本構造を頭に入れておけば、ロジカルに決められるはずです。

通貨ペア	保有条件	スワップ	選択理由
AUD/JPY	買い	プラス	高金利通貨AUDの保有
AUD/USD	買い	プラス	高金利通貨AUDの保有
CAD/JPY	売り	マイナス	AUDのヘッジ
GBP/JPY	売り	マイナス	AUDのヘッジ
ZAR/JPY	買い	プラス	高金利通貨ZARの保有

各通貨ペアの相性を確認

　では、この5つの通貨ペア同士の相性がどういう関係になっているのか、「リスク分析ツール」の相関行列を使って調べてみましょう。

　まず、「リスク分析ツール」の「Set」タブを開いて、通貨をセットします。計算期間は3年で設定しました。

　それでは、リスク分析シートのタブに入力してみましょう。

図 6.5.3　set タブで相性確認

	通貨1	通貨2	スワップポイント 買い	スワップポイント 売り	保有単位
1	AUD	JPY			1,000
2	AUD	USD			1,000
3	JPY	CAD			1,000
4	JPY	GBP			1,000
5	ZAR	JPY			1,000

証拠金：1,000,000円（500万円まで）　●円換算　☑スワップ自動セット　通貨ペア（7ペアまで）

「売り」の保有条件には保有単位はプラスのまま通貨1と通貨2のベース通貨を入れ替えて対応

図 6.5.4　Corr タブで相関行列をチェック

		標準偏差	1 AUDJPY	2 AUDUSD	3 JPYCAD	4 JPYGBP	5 ZARJPY
1	AUDJPY	26.88%	1.000	0.860	-0.875	-0.799	0.825
2	AUDUSD	20.73%	0.860	1.000	-0.632	-0.562	0.650
3	JPYCAD	21.03%	-0.875	-0.632	1.000	0.784	-0.786
4	JPYGBP	19.73%	-0.799	-0.562	0.784	1.000	-0.711
5	ZARJPY	27.12%	0.825	0.650	-0.786	-0.711	1.000

　証拠金は100万円、保有単位は1000で入力しておきます。ただし、2ペアで最適化したときと同様に、「売り」で保有するCAD/JPY、GBP/JPY はベース通貨を入れ替えてください。通貨1側にJPY、通貨2側にCAD、GBP を入力します（**図6.5.3**）。

　「リスク計算」ボタンを押してください。「Risk」タブが自動で開きますが、ここのチェックは後回しにして、先に「Corr」タブを開いてください。

　相関行列が表示されました（**図6.5.4**）。読み方は総当たり戦のリーグ表と同じです。例えばAUD/JPYの行を見てみましょう。他の通貨ペアとの相関性はAUD/USDが0.860、ZAR/JPYが0.825と正の相関が強く、JPY/CAD（＝CAD/JPY「売り」）が－0.875、JPY/GBP（＝GBP/JPY「売り」）が－0.799と、負の相関が強いようです。

数が多いので、正負入り乱れてややこしくなっていますが、今の段階では各通貨ペア同士の相性を、なんとなくつかんでおけばよいでしょう。

　最初から完璧なものはできませんので、悩むよりは手を動かすことが大切です。最初に選んだものが即決定、というわけではありませんから、できあがったものに不満があれば、通貨ペアを入れ替えて、どんどん改良すればよいのです。
　また、最初に選んだ5つの通貨ペアを、必ずしもすべて組み込む必要はありません。最適化の計算結果によっては、保有する必要のないものが出てくる可能性もあります。

6−6．複数ペアの最適化 ── ウエイト調整

　ここからは、2011年11月15日時点のデータを使用します。
　エクセル教材のchapter6「2.最適化シート」タブを開いてください(図6.6.1)。
　今回の作業はエクセルのソルバーという機能を使います。事前にエクセルのメニューバーから［ツール］→［アドイン］→［ソルバーアドイン］を選択して[OK]を押しておいてください。ツールメニューにソルバーが加わります。

①通貨セット
　リスク分析ツールの「set」タブを開いて通貨をセットしますが、すでに5つの通貨ペアを選んで相関係数を確認するときにセット済みなので、それをそのまま使いましょう。スワップは自動セットにしておいてください。

②コピーペースト
　「リスク計算」ボタンを押してください。「Risk」タブが自動で開きます。「通貨ペア」の名称をマウスでドラッグして反転表示させて、右クリックでコピーします。それを「2.最適化シート」の「通貨ペア」の同じ領域をドラッグし、［形式を選択して貼り付け］→［値］を選択して、セル（J6:J10）にペーストします**（図6.6.2）**。
　同様に「Risk(%)」をセル（K6:K10）に、「SwapRate」をセル（L6:

図 6.6.1　最適化シートタブ

図 6.6.2　通貨ペア、Risk（%）、SwapRate をコピーペースト

「Risk(%)」と「SwapRate」も同様にコピー&ペーストします

第6章 ポートフォリオ作成実践編

図6.6.3 リスク分析ツール「cov」タブでコピー

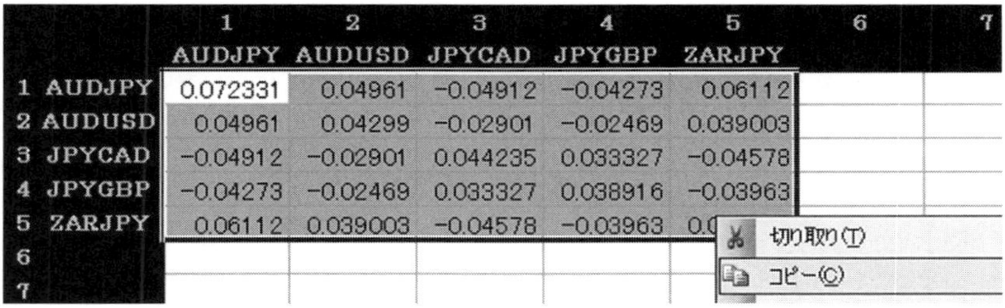

	1 AUDJPY	2 AUDUSD	3 JPYCAD	4 JPYGBP	5 ZARJPY
1 AUDJPY	0.072331	0.04961	-0.04912	-0.04273	0.06112
2 AUDUSD	0.04961	0.04299	-0.02901	-0.02469	0.039003
3 JPYCAD	-0.04912	-0.02901	0.044235	0.033327	-0.04578
4 JPYGBP	-0.04273	-0.02469	0.033327	0.038916	-0.03963
5 ZARJPY	0.06112	0.039003	-0.04578	-0.03963	

図6.6.4 エクセル「最適化シート」にペースト

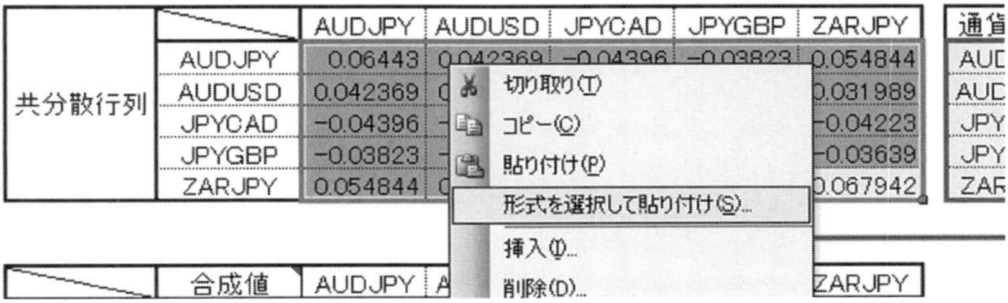

		AUDJPY	AUDUSD	JPYCAD	JPYGBP	ZARJPY		通貨
共分散行列	AUDJPY	0.06443	0.042369	-0.04396	-0.03823	0.054844		AUD
	AUDUSD	0.042369				0.031989		AUD
	JPYCAD	-0.04396				-0.04223		JPY
	JPYGBP	-0.03823				-0.03639		JPY
	ZARJPY	0.054844				0.067942		ZAR

	合成値	AUDJPY				ZARJPY

L10）に、それぞれ同じやり方でペーストします。

次に「Cov」タブを開き、共分散行列を表示します。行列の部分をマウスでドラッグ＆コピーします**（図6.6.3）**。

それを「2.最適化シート」の「共分散行列」の領域に、[形式を選択して貼り付け]から[値]を選択してセル（D6:H10）まで、丸ごとペーストします**（図6.6.4）**。

③ポジション額の入力

リスク分析シートからの転記がここまで終わりましたら、「2.最適化シート」の残りの部分を決めましょう。

ポジション額（D3）は、ここでも100万円としておきます。

④ターゲットスワップの設定

続いて、ターゲットスワップ（D17）の設定です。これはポジション額に対する「目標年利」です。ターゲットスワップの適正な値は市場の状況によって違ってきますが、大体2〜5％ぐらいが妥当だと思います。今回は2.5％に設定しておきましょう。

これは「証拠金」ではなく、あくまで「ポジション額」に対してのターゲットスワップです。100万円のポジション額に対して年利2.5％でも、証拠金25万円で運用すれば、実際に投入した資金に対して年利10％のリターンが狙えます。

最適化のコツは「どれだけ多くのリターンを狙うか」ではなく、「どれだけ安定したポートフォリオを作れるか」です。安定していれば、レバレッジを上げてリターンを高めることは容易です。最初からむやみにターゲットスワップを高く設定しないで、まずはリスクの低めの安定したポートフォリオを目指してください。

⑤最大（最小）最小の組み入れ比率の入力

「最大（最小）組み入れ比率」は「ポートフォリオの各通貨ペアのウエイトを最大（最小）でどこまで許容するか」という設定です。

これを設定しないと、最適化の計算次第では、ひとつの通貨ペアがポートフォリオの大半を占めて、リスク分散効果が出なくなったり、必ず組み入れたいと考えている通貨ペアがまったく組み入れられなくなったりと、ウエイトに不具合が生じます。

もし、ひとつの各通貨ペアが組み入れられる割合を、最大でも30％までに抑えたい場合は「最大組み入れ比率」を30％にします。

また、ある特定の通貨ペアを、最低限10％は組み入れたいときは、「最小組み入れ比率」を10％に設定します。逆に、最適化の結果次第では無理に組み入れなくてもよい、と考えるのであれば、最小を0％としてください。

図6.6.5　最大（最小）組み入れ比率の初期設定

	AUDJPY	AUDUSD	JPYCAD	JPYGBP	ZARJPY
最大組入れ比率	30.00%	30.00%	30.00%	30.00%	30.00%
最小組入れ比率	0.00%	0.00%	0.00%	0.00%	0.00%

図6.6.6　各通貨のレートを入力

最適化ウエイト	合計値	AUDJPY	AUDUSD	JPYCAD	JPYGBP	ZARJPY
	100%	3.4%	23.8%	24.8%	19.3%	28.6%
ポジション額（万円）	100.00	3.4	23.8	24.8	19.3	28.6
各通貨レート（日次終値）		78.17	1.01	75.35	121.80	9.39
上記レートを円換算(円)		78.17	78.17	75.35	121.80	9.39
保有単位		435	3,050	3,293	1,587	30,486

　初期設定では最小が0％、最大は30％となっています**（図6.6.5）**。通常は最小を0％にして、最大を20〜30％ぐらいにしておけば、バランスの良いウエイトになります。

⑥各通貨のレート入力

　最後はセル（D26:H26）各通貨のレート入力です**（図6.6.6）**。レートは前日の終値を使ってください。今回はくりっく365という縛りを入れましたので、終値などのデータは「くりっく365公式ホームページ」で手に入ります。また、すでに使用しているFX業者があれば、そこのホームページや取引ツールなどから取得してもかまいません。

　まず（D26:H26）に各レートをそのまま入力してください。AUD/USDのような外貨同士のペアも終値をそのまま入れます。JPY/CADのように「売り」のためにベース通貨を入れ替えたものは、入れ替え前CAD/JPYのレートをそのまま入力してかまいません。

　そしてセル（D27:H27）には、AUD/USDなどの対円通貨取引以外のものを円換算して入力します。AUD/JPYのように最初から円建てしているものはそのまま転記するだけです。外貨同士のペアを円換算

する方法は次の手順で行ってください。

AUD/USDを円換算したいとき（例：2011年11月15日のレート）
AUD / USD ＝ 1.01409 に対して、
USD / JPY ＝ 77.079 を掛け合わせる
1.01409×77.079 ＝ 78.16504311 ←求めた円換算値

⑦最適化

　以上で、セット準備はすべて終わりました。これらの通貨ペアに最も適したウエイトを求めれば、最適化は完了です。

　エクセルのメニュー［ツール］から［ソルバー］を選択します。事前に各入力項目のセッティングは済ませているので、実行ボタンを押せば最適化が行われます。

　「ソルバー：検索結果」というダイアログ画面が開いて「最適解が見つかりました。制約条件は全て満たされました」という表示が出ていれば[OK]ボタンを押してください。

　もし「仮の解がみつかりません」と表示されたらターゲットスワップの設定が高すぎて、最適化ができなかった可能性があります。その場合はターゲットスワップの値を少し小さくしてから再度行ってみてください。

　「最適化ウエイト」のセル（D24:H24）に最適化されたウエイトが表示されます。また、セル（D28:H28）には保有単位が表示されています**（図6.6.6）**。

　おつかれさまです。これでウエイトの調整が完了しました。今回は5つも組み入れたので、作業が少しややこしかったかもしれません。

６－７．複数ペアの最適化 ── リスク分析

①ウエイト入力

ウエイトが求められたので、これをリスク分析ツールの [Set] タブへ転記します。

通貨ペアの保有が「買い」のものは、そのまま入力してかまいません。しかし、ここで「売り」のものは注意してください。CAD/JPY「売り」は、JPY/CAD「買い」として扱いましたが、最適化したウエイトでリスク分析を行う場合は、元のCAD/JPYとして入力します。

その代わり、保有単位をマイナスにすることで、通貨ペアの「売り」を保有条件に反映できます。JPY/GBPについても同様です。なお、ベース通貨を戻すときの保有単位の変換については、250ページ「⑤保有単位の修正」を参照してください。

②保有単位入力

次に保有単位です。端数を、業者で取引可能な1000単位に丸めます。百の位で四捨五入しましょう。ここで、AUD/JPYのように435単位と少ないものは組み入れ効果が少ないので、通貨ペアそのものを外します（図6.7.1）。

③分析結果確認

最適化した通貨ペアセットが終わったら、「リスク計算」を押して「Risk」タブを開いてください。ポートフォリオの分析結果を見てみ

図 6.7.1　保有単位を丸める

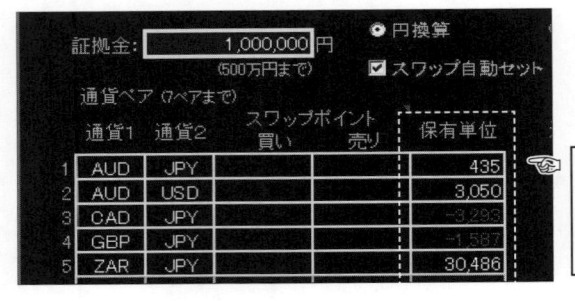

	通貨1	通貨2	スワップポイント 買い	スワップポイント 売り	保有単位
1	AUD	JPY			435
2	AUD	USD			3,050
3	CAD	JPY			-3,293
4	GBP	JPY			-1,587
5	ZAR	JPY			30,486

それぞれの保有単位は端数が出るので、売買可能な数字（1000単位）に丸める

⇩

	通貨1	通貨2	スワップポイント 買い	スワップポイント 売り	保有単位
1					
2	AUD	USD			3,000
3	CAD	JPY			-3,000
4	GBP	JPY			-2,000
5	ZAR	JPY			30,000

500単位未満のものは組み入れ通貨から外し、それ以外のものは百の単位で四捨五入

ます（図6.7.2）。

ポジション額98万4533円に対して、スワップリターン（年）2.28％、推定リスク（年）6.76％です。

④証拠金を決める

今度はエクセル教材のchapter6「3.VaR」タブを開いてください。そこにリスク分析ツールで求めた値を入力します（図6.7.2）。

1年後の99％VaRの値を見ると13.25万円になっています。これは理論上、100年のうち1回は発生する1年後の損失額になります（実際には2〜3年に1度ぐらいと想定）。

その約2倍の27万円ぐらいを証拠金として用意すれば、このポートフォリオの運用は安心できそうです。

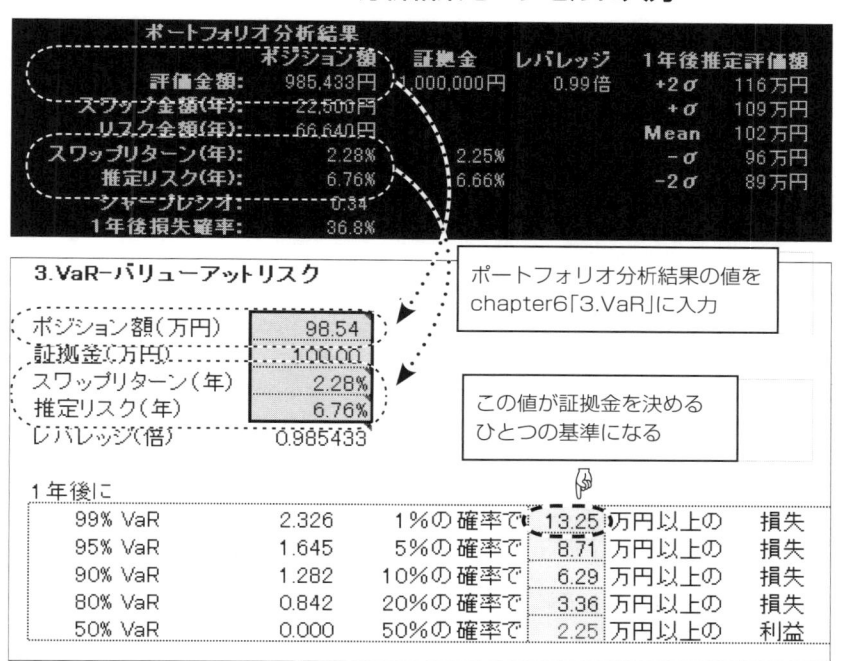

図6.7.2 ポートフォリオの分析結果をエクセルに入力

ポートフォリオ分析結果					
	ポジション額	証拠金	レバレッジ	1年後推定評価額	
評価金額：	985,433円	1,000,000円	0.99倍	+2σ	116万円
スワップ金額(年)：	22,500円			+σ	109万円
リスク金額(年)：	66,640円			Mean	102万円
スワップリターン(年)：	2.28%	2.25%		-σ	96万円
推定リスク(年)：	6.76%	6.66%		-2σ	89万円
シャープレシオ：	0.34				
1年後損失確率：	36.8%				

3. VaR－バリューアットリスク

ポジション額(万円)	98.54
証拠金(万円)	100.00
スワップリターン(年)	2.28%
推定リスク(年)	6.76%
レバレッジ(倍)	0.985433

ポートフォリオ分析結果の値をchapter6「3.VaR」に入力

この値が証拠金を決めるひとつの基準になる

1年後に

99% VaR	2.326	1%の確率で	13.25 万円以上の	損失
95% VaR	1.645	5%の確率で	8.71 万円以上の	損失
90% VaR	1.282	10%の確率で	6.29 万円以上の	損失
80% VaR	0.842	20%の確率で	3.36 万円以上の	損失
50% VaR	0.000	50%の確率で	2.25 万円以上の	利益

⑤性能を確認

　リスク分析ツールの証拠金に27万円と入力して、最終的なポートフォリオの分析結果を見てみましょう。「Risk」タブを開いてください（**図6.7.3**）。

　「ポートフォリオ・ヒストリカル・パフォーマンス」を見てください。2つの通貨ペアで最適化した**図6.4.16**よりも、パフォーマンスが滑らかになっているのが分かるでしょうか。組み入れ通貨が増えたぶん、より安定性が増したことになります。

　実際に2008年リーマンショック時のドローダウンを見てみると、4つの通貨ペアに増やした場合は、7.6万円と証拠金27万円に対して26.6％で済んでいます。

図 6.7.3　最終的な分析結果

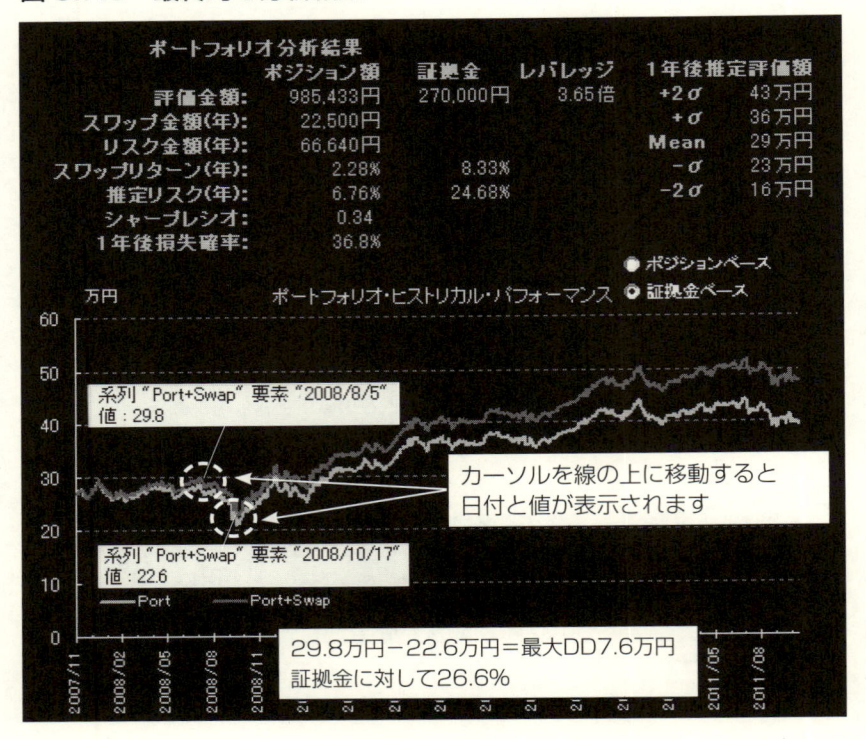

もちろん、今回の4つの通貨ペアが最も優れた組み合わせかどうかは分かりません。実際、直近1年間のパフォーマンスはあまり良くないようです。

そこで、今度はターゲットスワップの設定を2.5％や3.0％で最適化したり、CAD/JPYやGBP/JPYの代わりに別の通貨ペアで「売り」を組み入れたりと、いろいろなパターンで試してポートフォリオの性能を上げていきます。

たった1回で良いものができることはありません。繰り返すことで、最良のポートフォリオができあがっていきます。

満足のいくものができたら、各通貨ペアのウエイトを維持しなが

ら、証拠金や保有単位を変えて、自分に適した運用条件に調整すればよいでしょう。

運用金額は自分が許容できるリスクで決めよう

　最終的な運用金額とポートフォリオの保有単位を決めましょう。今回の最適化で言えば、この証拠金27万円のポートフォリオを1口として考えると整理しやすくなります。つまり、自分自身が用意した証拠金に応じた口数を運用するのです。

　例えば100万円前後の資金を用意している場合は3口または4口となり、保有単位を3倍または4倍にして取引をします。推定した利益や損失の各数値もそれぞれ口数に応じて3倍または4倍にして判断してください。

　例えるなら、自分で投資信託を作成して、それを何口運用するかを決めるのです。また、もしリスクが高いと思ったら、1口当たりの証拠金を増やします。もう少しリスクを取りたいと思ったら、1口当たりの証拠金を減らしてください。自分の性格に合わせてレバレッジを調整します（**図6.7.4**）。

　ただし、口数が増えると、その分リスクも口数分増えますので、最終的に自分が用意した資金に対して、どの程度のリスクまで許容できるかは自分の運用戦略に合わせて決める必要があります。そのあたりは、次の第7章でお話します。

　多少手順がややこしく感じられたかもしれませんが、慣れてくれば流れは簡単です。とにかく手を動かして、いろいろなパターンを試してください。

　今回は、くりっく365で扱っている通貨ペアを例にポートフォリオを最適化しましたが、実際にくりっく365をそのまま使用する場合は、1万単位からの取引になりますので、注意してください。くりっく

図 6.7.4

ポートフォリオ 1 口の例
証拠金：27 万円
許容最大 DD：13.25 万円

通貨ペア	保有単位
AUD/USD	3,000
CAD/JPY	− 3,000
GBP/JPY	− 2,000
ZAR/JPY	30,000

> 自分の資金に応じて何口運用するかを決めていくといろいろと管理しやすいと思います

365の具体的な取引条件については、各業者のホームページでご確認ください。

また、本書はくりっく365での取引そのものを推奨しているわけではありません。最適化したポートフォリオを、1000単位取引のできるFX業者の口座で取引をしてもかまいません。

FX業者のスワップで確認しておこう

さて、リスク分析ツールを使った最適化の手順を解説しましたが、ここでは短期金利の差をスワップとして最適化し、その分析結果を出した点に注意してください。実際の各取引業者が提供しているスワップはこれよりも多少上下しているはずです。

より精細にリスク計算を行うためにも、最終的な運用段階では、必ず取引をするFX業者が提供しているスワップのデータを使ってポートフォリオの性能を確認しておいてください。

リスク分析ツール使用の流れ
＆
フローチャート

リスク分析ツールによるポートフォリオ作成の流れ

１．運用前に決めておくこと（第７章〜）
①なんのために資産運用を行うのか、目的を明確にする
②自分のプロフィール（年齢・家族構成・収入・支出）から運用資金を決める
③自分が得たいリターンと許容できるリスクを決定する

２．運用の準備（234ページ〜）
①FX業者に口座を開いておく（または候補を決めておく）
②運用通貨に、ある程度の縛りを入れておく

３．スワップの設定【リスク分析ツール、エクセル使用】
A　通貨ごとに設定する（239ページ〜）
①分析ツールの「Swap」タブで短期金利の設定をする

B　通貨ペアごとに設定する（240ページ〜）
①FX取引業者の提供する値を確認する
②エクセル教材の「1.スワップ指数平滑化」タブで直近10日指数平滑化

４．組み入れ通貨を選ぶ
①「高スワップのもの」＋「その変動を打ち消すもの」が組み入れの基本（244、262ページなど）
②分析ツールの「Set」タブに選んだ通貨ペアを入力「リスク計算」ボタン押す※「売り」の場合、ベース通貨入れ換えに注意
③分析ツールの「Corr」タブで相関係数を使って通貨ペア同士の相性をチェック（262ページなど）

5．ウエイト調整（265ページ〜）

A　2つの通貨ペアの場合

①分析ツールの「2pair」タブに、組み入れ通貨ペアを入力。「計算」ボタンを押す

※「売り」の場合、ベース通貨入れ換えに注意

②分析ツールの「バー」でシャープレシオ最大となるウエイトを決定

③最適化の各保有単位を取引可能な数値（1000または10000単位）に調整

B　3つ以上の通貨ペア場合

①分析ツールの「Risk]」タブの「通貨ペア」「Risk(%)」「SwapRate」をコピー

→エクセル教材の「2.最適化」タブの赤枠にペースト

②分析ツールの「Cov」タブの「行列」をコピー

→エクセル教材の「2.最適化」タブの青枠にペースト

③エクセル教材の「2.最適化」タブに「ターゲットスワップ」「最大（最小）組み入れ比率」「通貨レート（前日終値）」を入力

④エクセル教材の「2.最適化」タブで、[ツール]→[ソルバー]→[実行]によってウエイトを最適化

※「仮の解が見つかりません」と出たら「ターゲットスワップ」値を下げる

⑤最適化の各保有単位を取引可能な数値（1000または10000単位）に調整

6．リスク分析（271ページ〜）

①分析ツールの「Set」タブに調整した保有単位を入力し「リスク計算」ボタンを押す

②分析ツールの「Risk」タブの「ポートフォリオ分析結果」で性能を確認

③「Risk」タブで「ポートフォリオ分析結果」を再確認

a）結果に満足できない場合
　→「4.」に戻って通貨ペアの種類を変更して同様の作業を繰り返す
　または「5.」に戻り「最大（最小）組入れ比率」、「ターゲットスワップ」を変更

　　b）結果に満足した場合
　☆　**「ポジション額」に対するリスクとリターンが決定**　☆

7．証拠金を決める（272 ページ～）

①分析ツールの「Risk」タブ「ポートフォリオ分析結果」の「ポジション額」に対する「評価金額」「スワップリターン」「推定リスク」3つの値をコピー
→エクセル教材の「3.VaR」タブで対応する緑セルに各値をペースト
②1年99％ VaR：セル（G10）の2倍を証拠金としてセル（D4）に入れる。※発生するドローダウンを証拠金の半分まで許容すると想定

③分析ツールの「Set」タブに証拠金を入力、「リスク計算」ボタンを押す
④分析ツールの「Risk」タブの「ポートフォリオ分析結果」で性能を確認

　　a）結果に満足できない場合
　→「4.」「5.」「6.」に戻り、各値を変更して同様の作業を繰り返す

　　b）結果に満足した場合
　☆　**「証拠金」とそれに対する、リスクとリターンが決定**　☆
　☆　**「証拠金」と「通貨ペアと保有単位」が決定**　☆
　☆　**レバレッジ（＝ポジション額÷証拠金）が決定**　☆

8．運用金額を決める（275ページ～）

① 「7．」の作業で決定した「証拠金」「通貨ペア」「保有単位」を1口とする
② 「1．」で決めた自分の得たいリターンと許容できるリスクに応じた口数を決める

a）複数口に増えたことでリスクが高いと判断
→「7．」に戻って1口当たりの証拠金を増やす（推奨）
例）1年99％VaRを3倍に変更（証拠金の1/3まで最大ドローダウンを許容）

b）複数口に増えても妥当なリスクと判断した場合
☆　**運用口数が決定**　☆

※1
マーケット状況によって最適化されたポートフォリオは、必ずしも「1．」が満足する値にはならないこともあるが、それはそれでかまわない。まずは安定性を重視すること

※2
最適化したポートフォリオは、「3．B．②．」で求めた業者の提供するスワップ金利で性能を再確認しておくこと

9．運用開始（7章～）

利益確定、損失確定、リバランスを行う

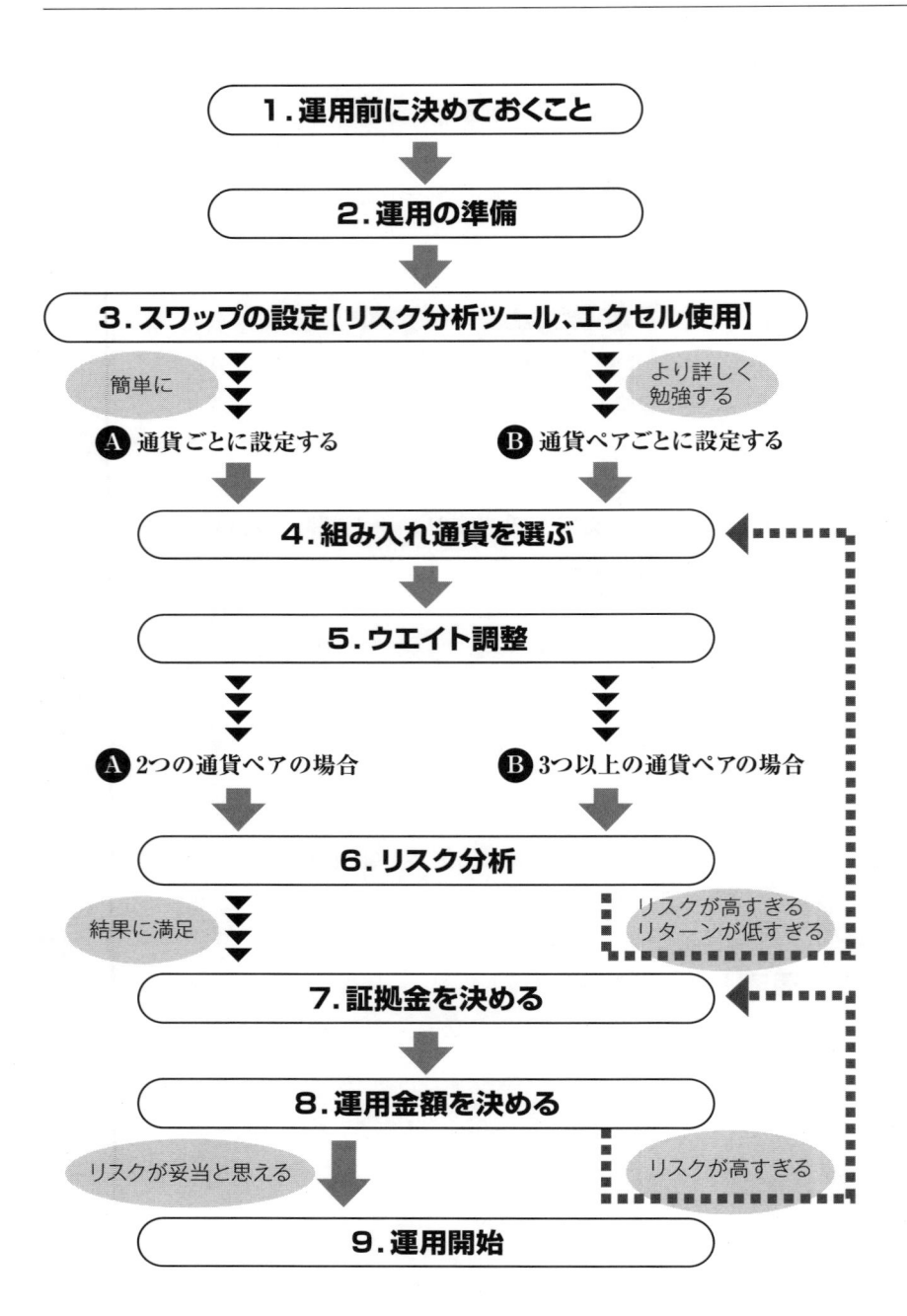

```
1. 運用前に決めておくこと
          ↓
2. 運用の準備
          ↓
3. スワップの設定【リスク分析ツール、エクセル使用】
```

簡単に ↓ ↓ より詳しく勉強する

Ⓐ 通貨ごとに設定する　　　Ⓑ 通貨ペアごとに設定する

```
4. 組み入れ通貨を選ぶ  ◀┈┈┐
          ↓                  ┊
5. ウエイト調整               ┊
```

Ⓐ 2つの通貨ペアの場合　　Ⓑ 3つ以上の通貨ペアの場合

```
6. リスク分析
```

結果に満足 ↓　　　　　リスクが高すぎる／リターンが低すぎる

```
7. 証拠金を決める  ◀┈┈┄
          ↓
8. 運用金額を決める
```

リスクが妥当と思える　　　　リスクが高すぎる

```
9. 運用開始
```

北山広京のクオンツコラム⑥
シミュレーションの目的

　シミュレーションとは、現実の行動や出来事をコンピュータ上で仮想的に行なってみることです。
　一般の人が実際に飛行機の操縦をすることは難しいですが、フライトシミュレーターを使えば、ほとんど実際の操縦と同じレベルで体験できます。

　同様に、ファンドの運用にもシミュレーションは欠かせません。実際に10億円以上の資金を使って実験的に運用するのは危険ですから、なかなかできません。当然、ファンドを作るときにはたくさんのシミュレーションをします。

　儲かりそうな手法は、実は結構たくさんあります。利益の上がるシミュレーションをしてみせることは、プロにとっては朝飯前で、営業用資料として"儲かる"シミュレーションを作ることもあります。
　逆に、ほかの開発部門が「こんなに儲かる結果が出た！」と喜んで運用シミュレーション結果を持ってきたものを見て、「これは実際にはうまくいかないよ」と理屈だてて指摘をして、がっかりさせてしまうこともしばしばあります。

　ここでお伝えしたいのは、シミュレーションの目的は、どうすれば儲かる運用ができるかを探ることではないということです。目的は、リスクやコストを推定し、運用可能性を精査することです。

　シミュレーションの結果をどのように解釈するかは、ノウハウ的なこともあるので、これだけで一冊の本が書けるくらいです。ですから、残念ながらここでは詳しくご説明できませんが、もっとも大切なことは「どのくらい儲かったか」を見るのではなく「どのくらいリスクがあるか」を見る

ことです。

　特に最大ドローダウンはもっとも大切な値です。そのほか、安定して収益を上げているのか、それとも「一時的にものすごく儲かる時期があってほかの期間はそうでもないのか」も非常に大切です。

　「儲かりそうな手法が見つかった」と喜ぶのではなく、本来のシミュレーションの目的とはなんだったかを常に思い出すようにしてください。

第7章

運用編

7-1. 運用計画を立てる

　運用計画を立てるというのは、自分が行う資産運用の目的を、最初にシッカリと定めることです。目的を決めたあとに、具体的な手段の検討が始まります。

　まずは、自分が何のために資産運用を行うのかを決めましょう。ご自身の年齢や家族構成、年収、貯蓄額などを整理してみてください。大局的な視点から眺めれば、自ずと資産運用の目的は決まってくるはずです。

　イメージしやすいように、2つほど具体例を挙げてみましょう。

N氏のプロフィール

　N氏は30代男性、中堅企業のサラリーマンで、既婚者です。子供は幼稚園児が1人。年収は500万円で、今後、勤労年数とともに上昇が期待されるものの、職種の性質から、これから劇的な高収入になる可能性は低そうです。

　最近、毎月10万円の返済で20年ローンを組み、マイホームを購入しました。貯蓄は1000万円で、そのうち、400万円は非常時にいつでも引き出せるように普通預金としています。さらに300万円はあまりリスクを取らずに国債や定期預金とし、残りの300万円に関しては、将来のために積極的な資産運用を行いたいと考え始めました（図7.1.1）。

図7.1.1　積極的運用のN氏

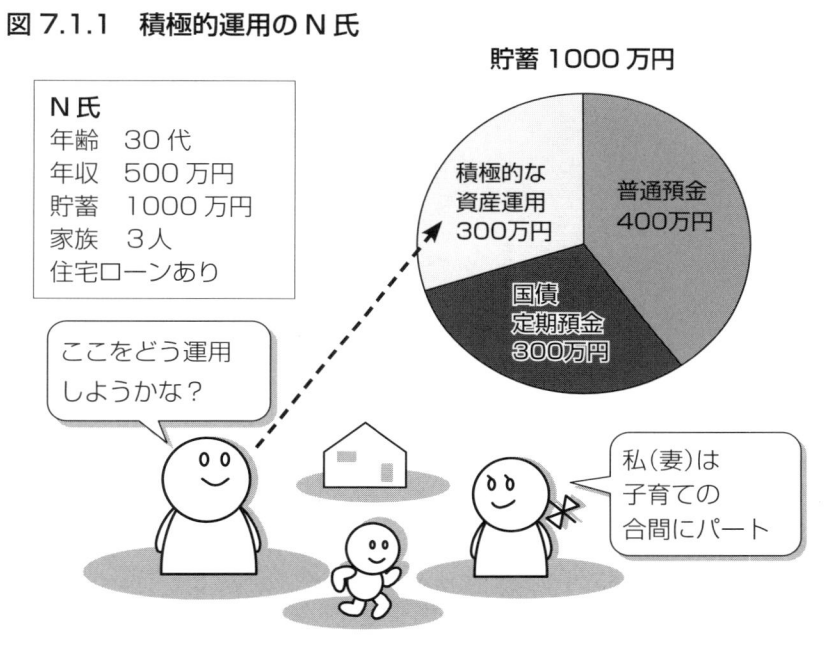

N氏
年齢　30代
年収　500万円
貯蓄　1000万円
家族　3人
住宅ローンあり

貯蓄1000万円
- 普通預金 400万円
- 国債 定期預金 300万円
- 積極的な資産運用 300万円

ここをどう運用しようかな？

私（妻）は子育ての合間にパート

N氏の運用計画

　N氏の運用計画はこうです。

　運用期間は住宅ローン返済と同じ20年間、年利は多少リスクを取り、証拠金に対して10～20％前後を目標として複利運用します。

　ただし、これはあくまで目標値なので、マーケット状況に応じて、低金利や高リスクのときは、低いターゲットで無理をせず、高金利や低リスクのときは、高いターゲットで強気にするなど、柔軟な運用を行うつもりです。とにかく実際の運用は山あり谷ありですので、積極的とは言いながらも、無理はしないよう心がけます。

　もし運用期間の平均年利が15％と順調にいけば、300万円の資産は20年後に5000万円近くになります。

　運用中は資金に手をつけず、複利効果を最大限に狙った長期的な資産形成を目的とします。

● 運用期間　20 年
＜運用期間中の証拠金に対する年間あたりの目標値＞
● 目標利回り（スワップリターン）　平均 10 ～ 20％
● 許容損失額（推定リスク）　20％前後まで

組み入れ通貨ペアを考える

さて、N氏はどのようなポートフォリオを作成するでしょうか。

通貨ペアを選ぶときには、基本的に「高いスワップのもの」＋「その変動を打ち消すもの」というポートフォリオの構造の中に、いろいろな組み合わせを入れるということでした。

N氏は、高めの年利目標を立てたので、スワップ収益を得るための通貨には、先進国のAUD以外にもTRY、ZAR、MXNなど、新興国通貨も積極的に採用するようにしました。

それに対して変動を打ち消すための通貨は、EUR、USD、CADなどの欧米先進主要国のものをうまく利用したいと思います。

まず、第6章の最適化フロー図「4」「5」に当たる部分でいろいろな試行錯誤の結果、通貨ペアを選定し、ウエイトを調整しました（**図7.1.2**）。

リスク分析結果

ポートフォリオ分析結果が**図7.1.3**です。ここでは100万円を1口としています。300万円の場合は3口からの運用となります。

スワップリターンと推定リスクは、ポジション額497万円に対して1.68％と5.28％で、証拠金100万円に対しては8.33％と26.27％になりました。推定リスクが目標値に対して少し遠いようです。1年99％VaRをエクセル教材のchapter6「3.VaR」で求めたところ、52.7万円

第7章 運用編

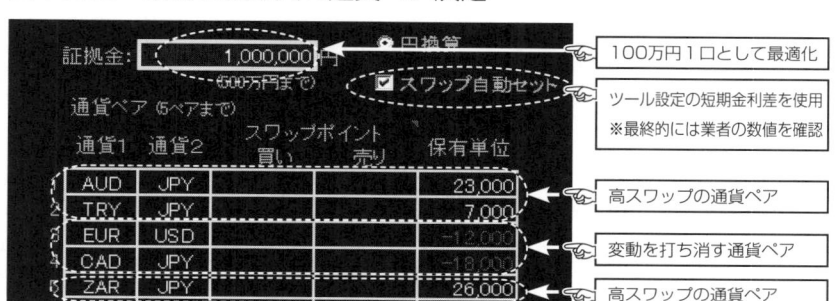

図7.1.2 最初の組み入れ通貨ペア決定

通貨1	通貨2	スワップポイント 買い	売り	保有単位
AUD	JPY			23,000
TRY	JPY			7,000
EUR	USD			-12,000
CAD	JPY			-18,000
ZAR	JPY			26,000

証拠金：1,000,000（500万円まで）
☑スワップ自動セット
通貨ペア（5ペアまで）

- 100万円1口として最適化
- ツール設定の短期金利差を使用 ※最終的には業者の数値を確認
- 高スワップの通貨ペア
- 変動を打ち消す通貨ペア
- 高スワップの通貨ペア

図7.1.3 ポートフォリオ分析結果は…

ポートフォリオ分析結果

	ポジション額	証拠金	レバレッジ	1年後推定評価額	
評価金額：	4,972,732円	1,000,000円	4.97倍	+2σ	161万円
スワップ金額(年)：	83,300円			+σ	135万円
リスク金額(年)：	262,652円			Mean	108万円
スワップリターン(年)：	1.68%	8.33%		-σ	82万円
推定リスク(年)：	5.28%	26.27%		-2σ	56万円
シャープレシオ：	0.32				
1年後損失確率：	37.6%				

ポートフォリオ・ヒストリカル・パフォーマンス
● ポジションベース
● 証拠金ベース

直近1年はあまり利益が上がっていない

リーマンショックのときに1口当たりで発生した最大DD約47万円

でした。証拠金に対して50％を超えてしまう損失額ですね。このままではリスクが高いので、保有単位を減らしてレバレッジを下げたほうがよいでしょう。

また、ヒストリカルパフォーマンスの形状もそれほど良くはないので、運用中はそれなりに資産の上下を覚悟する必要がありそうです。ポートフォリオとしてはあまり良いものではなさそうです。

しかしその反面、なにやら磨けば光る原石のようなものも感じます。もう少し粘ってみることにしました。

通貨ペアの選択をやり直す

今度は通貨ペアを構成する各通貨を入れ換えてみました。ポートフォリオの構造は残しながら、JPYをUSDやEURなどの違う先進国通貨に変え、ZARの代わりにMXNなどを使ったらどうなるかを試したのです。このあたりの作業は、取引通貨ペアを豊富に用意している業者の口座を開いておくことが前提となっています。

いろいろと調整した結果が図7.1.4と図7.1.5です。

スワップリターンと推定リスクは、ポジション額に対して1.70％と4.17％で、証拠金に対しては8.80％と21.53％になりました。目標値には多少近づいたようです。シャープレシオも0.32から0.41と改善されています。なによりも、ヒストリカルパフォーマンスが非常に安定した形になっています。

さらに1年99％VaRを求めたところ、41.82万円と証拠金に対しては40％前後の損失額です。やや高い感じもしますが、1％の確率で発生する最大ドローダウンの推定値とみなせば、ギリギリ許容範囲かと思います。

ただし、レバレッジも5.16倍あるので、もうちょっと安全に運用したければ、保有単位を1割ほど減らして、レバレッジを下げてもよい

第7章　運用編

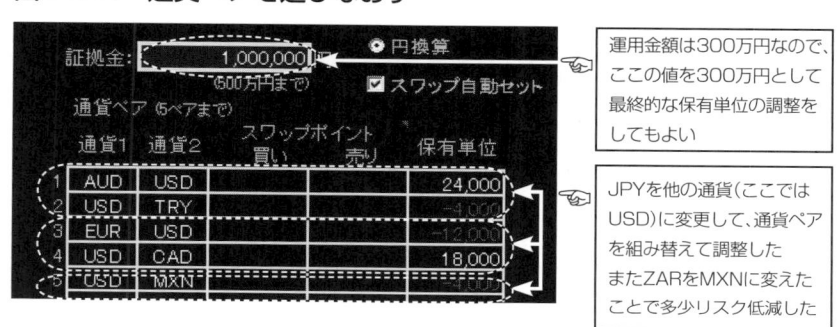

図 7.1.4　通貨ペアを選びなおす

運用金額は300万円なので、ここの値を300万円として最終的な保有単位の調整をしてもよい

JPYを他の通貨(ここではUSD)に変更して、通貨ペアを組み替えて調整した
またZARをMXNに変えたことで多少リスク低減した

図 7.1.5　ポートフォリオ分析結果は…

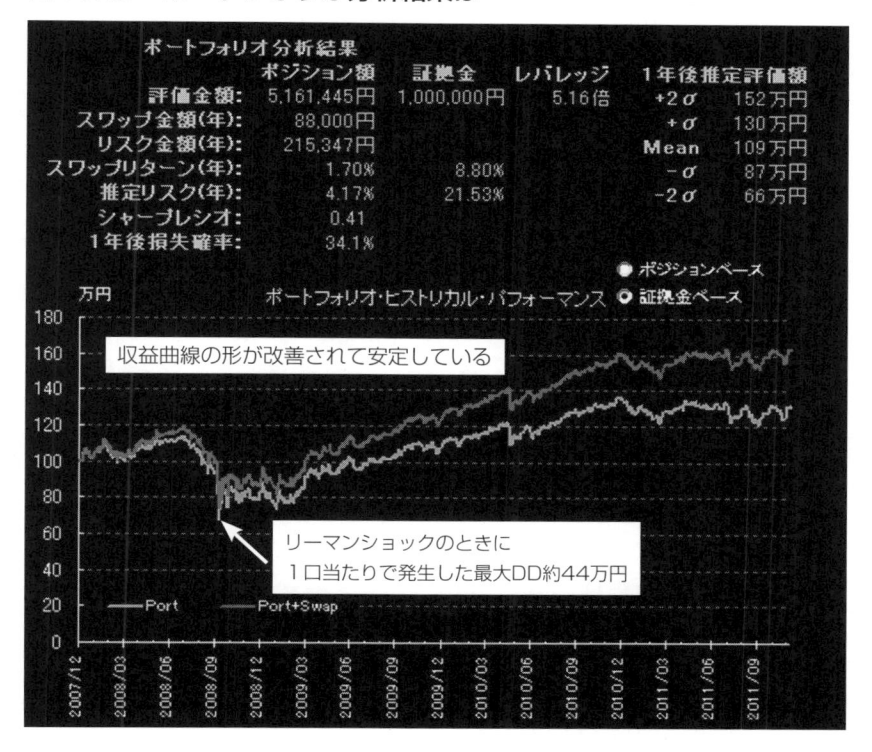

```
ポートフォリオ分析結果
                  ポジション額    証拠金      レバレッジ    1年後推定評価額
評価金額:         5,161,445円   1,000,000円   5.16倍       +2σ   152万円
スワップ金額(年):    88,000円                              +σ    130万円
リスク金額(年):     215,347円                              Mean  109万円
スワップリターン(年): 1.70%        8.80%                    -σ     87万円
推定リスク(年):      4.17%       21.53%                    -2σ    66万円
シャープレシオ:      0.41
1年後損失確率:      34.1%
```

ポートフォリオ・ヒストリカル・パフォーマンス　● ポジションベース　● 証拠金ベース

収益曲線の形が改善されて安定している

リーマンショックのときに1口当たりで発生した最大DD約44万円

でしょう。運用資金は300万円なので、1口×3の保有単位の状態から1000単位で微調整をすれば、ポートフォリオのバランスをあまり損なわずに調整できると思います。

ターゲットスワップはマーケットの状況を見て決める

ところで、「ターゲットスワップが8.8％では、目標利回りに足りないのではないか？」と思われた方もいらっしゃるかもしれませんね。

実は、この最適化をした時期（2011年12月時点）は、ユーロ危機によって市場リスクの高い状況が続いています。このような時期に大きなリターンを狙うと、リスクも極端に増大します。そこで今のところは、ここまでの性能で充分としました。

市場が落ち着きを取り戻してきたと判断したところで、少しずつ目標を引き上げればよいだけです。ポートフォリオは、あくまで現在のマーケット状況に応じて作成する姿勢が大切です。

F氏のプロフィール

次の事例は、現役を退いて隠居生活に入りつつある初老のF氏です。子供もすでに独立し、住宅ローンなどのしがらみもありません。年金受給も始まり、特に普段の生活には困っていません。そして、現在、貯蓄が5000万円ほどあります。

老後の娯楽資金は貯蓄を切り崩しながら当てるつもりですが、時間とともに目減りするのはもったいないので、うまく有効に活用したいと考えています（**図7.1.6**）。

ただし、複利で時間をかけて増やす気持ちはありません。単利でかまわないので、夫婦旅行や孫のために年間あたり数十万円ほど生み出してくれれば十分だと思っています。

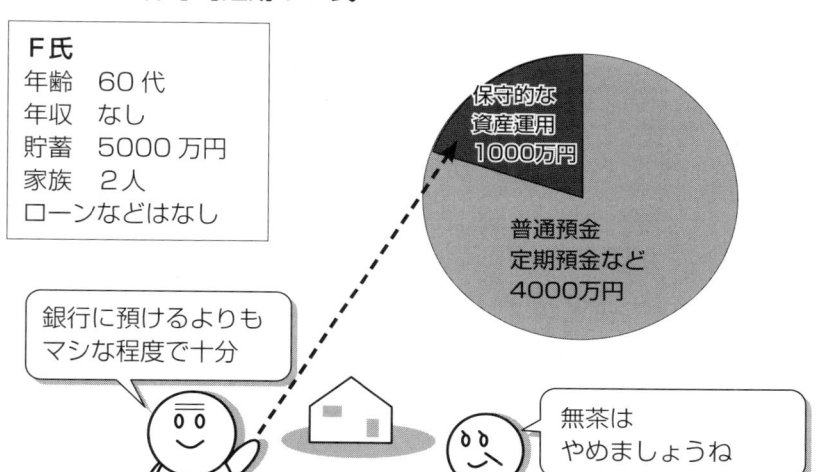

図 7.1.6 保守的運用のF氏

F氏
年齢　60代
年収　なし
貯蓄　5000万円
家族　2人
ローンなどはなし

- 保守的な資産運用 1000万円
- 普通預金 定期預金など 4000万円

「銀行に預けるよりもマシな程度で十分」

「無茶はやめましょうね」

　初めのうちは、いまさら自分で投資の勉強をするのも億劫なので、日ごろ出入りしている証券会社の営業マンに相談しました。しかし、どうも証券会社による損失の説明は具体性がないと感じられ、F氏にはしっくりきませんでした。

　そこでF氏は、息子さんから、長らくFXを使ったスワップ派の資産運用がうまくいっていると聞いていたので、思い切って自分の息子さんに運用を頼んでみることにしました。

F氏の運用計画

　F氏の希望に対して、彼の息子が立てた運用計画はこうです。1000万円ほどを保守的な運用に回します。ローリスクを心掛けるので、証拠金に対する最大DDはどれほどひどくても20〜25％前後に抑えます。運用利回りは年1％でも10万円のリターンなので、ターゲッ

トは証拠金に対して年利5％前後としました。

　何年にもわたる長期的な複利運用よりも、1年間という期間内での安定性を重要視します。定期的にスワップ益を引き出したいので、分配型投信の運用に近いものになります。

●運用期間　終身
＜運用期間中の証拠金に対する年間あたりの目標値＞
●目標利回り（スワップリターン）　平均5％
●許容損失額（推定リスク）　10％前後まで

組み入れ通貨ペアを考える

　さて、F氏の息子さんはどのようなポートフォリオを作成するでしょうか。
　とにかく安全第一なので、基本的に、スワップ収益を得るための通貨は先進国通貨をメインに据え、固有リスクの高い途上国通貨は組み入れないことにしました。リスクを抑えればリターンも減りますが、F氏の用意する証拠金額は、目標利回りが低くても、それなりの収益は上げられそうです。

リスク分析結果

　作成したポートフォリオ（**図7.1.7**）とその分析結果が（**図7.1.8**）です。ここでも100万円を1口としています。1000万円の場合は10口の運用となります。
　レバレッジは2.94倍で、かなり安全な値としました。スワップリターンと推定リスクは、ポジション額294万円に対して1.38％と3.93％で、証拠金100万円に対しては4.05％の11.56％です。目標値には近そう

第7章　運用編

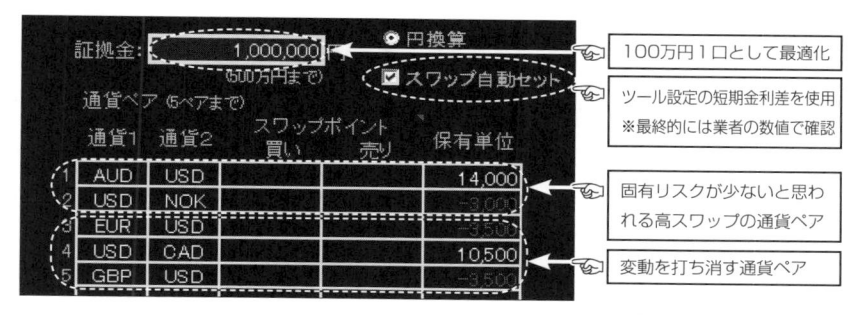

図7.1.7　F氏のポートフォリオ

	通貨1	通貨2	スワップポイント 買い	売り	保有単位
1	AUD	USD			14,000
2	USD	NOK			-3,000
3	EUR	USD			-3,500
4	USD	CAD			10,500
5	GBP	USD			-3,500

証拠金: 1,000,000（500万円まで）　円換算　スワップ自動セット

- 100万円1口として最適化
- ツール設定の短期金利差を使用　※最終的には業者の数値で確認
- 固有リスクが少ないと思われる高スワップの通貨ペア
- 変動を打ち消す通貨ペア

図7.1.8　ポートフォリオ分析結果

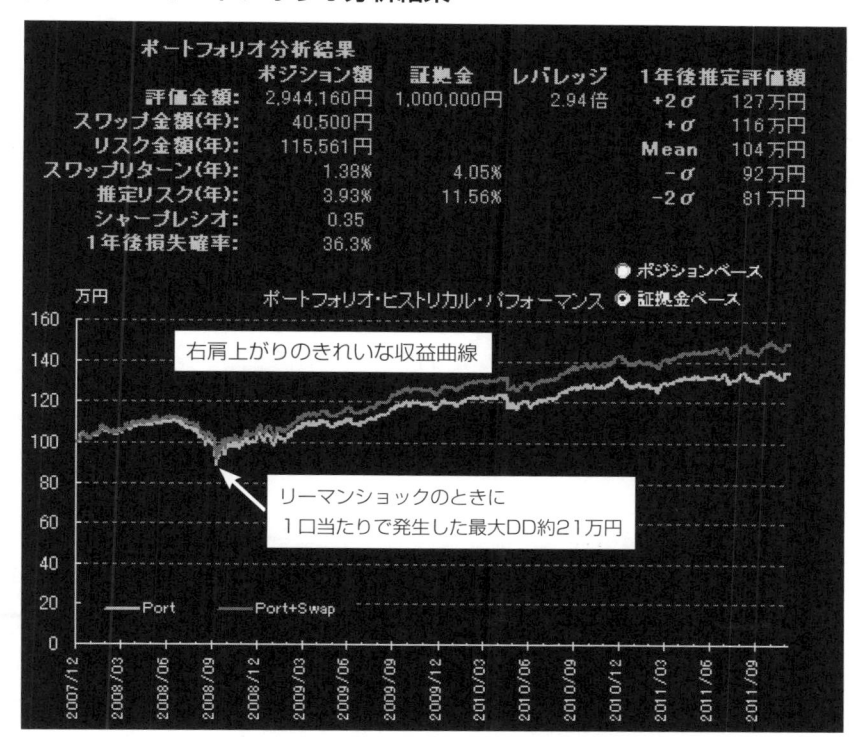

ポートフォリオ分析結果

	ポジション額	証拠金	レバレッジ	1年後推定評価額	
評価金額:	2,944,160円	1,000,000円	2.94倍	+2σ	127万円
スワップ金額(年):	40,500円			+σ	116万円
リスク金額(年):	115,561円			Mean	104万円
スワップリターン(年):	1.38%	4.05%		-σ	92万円
推定リスク(年):	3.93%	11.56%		-2σ	81万円
シャープレシオ:	0.35				
1年後損失確率:	36.3%				

ポートフォリオ・ヒストリカル・パフォーマンス　○ポジションベース　●証拠金ベース

- 右肩上がりのきれいな収益曲線
- リーマンショックのときに1口当たりで発生した最大DD約21万円

(グラフ：2007/12〜2011/09、Port / Port+Swap)

です。シャープレシオは0.35で、ヒストリカルパフォーマンスもきれいな右肩上がりです。

そして1年99% VaRを求めたところ、22.82万円と証拠金に対しては23%弱です。現在の不安定なマーケット状況を考慮すれば、1％の確率で発生する最大ドローダウンの推定値としては、かなり低く抑えられているのではないでしょうか。

こちらも市場が落ちついてくれば、もう少し目標利回りを引き上げてもよいと思います。

以上、2パターンほど例を出しましたが、このように、運用する人の立場によって、積極的、あるいは保守的な運用計画が決まってきます。

ほかにも、まだ若手社会人でかつ野心的な投資家であれば、リスクを最大限にとるような攻撃的なスタイルもありでしょう。

さらに、長期複利運用をメインにする場合も、毎月、自己資金を口座に追加入金して、その証拠金の増加分に見合ったリバランスを頻繁に行い、複利効果を高めるやり方などもあるかもしれません。

100人いれば100とおりの運用計画があります。まずはご自身の投資環境をしっかりと見据え、自分の人生の中でどのような位置づけとしてスワップ運用を行うのか、大局的な視点を持って確認してください。

運用計画を立てるうえで確認しておく3つの大切なこと
- ●自分の年齢、家族構成、性格などのプロファイルをチェックする
- ●年収、貯蓄額から、最悪なくしても生活が壊れない、誰にも迷惑がかからない金額を算定する
- ●何のために投資を行うのか、その目的は何かを明確にする

7-2. 運用マニュアルの作成

　運用計画を決めたあとに、ポートフォリオを最適化して、リスク分析も整いました。「いよいよ、運用を開始！」と言いたいところですが、その前に、運用中に何が起きても冷静に対処できるように、エントリーからエグジットに至るまでの行動を、あらかじめすべて決定しておく必要があります。その決定事項をまとめたものを、「運用マニュアル」と呼びましょう。

　第1章では、マーケットでポジションを持つ投資家を、宇宙飛行士に例えました。マーケットという危険な場所に出向いて成果を上げ、安全に戻ってくるためには、何よりも厳密な予測に基づいたマニュアルの作成は不可欠となります。

　最適化とマニュアル作成は、ほぼ一体の作業です。最適化の結果を何度もフィードバックして調整する作業の繰り返しによって、運用マニュアルが完成します。

　このマニュアル作成で決めるべきことは「達成期間」「目標利益」「損失確定」の3つの項目です。これらは明確に定める必要があります。どれかひとつでもあいまいにすると、塩漬けや想定外の損失を被ることになるでしょう**（図7.2.1）**。

1. 達成期間

　まず「達成期間」です。これは、運用計画で作った20年というよう

図 7.2.1　運用マニュアルで決めるべき3項目

> 達成期間　目標利益　損失確定

な超長期の目標年月ではなく、最適化やリスク計算で使用する基本単位としての期間です**（図7.2.2）**。

　投資効率を上げるために「いつまでに達成するか？」という節々の期限を決めることは大切です。大きな目標は、細かい達成の積み重ねによって成就するからです。

　最適化はリスクとリターンを年利で計算するので、まずは1年間を達成期間の基本としましょう。また、さらにその1年の中で、リバランスのタイミングを細かく決めてもかまいません。

2．目標利益

　次に必要なのは、達成期間内での「目標利益」を決めることです。目的なくしてゴールはありません。これは「リスク分析ツール」の「スワップリターン」を金額にしたものです。

目標利益（円）＝スワップリターン（％）×評価額（円）

　これは達成期間で蓄積されるスワップのみに限定した利益です。基本的にキャピタルゲインは考慮しません。

　目標利益は「絶対、この金額を得なければいけない！」とガチガチに意識するものでもありません。

　最終的な利益は、為替レート変動の影響もあり、ピッタリ金額どおりになることは少なく、「案外儲かったなぁ」「今年は損失だった

図 7.2.2　達成期間は運用期間とは別のもの

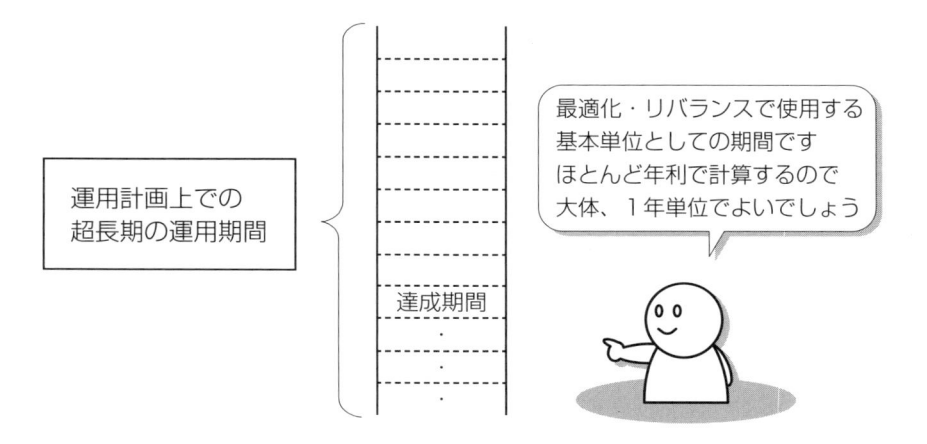

運用計画上での超長期の運用期間

達成期間

最適化・リバランスで使用する基本単位としての期間です ほとんど年利で計算するので大体、1年単位でよいでしょう

……」など、ブレは必ず生じます。

ところで、まれに、思わぬレート変動によって、短期間で目標金額を達成してしまうことがあります。

「証拠金に対して年利10％程度の目標なのに、すでにこの1週間で10％以上も評価額が上がっているぞ!?」などという場合です。偶然儲かっているだけなのですが、その場合はどう対応したらよいのでしょうか？

私は、いったんそこで利益を確定してかまわないと思っています。もちろん、「キャピタルゲイン分は狙わない」という考えから、保有を続けてもまったく問題はありません。しかし、目標利益が達成できているのであれば、遠慮なくいただいておきましょう。これにはいろいろと理由があります。

ある期間中にリターンが良かったものは、おおむね次の期間にはリターンが悪くなるという傾向があるのです。これをリターンリバーサルと言います。リターンリバーサルは短期から長期にいたるさまざまな局面で観測されます。

図 7.2.3　予想外の利益が出たら注意！

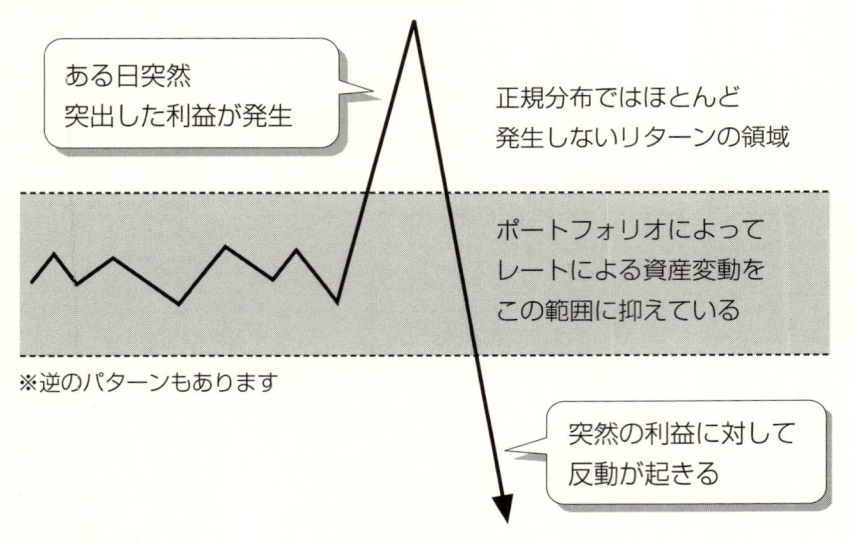

- ある日突然突出した利益が発生
- 正規分布ではほとんど発生しないリターンの領域
- ポートフォリオによってレートによる資産変動をこの範囲に抑えている
- 突然の利益に対して反動が起きる

※逆のパターンもあります

　短期間で急激な利益の出たものは短期間で急激に利益を飛ばし、長期間で利益を出したものは長期間で利益を飛ばします。

　短い期間の例で言えば、**図7.2.3**のようなケースがあります。

　突然の含み益は、大体、相場の荒れる前兆だったりします。ポートフォリオの評価額が乱高下を開始する初動となるケースが多いので、さっさと利益をいただくのが得策でしょう。

　「おっ、たった数日で目標利益を達成した！」と喜んでいると、数日後には「すぐ元に戻って、その後、大きなドローダウンが発生した……」なんてことにもなりかねません。

　そもそも、ポートフォリオの目的は、標準偏差（価格変動のリスク）を小さくすることです。本来の目的からすれば、運用期間内に過剰な含み益が生じるのは想定外です。これはマーケットに何らかの異変が生じたことが考えられます。

　このようなケースで利食いしたあとは、マーケットの様子をチェッ

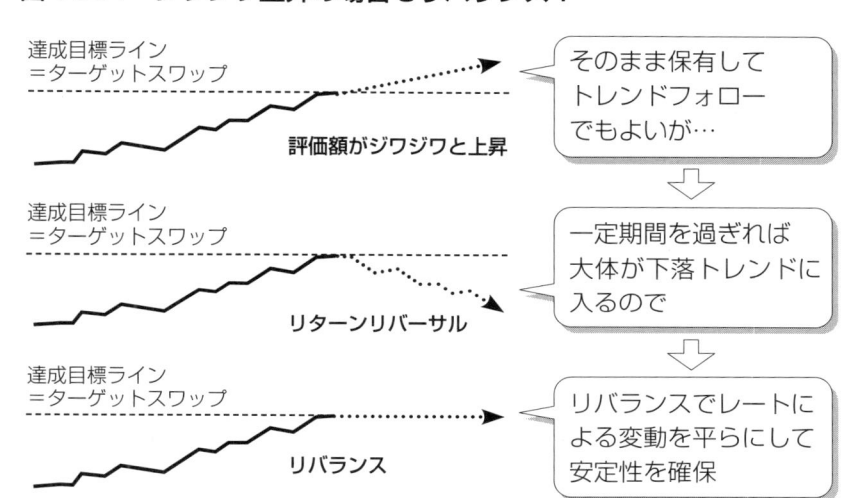

図 7.2.4　ジワジワ上昇の場合もリバランス！

達成目標ライン
＝ターゲットスワップ

評価額がジワジワと上昇

そのまま保有して
トレンドフォロー
でもよいが…

達成目標ライン
＝ターゲットスワップ

リターンリバーサル

一定期間を過ぎれば
大体が下落トレンドに
入るので

達成目標ライン
＝ターゲットスワップ

リバランス

リバランスでレートに
よる変動を平らにして
安定性を確保

クするために、いったん様子見とするのがよいでしょう。目標期間内に目標金額は手に入れたので、気分的には余裕を持って再エントリーの準備ができるはずです。

　また、突発的な変動ではなく、ジワジワと評価額が上昇して目標金額が達成されることもあります。これは保有通貨ペアの評価額に、上昇トレンドが発生することで起きます。そのような場合、マーケット状況に応じたリバランスをしたほうがよいでしょう。そのほうが、長い目で見れば安定した運用につながります**（図7.2.4）**。

　なお、リターンリバーサルには、損失の継続（ドローダウン）後に利益が出てくるというような、逆のパターンもあります。その対応については、次の損失確定で説明します。

3．損失確定

　最後は「損失確定」です。運用マニュアルではこれが一番大切です。本来ならば最大推定DDを使用するほうが理に適っているのですが、「5－4．VaRと最大推定ドローダウン」で述べたとおり、本書では損失の確定基準に計算しやすいVaRを使います。

　ドローダウンの基準値は、**エクセル教材のchapter6「3.VaR」**で求めた1年99％VaRを使用しましょう。これは理論上、100年のうち1年は、その額以上の損失が発生するという意味になります。ただし「5－2．ファットテール問題」で述べたように、実際にはそれ以上の発生頻度があるという前提でいてください。

　私自身は経験的にドローダウンを「突発型」と「継続型」の2種類に分類しています。短期型と長期型と言ってもよいかもしれません。

　前者の突発型ドローダウンはその名のとおり、短期間で突然発生したドローダウンです。判断基準としては、1日、1週間、1カ月、1年と各期間のVaRで確認することができます。**エクセル教材「3.VaR」タブ**を使えば簡単に求められます。

　例えば、1日でかなり大きいと感じるドローダウンが発生したとします。これがどのレベルのものなのかを確認したいときは、1日VaRを見てください。99％VaRであれば100日以内に1日、95％VaRならば100日以内に5日の頻度で発生する損失額です。

　どの期間のVaRを使うにしても、99％VaRを特に重視しましょう。1週間で大きいドローダウンが発生したのであれば、1週間前から運用を開始したと想定して1週間99％VaRを見ます。これは100週間内（2年弱）に1週間の確率で発生する値です。

　1カ月であれば1カ月99％VaRを見ます。100カ月内に1カ月の確率で出現する値です（**図7.2.5**）。

　もし、ドローダウンがこの値の範囲内であれば、「頻繁に起きる程度」

図 7.2.5　各期間の VaR 分布イメージ

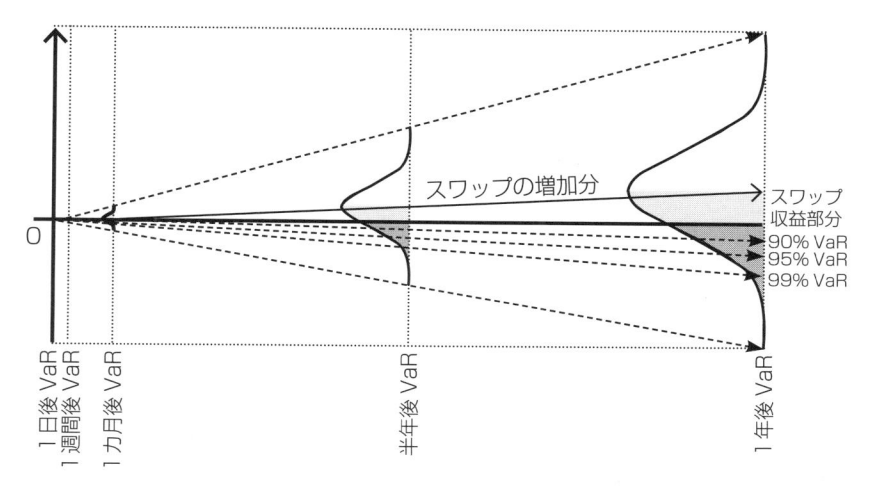

(図：1日後 VaR、1週間後 VaR、1カ月後 VaR、半年後 VaR、1年後 VaR の分布イメージ。スワップの増加分、スワップ収益部分、90% VaR、95% VaR、99% VaR)

図 7.2.6　わずか 1 週間で大きなドローダウン発生の例

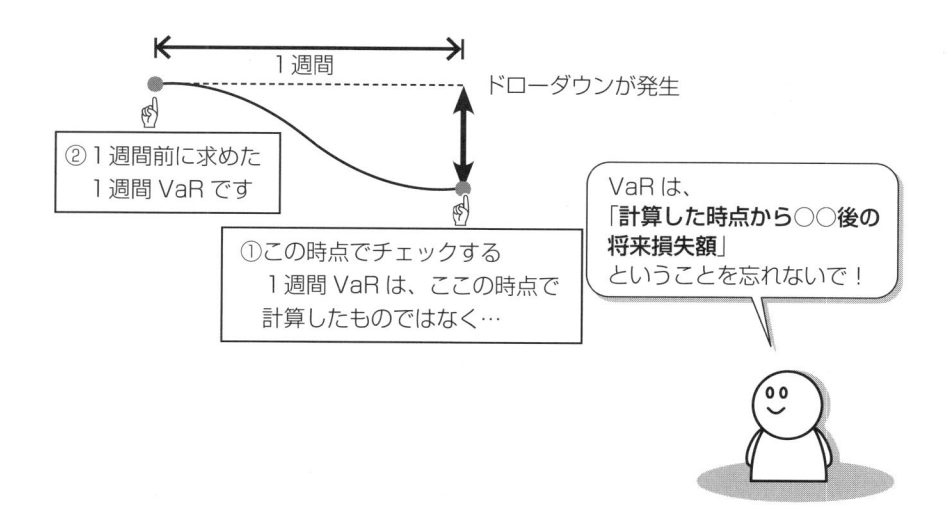

(図：1週間、ドローダウンが発生
① この時点でチェックする 1 週間 VaR は、ここの時点で計算したものではなく…
② 1 週間前に求めた 1 週間 VaR です
VaR は、「計算した時点から○○後の将来損失額」ということを忘れないで！)

と判断し、あまり気にする必要はないと思います。

　なお、エクセルシートに入力するスワップリターンと推定リスクは、その過去にさかのぼった時点のものを使うようにしてください。

過去の時点で推定したものが、現時点で想定内の値かどうかを確認するためです（**図7.2.6**）。

　組み入れた通貨ペアの日次データがあれば、本書のエクセルシートを使って、過去どの時点の標準偏差でも計算できると思います。ただ、過去の日次データ取得が困難な場合は、運用開始時に記録したものを使用してもかまいません。1カ月程度であればそれほど大きなズレは生じないと思います。

　当たり前の話ですが、運用開始時のスワップリターン、推定リスクなどはちゃんとメモしておきましょう。もし、資産運用に対して前向きな姿勢を持つのであれば、理想的には毎日「リスク分析ツール」を起動して推定リスク（＝標準偏差）の変化をメモしておくと便利です。ブログで記録をつけてもよいかもしれません。そうすれば、不測の事態のときにいつでもデータ記録を調べることができます。

ドローダウンの対処法

　さて、問題は99％VaRを超えたドローダウンへの対処法です。突発的な動きのものは、過剰な下落に対してその反動からいったん戻すことも多くあります。したがって、安易に、例えば1週間99％VaRあたりをロスカット値に決めていると、ロスカット頻度も多くなり、投資効率を著しく落とします。

　どう判断すればよいのか悩むところですが、大切なのは「一時的なものなのか、今後継続する可能性があるのか」という点でしょう。これもなかなか難しいのですが、オーソドックスな解決策として、常日頃から情報収集をしておくと、案外、役立ちます。

　かといって市場アナリストの有料レポートなどは必要ありません。一般的なテレビや新聞の経済ニュースだけで十分です。

　経済市場に何らかの事件が起きれば必ず報道されます。リーマン

ショック、協調介入、単独介入、米国債デフォルト、ユーロ経済圏の危機などは、投資に興味のない人にも言葉が届くほど、毎回ニュースを賑わしていたと思います。それらを見て、問題が根深く長引きそうであれば、いったん閉じることを視野に入れます。

また、特に大した報道をしていない場合は、一時的な値動きの乱れである場合が多いので、用心しつつも様子見という対応でよいと思います。

ただし、それらのニュースも日ごろから馴染んでいないと、重要度がよく分かりません。資産運用をする者の義務として、最低限の経済ニュースぐらいはいつも目をとおしておくようにしましょう。

さて、もうひとつの継続型ドローダウンは、市場サイクルの大きな流れのなかで、特定の通貨に（例えば円高など）トレンドが発生して、ジワジワと評価額が下がり続けてしまう場合です。このような状況は、市場のサイクルが変わらないかぎりは続くことが多いので、ポートフォリオ内で特に損失を大きくしている通貨ペアを外し、別のものを組み入れるなど、リバランスによる調整で対応してください。

いちばん大切なのは、無理のない運用を心がけること

2種類のドローダウンについて触れましたが、これらは混合して起きることもあります。突然大暴落が発生したと思ったら、そのままジワジワ下げ続けるパターンや、ジワジワ下げ続けていたと思ったら、だんだんと加速して、突然暴落するなど、いろいろなパターンがあります（図7.2.7）。

すべてのドローダウンを単純にパターン化はできませんので、それぞれの性質に応じて、いったんロスカットして様子を見るか、リバランスをするかなどの対応を事前に考えておく必要があります。

ただ、どのようなドローダウンに対しても、1年99％VaRは、ロス

図 7.2.7

99% VaR
ロスカット

損失を限定させる！

99% VaR
ロスカット

どのような形にしろ損失確定はこれ以上は損失を出さない、**損失を限定させる**のが目的です

99% VaR がひとつの目安です

カットの判断をする場合の目安となるでしょう。実際、ドローダウンが1年99％VaR以上に発生したときは、ほぼ確実に政治や経済に何らかの事件が発生していると思われます。マーケットの「共通リスク」が顕在化している可能性が高いです。

　なお、証拠金は最低でも1年後99％VaRの2倍は用意してください。本当にストレスなく安全に運用したいのであれば、3倍は欲しいところです。そのくらい資金に余裕を持っていれば、100年に1度と言われたリーマンショック並のドローダウンが発生しても、冷静でいられると思います。

　もし証拠金に余裕があるなら、ロスカット値の幅を広げてよいかもしれません。ただし、ロスカットはあくまで損失を限定させて資産を守るのが目的です。どれほど最悪な状況に陥ったとしても破産しない、再びマーケットに参戦できる余力資金が残るように値を決定してください。

　そして、特に強調したいのは、そもそもスワップ派の資産運用は、マージンコール発生のギリギリまで、レバレッジを上げて行うようなものではないということです。長期投資は、綱渡りのような運用をしてもあまり意味がありません。運用しているのを忘れるぐらいの

余裕が欲しいところです（もちろん、完全に忘れてはいけませんが……）。

いろいろと書きましたが、最初のうちは、あまり細かく設定しても感覚がつかみにくいと思いますので、単純に1年99％VaRを基準に、ロスカット値を決めるとよいと思います。

ちなみに、マニュアルも人それぞれです。同じポートフォリオを運用する場合でも、おのおのがリスクをどこまで許容するかなどによって、全然違ったものになります。

「1年以内に20万円を超えるドローダウンが発生した場合、いったん閉じる」という設定が適切な人もいれば、もう少し損失の幅を緩める人もいるかもしれません。

大切なのは、現実的な数値の範囲で無理のない運用を心掛けるということです。

7-3. スワップ派が仕掛けるタイミング

　運用マニュアルを作成したら、いよいよ実際の資産運用に入ります。ポジションを持つのに相応しいタイミングはいつでしょうか？

　よく聞くのは、「スワップ派は暴落時を狙うと良い」という話です。しかし、いつ暴落が起きるのかは分かりません。過去を振り返れば2〜3年に1回ぐらいの割合で起きているようですが、タイミングを逸すると、投資機会が極端に減ることになります。

　さらに、暴落が起きたからといって、どこが底なのかも分かりません。そんなことが分かるのであれば、勉強をするまでもなく大儲けできます。また、暴落時に仕掛ける逆張りは、一時的にそれなりの含み損を発生させるので、精神的にもしんどいでしょう。

　何よりも、暴落時に仕掛けるという発想自体が、スワップ派というよりはキャピタルゲイン狙いです。それならば最初からキャピタルゲイン狙いで戦略を組むべきです。

結局いつがいいのか

　基本的には、いつでもかまいません。そもそも、その時点での各国金利や変動リスクを考慮してポートフォリオを組むわけですから、適切な最適化が行われていれば、特に暴落時を狙う必要もないわけです。

　とはいえ、マーケットには「共通リスク」があるという点を忘れて

図 7.3.1　待てば海路の日和あり！

> 海が荒れている日に無理に航海に出る必要はありません！

> 海が穏やかな日に安全に航海しましょう

はいけません。リーマンショックほどひどくはないにしても、政変などで各国通貨の動きがひどく不安定になることはそれなりにあります。そういうときは、ある程度、落ち着くまで待ったほうが賢明です。市場全体の動きが急激に激しくなったときは、「共通リスク」が顕在化していることが多いからです（**図7.3.1**）。

ただし、暴落がひと段落したころが仕掛けどきなのは確かです。暴落時の動きをどう判断するかは、「5－3．ファットテール対策」でご紹介した「指数加重標準偏差」などが役に立つでしょう。

エントリー後のリスクをチェックしよう

さて、実際にエントリーしたあと、自分のポジションが順調に出航できたかどうかを客観的に調べる方法はあるでしょうか？

ここでも99％VaRが役に立ちます。VaRは１年という長期以外に、

凪もあれば

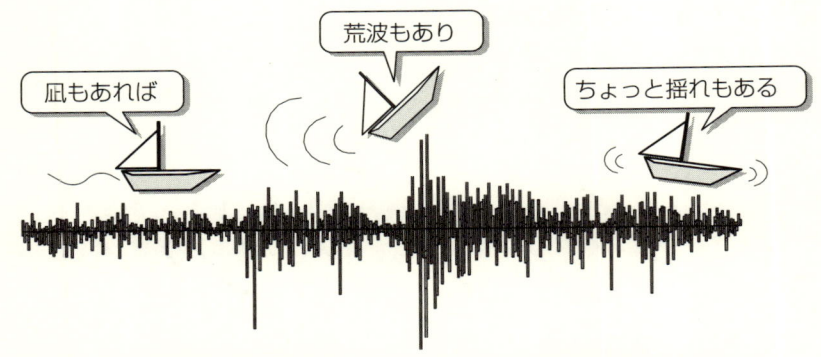

荒波もあり

ちょっと揺れもある

マーケットは一定の周期で変化する。ポートフォリオも変化に合わせよう！

1日、1週間、1カ月という短期的なリスクの推定にも使えますので、短い期間から99％VaRを超えなかったかをチェックしていきます。

> 1日99％VaR（100日内に1日リスク）をクリア
> 1週間99％VaR（100週間内に1週間のリスク）をクリア
> 1カ月99％VaR（100カ月間内に1カ月のリスク）をクリア

もし、どれかに引っ掛かるようでしたら、各国の政治経済で、何かおかしなことが起きていないか注意してください。特に、1カ月以下の期間で計算した99％VaRのどれかが2倍以上の値を取ってしまった場合などは、想定したリスクを大幅に越えているので、いったん閉じて仕切り直しも必要かもしれません。

私の想定リスク目安

ご参考までに、私自身が定めている目安をご紹介しておきます。経験的なものですが、次のような状況が発生した場合は、出航（エントリーのタイミング）失敗としていったん閉じるようにしています。

> 1日99% VaRの3倍の損失
> 1週間99% VaRの2倍の損失
> 1カ月99% VaRの1.5倍の損失

　VaRでは、スプレッドや手数料に関しては考慮していませんので、それらによる損失は事前に除外してください。また、売買に関わるコスト計算については、次で説明します。

7-4. リバランスについて

　マーケットへの出航がうまくいけば、次は航海途中の話です。運用が順調であれば、1年間は同じポートフォリオでそのまま運用を続けてもかまいませんが、マーケットは毎日少しずつ変化していきます。

　そこで運用の節目にポートフォリオに組み入れた通貨ペアや、そのウエイトを調整する必要が出てきます。その作業を「リバランス」と言います。

リバランスをすべきとき

　「7-2. 運用マニュアルの作成」では、利益が出すぎたり、損失が発生しすぎたりした場合はリバランスをしましょう、とお話ししました。ここで、リバランスが必要なタイミングについて整理してみたいと思います。

　まず基本は、運営開始時に想定していたリスクやリターンの値が、時間と共にズレてきたときです。例えば、最適化によってシャープレシオ1のポートフォリオを作成し、その運用を開始したとします。半年後に、ポートフォリオのリスク分析をしたところ、SRは0.5と半分になっていました。これは半年の間に、スワップリターンが下がったか、予想リスクが上昇したか、あるいはその両方によって起きた変化です。

　マーケットが落ちついている状態で、ゆるやかに数値が変化してい

るのであれば、ウエイトを再調整するだけの簡単なもので済みますし、経済ショックなどの金融危機でマーケットが激変した場合は、ゼロから組み立て直す必要があるでしょう。

　また、固有リスクの発生でSRが低下することもあります。例えば、スワップ金利の高い通貨ペアXXX/JPYの「買い」を組み入れていたところ、XXX側の政府が緊急利下げを行うと発表したとします。それが原因でSRが大きく下がってしまったのであれば、ポートフォリオから通貨ペアXXX/JPYを外して、別のものを組み入れるなどが必要でしょう。

レバレッジを調整する方法

　ここで、レバレッジを調整するリバランスのやり方をご紹介しておきます。金融危機などでマーケット自体のリスクが大きくなってきている状態では、運用しているポートフォリオのリスク（＝標準偏差）も増大します。

　2008年のリーマンショック時などでは、よくリスクコントロールされたポートフォリオでも一時的に4～5倍程度まで標準偏差が上昇しました。このような状況では、いくらリバランスをしてもあまりポートフォリオが改善されない傾向があります。そのような場合の対処方法は2通りあります。

1. ポジションを閉じる
2. 普段からポートフォリオのリスク（＝標準偏差）が一定となるようにポジションをコントロールする

　1の場合は、損失確定（301ページ以降）のところで説明しましたので、2についてお話しします。

リスクが高いときには、ポジション（保有単位）を減らすというオーソドックスな戦略ですが、ここではVaRの「標準偏差が大きくなればVaRも大きくなり」「ポジション額が小さくすればVaRも小さくなる」という性質を利用します。

　第6章では1年99％VaRから証拠金の額を決めましたが、ここでは逆に、最初から（例えば証拠金の2分の1など）1年99％VaRの上限値を決めてしまいます。

　そして普段から、マーケット状況に応じて変動するポートフォリオの1年99％VaRの値をチェックしておきます。マーケットのリスクが高まれば、ポートフォリオの標準偏差も増大してVaRの値が大きくなります。上限値を超えそうなときはポジション額を減らしてVaRを下げます。それによって1年99％VaRが常に、最初に想定した上限値（証拠金の2分の1など）を超えないようにします。つまり、どのようなマーケット状況になろうとも、常に一定のリスクしか取らないようにレバレッジを調整するわけです。

　このやり方ですと、リーマンショック時などには、レバレッジが何分の1にも縮小され、リスク回避型の保守的な運用となります。そして、マーケットが安定しリスクが低下してくれば、再びレバレッジを上げて積極的な運用に戻していけます。また、リスクの目標設定も決めやすくなります。完全にロスカットするわけではないので、投資家にとっても気が楽ではないでしょうか。この方法は、比較的大きな資金を運用している場合に適していると思います。

　いずれにしても、目的は収益の改善です。いくらいろいろと工夫しても、収益が改善されなければ、リバランスの意味はありません。

　とにかく、リバランスの考え方も投資家の数だけあります。1回ポートフォリオを組んだら、そのまま1年は放置という投資家もいます。過剰なリスクを取らなければ、それもありでしょう。実際、正しく最適化されたポートフォリオであれば、よほどの出来事が起きないかぎ

り、1年ぐらいは機能するものです。

逆に、マーケット状況を気にしないで、機械的に毎月1回の頻度でリバランスを行う投資家もいます。

利益の確定や、リスクの管理、リバランスのやり方、本当に人それぞれです。大切なのは最適な自分流を作り上げることです。

売買コスト

さて、リバランスには、タイミングややり方以外に、もう1つ重要なことがあります。それは売買コストです。リバランスにかかる売買コストは、次の条件式を満たすことを前提としてください。すべて年単位とします。

> リバランスによるリターンの改善 ＞ 売買による総コスト
> リバランスによるリターンの改善
> ＝（改善後SR －改善前SR）×改善前の予想リスク
> 売買による総コスト
> ＝1回当たりの売買コスト×年間リバランス回数

先ほどのポートフォリオAを例に、0.5まで落ちたSRをリバランスによって再び1に戻したとしましょう。改善前の予想リスクは今現在の標準偏差で、その値は10％だったとします。リバランスによるリターンの改善は（1－0.5）×10％＝5％になります。

したがってポジション額が100万円だとすると、その5％の5万円以内に売買による総コストを抑えなければなりません。もし、年間10回のリバランスを行うのであれば、1回当たりの売買コストは5万円÷10回＝5000円以内に抑えます。

そこで、1回当たりの売買コストを求める計算式もご紹介しておき

ます。これはリバランスで発生するスプレッドや、手数料による損失に当たります。

> 1回当たりの売買コスト＝
> pipsスプレッド×pips当たりの金額＋売買手数料×売買量

　このコスト計算は正確には出しにくいかもしれません。pipsスプレッドは固定されているもの以外、取引のタイミングによってバラツキが出るからです。取引量の少ないマイナー通貨の場合は、特に影響が大きいでしょう。

　プロの運用機関では、先ほどの条件式と同様の考え方による厳密なコスト計算を経てリバランス効果の判断をします。しかし、正直、発注環境が違う個人レベルの運用では、あまり厳密に計算しても意味がないかと思います。

　私は以前、分足やティックチャートを見ながら、少しでも有利になるよう必死にチャートを眺めて発注していました。しかし、長い目で見れば、有利不利は半々ぐらいで、何も考えずに発注するのと大して変わりませんでした。

　今は単純に、NY市場が開いている深夜0時ぐらいに注文を出しています。基本的にマイナー通貨の発注のときに気をつけているぐらいでしょうか。

　なお、業者によっては、実取引と同じ条件でデモ取引ができるところもあります。1回当たりの売買コストに関しては、取引業者の条件や約定具合など、個々の取引環境に応じてつかんでください。

　大切なのは、売買に過剰なコストをかけないことです。このことは年間当たりのリバランス回数に影響を与えます。過剰にコストがかかるようなら半年に1回、ほとんどコストがかからないようなら月に1回でも問題ないでしょう。

７−５．安定した資産運用を目指して

　ポートフォリオで運用していると、ときどき１〜２の通貨ペアが足を引っ張り、全体のポジション額の上昇を妨害しているように思えることがあります。そういうときは、ついイライラして、その通貨ペアを外したくなります。しかし、それはやるべきではありません。
　なぜなら、違う局面になると今まで足を引っ張っていたものが、逆にポジション額を支える役目に回るからです。ポートフォリオは全体でひとつの生き物です。歩くときに両足を同時に踏み出せないのと同じように、正しく最適化されたポートフォリオは、組み入れ通貨ペアのすべてが同時に利益を出すことはありません（**図7.5.1**）。
　とにかく安定したランニングを保つには、「余計なことをしない」に尽きます。

自分の収益源を思い出そう

　よくあるのが、途中からキャピタルゲイン狙いの変な欲が出て、ポートフォリオを崩してしまうことです。その結果、ポートフォリオの変動が大きくなってしまい、結局、損失になってしまうことがあります。たまたまうまく儲かることもあるかもしれませんが、偶然に得た利益はいずれ偶然によって失われます（**図7.5.2**）。
　月へ向かっている宇宙飛行士が、途中で火星のほうが魅力的に見えるからといって、進路変更することなどあり得ません。資産運用も同

図 7.5.1　正しいポートフォリオは「補い合う関係」

良好なとき

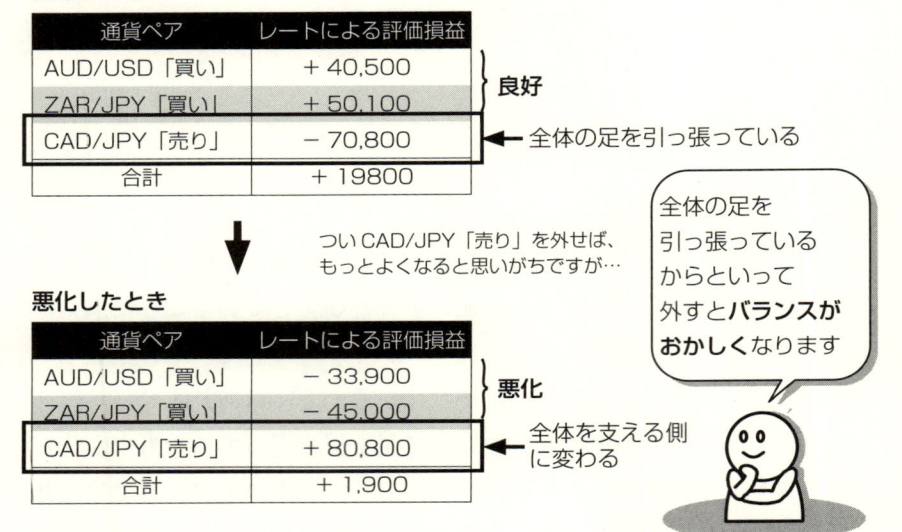

通貨ペア	レートによる評価損益
AUD/USD「買い」	＋40,500
ZAR/JPY「買い」	＋50,100
CAD/JPY「売り」	－70,800
合計	＋19800

AUD/USD「買い」、ZAR/JPY「買い」→ 良好
CAD/JPY「売り」← 全体の足を引っ張っている

つい CAD/JPY「売り」を外せば、もっとよくなると思いがちですが…

悪化したとき

通貨ペア	レートによる評価損益
AUD/USD「買い」	－33,900
ZAR/JPY「買い」	－45,000
CAD/JPY「売り」	＋80,800
合計	＋1,900

AUD/USD「買い」、ZAR/JPY「買い」→ 悪化
CAD/JPY「売り」← 全体を支える側に変わる

全体の足を引っ張っているからといって外すと**バランスがおかしく**なります

じです。

　また、どれほど綿密に運用マニュアルで事前の行動を決めても、実際の利益や損失を確定するときは、迷いの連続だと思います。「もっと儲かったのではないか？」「大底での損切りになるのではないか？」など、感情が邪魔をします。

　もし、ロスカットした直後にドローダウンが終わって、値が元に戻ってしまったらどうでしょうか。「ロスカットを我慢してりゃよかったな」と思うでしょうし、回復の機会損失だと悔しくなるかもしれません。

　しかし私は、それはそれで別にかまわないと思います。収益を狙うチャンスはいくらでもあります。また再エントリーすればよいだけの話です。

図 7.5.2　安易な作り変えはやめよう

順調に上昇しているから、キャピタルゲインを大きく狙ってポートフォリオを作り変えてみるか……

ポートフォリオを作り直したら…

変動が大きくなって損失

えーっ!?

マーケットは逃げない

　また、いくら万全の装備をしても、半年ぐらいは損失が続くこともよくあります。場合によってはドローダウンの回復に 1 年近くかかることもあります。それはどんな投資法でも起きる話です。些細な問題だと思って、気にしないようにしましょう。

　逆に、ちょっと儲かったからといって、必要以上に喜びすぎないようにしてください。投資の世界は無常です。喜びと苦痛はコロコロ入れ替わります。短期的な運用成績に一喜一憂していると精神がもちません。日頃からゆったりと構え、日常生活に支障をきたさないことが大切です。

　資産運用の目的はお金を増やすことですが、お金を増やす目的は、人生をよりよく充実したものにするためです。そのための手段が人生に苦しみを負わせてしまったら本末転倒です。

　資産運用は、落ち込まない、喜ばない、そして、焦らない！

7-6. メンタル面について

　相場関係の書籍では、メンタル面についてよく言及しています。
　「投資は戦略よりもメンタル面が大切である」。半分は正しいと思います。しかし、メンタルさえ鍛えれば投資がうまくいくという精神至上主義は間違いです。
　戦略が間違っていれば、どれほどタフな心を持っていても必ず破産します。メンタルも何もありません。
　まず必要なのは適切な戦略です。それがあって初めて、それを遂行する精神力が生まれます。両者が揃ってこそ、投資が成功するのです（図7.6.1）。

練習（＝事前の準備）さえ万全なら、恐れることはない

　ボクサーは試合の前に不安で眠れない日を過ごすといいます。彼の不安を打ち消す唯一の方法は、試合に向けたトレーニング以外にありません。それも、効果と能力を最大限に引き出す、科学的なトレーニングである必要があります。
　十分すぎるトレーニングをしながらも不安を抱えるのが人間です。しかし「ここまでやったのだ」という自信があれば、試合が近づくにつれて、むしろボクサーの心は落ち着いてくると聞きます。一方トレーニングが量、質ともに不十分だったなら、いくらメンタル面の強化で不安を解消しても結果にはつながりません。

図 7.6.1　投資を成功させるには

適切な戦略
- ●運用計画
- ●運用マニュアル
- ●売買ルール

メンタル面
- ●遂行力
- ●判断力
- ●冷静さ

両方とも必要です！

投資も似ています。たいした準備も行わずに、適当な情報や感覚をもとにポジションを取った場合、少しでも損失が出始めたら、どうすればいいのか分からずにオロオロしてしまうでしょう。

逆に「これだけの準備をしたのだから、あとはそれに従うだけ」という境地に至っていれば、メンタルの強化はもはや関係ありません。ただ淡々と自分の戦略に従うだけです。

綿密な準備が強いメンタルをつくる

そういう意味でも、ポートフォリオの最適化、リスク分析、運用マニュアルの作成は、単なる作業ではなく、強いメンタルを築き上げるための大切な過程でもあります。

何度でも一連の作業を繰り返し、ミスがないかチェックし、万全の状態にまで自分の心を高めてください。綿密に準備すれば、メンタル面の調整はすでに備わっています（**図7.6.2**）。

たとえ、損失が出て自分のエントリーが撤退に終わったとしても、すぐに次の段取りが用意できていることで、撤退に失敗して塩漬けに

図 7.6.2 綿密な準備がメンタルを鍛える

> メンタル面は、それだけを独立して鍛えるものではありません
> トレードや資産運用の戦略作成、テスト運用などのプロセスを経て、
> 複合的に積み上げていくものなのです

するようなことはありません。不相応に過剰なレバレッジを取りすぎてマージンコールを食らうこともありません。

どこの誰が書いたのかも分からないような、ネットで出回る怪しい情報に振り回されることもなくなるでしょう。

7-7. トレード派との複合戦略

　せっかくなので、スワップ派の応用的な使い方として、トレード派との複合戦略についても、ほんの少しだけ触れておこうと思います。

　本書では「スワップ派はキャピタルゲインを狙わない」と繰り返しお話ししてきました。それは、利益の源泉を明確にしなければ、適切な戦略が作れないからです。

　キャピタルゲイン狙いのトレード派であれば、トレード派としての戦略を作るべきであり、スワップ派ならスワップを得るための明確なロジックで戦略を組み立てる必要があります。両者は別物として考えましょう。

　では「トレード派戦略を絶対に混ぜてはいけないのか？」というと、そうではありません。組み合わせによっては、案外、面白い手法もあります。

　もちろんその場合でも、まず収益の源泉をシッカリと見定め、それに対してどのようにアプローチするのか、スタンスを決めておくことが大切です。複合戦略だからといって、あいまいな前提条件とするのではなく「スワップ派運用をベースにしながら、一部キャピタルゲインも狙う」という点を、しっかりと定義づけておきましょう。

　手法はいくつかあるのですが、私自身もときどき行っているトレード法で汎用性の高いものを、2つほどピックアップしてご紹介します。

複合戦略その1

　まず、ひとつ目は、リターンリバーサルの性質を利用したものです。

　スワップ派のポートフォリオを運用していると、年に何度かは、評価額の推移グラフが崩れるときがあります。金融市場に何らかの問題が起きたためにマーケットが荒れるようなときです。

　そのようなときは、利益確保やロスカット、あるいはリバランスなどで対応するのが基本的なやり方ですが、逆にそのような状況を利用して、売却差益を狙ってみるのもアリです。

　ポートフォリオの評価額が妥当な推移水準から極端に乖離した場合、これが元の水準に戻ることを見越して、売られすぎの場合は「買い」で、買われすぎの場合は「売り」で仕掛けます。

　また、個々の保有通貨ペアについても、その推移を調べて、ポートフォリオ全体の動きから特に大きく乖離した個々のものをピンポイントで狙っていくやり方もあります。

　通常、図7.7.1のような評価額の崩れは、時間の経過とともに収束します。そこを利用します。

　どこで仕掛けるか、どこで決済するかの判断は、基本的に、正規分布を参考にします。確率的に低いと思われる分布レベルで仕掛け、適正水準の位置にきたときに決済をします。

　当然、思惑が外れた場合の確率も用意しておきます。失敗したと判断したら、躊躇なくロスカットです。

　それらの具体的な水準値に関しては、過去データからバックテストをして、乖離値や反動予測値などの確率を求めて、どの程度のリスクまで取れるかを計算します。今回は、紙幅の関係上、概念の説明だけにとどめましたが、検証手法などについては、いずれ機会があれば詳しくご報告したいと思います。

　なお、このリターンリバーサルの性質を利用して、売買判断や銘柄

図 7.7.1　評価額の下落は売買チャンスの可能性あり

ポートフォリオのレート評価額

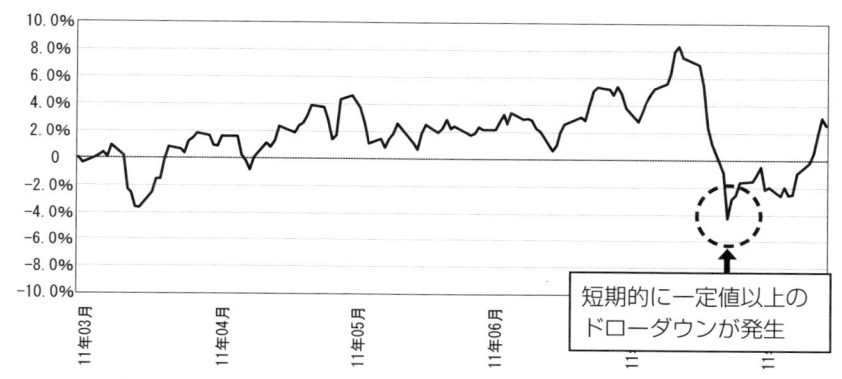

（短期的に一定値以上のドローダウンが発生）

ポートフォリオに組み込まれた個々の通貨ペアの動きを見てみよう

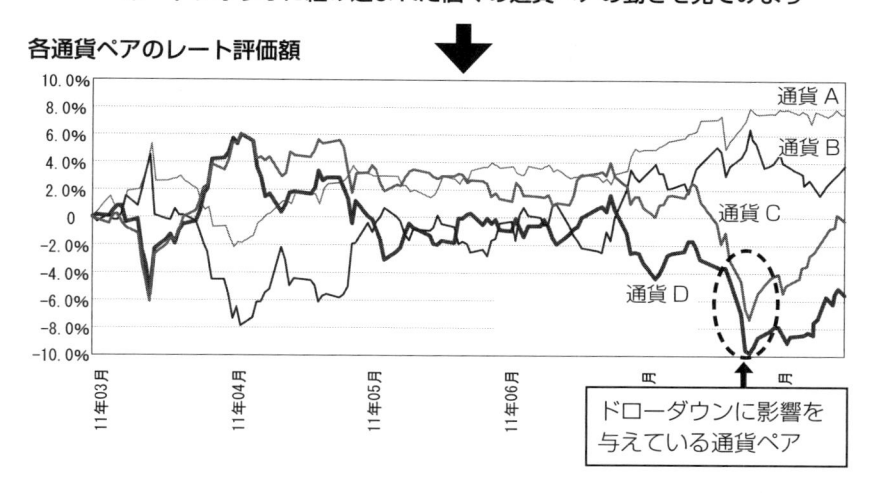

各通貨ペアのレート評価額

通貨A／通貨B／通貨C／通貨D

（ドローダウンに影響を与えている通貨ペア）

組み換えをするという考え方は、機関投資家のファンドマネジャーにも広く利用されているようです。

複合戦略その２

　２つ目は、比較的長期を狙ったトレードに対して、スワップ派のポー

図7.7.2　スワップ運用を「保険」にする手法

●トレード用ポジション

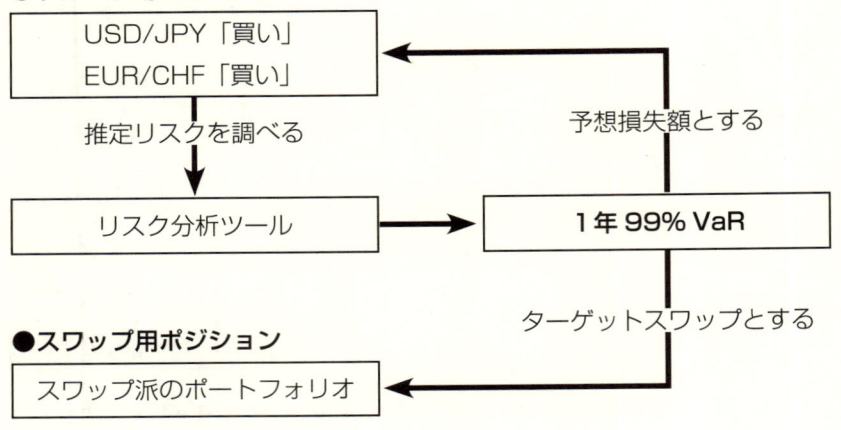

```
┌─────────────────────┐
│  USD/JPY 「買い」    │ ──────────────┐
│  EUR/CHF 「買い」    │   予想損失額とする
└─────────────────────┘                │
      │ 推定リスクを調べる              │
      ↓                                │
┌─────────────────────┐       ┌─────────────────┐
│   リスク分析ツール   │ ────→ │  1年 99% VaR    │
└─────────────────────┘       └─────────────────┘
                                       │
                                ターゲットスワップとする
●スワップ用ポジション                  │
┌─────────────────────┐                │
│ スワップ派のポートフォリオ │ ←────────┘
└─────────────────────┘
```

トフォリオを組むことで損失の軽減を図り、うまくいけば一石二鳥となるやり方です。

　例えば、USD/JPYとEUR/CHFが上昇すると予想したとします。この予想はファンダメンタルな判断でもテクニカルな判断でもかまいません。それを買うことでキャピタルゲインが得られると予想し、トレード派としての保有計画を立てたとします。

　このとき、証拠金とレバレッジを決めてから、それらを「リスク分析ツール」に入れて、「推定リスク」を求めるのです。

　次に、その推定リスクから、例えば1年99%VaRを求めます。それをトレードが失敗したときの予想損失額とするのです。

　この段階で証拠金がゼロになる金額が出たら「無茶なトレード」ということです。損失が証拠金の半分以下になるよう調整しましょう。

　そして今度はその金額をターゲットスワップとして、スワップ派のポートフォリオを組みます**(図7.7.2)**。つまり、トレード派としての売買がメインでありながら、損失が発生したときのためにスワッ

トレード派とスワップ派はケンカする関係ではない

プで保険をかけておくわけです。失敗してもスワップで損失を軽減でき、成功すればキャピタルゲインとスワップが手に入ります。

　ここで若干ややこしいのが、トレード派とスワップ派の資金配分です。もし手元に100万円があるとしたら、最初は50万円ずつ均等に分けてシミュレーションしてみてください。そのうえで相互の資金調整を図っていきます。

　ご紹介した2つの方法は、いずれも応用例は幅広く、これだけで、もう一冊分の本が書けるぐらいのポテンシャルを持っています。
　ただし、気をつけてほしいのが、トレード派とはいえ、一攫千金を狙ったものではありません。狙う利益は極めて現実的な値となります。
　投資家は誰でも、一攫千金の夢を持っていると思います。しかし、ハイリターンはハイリスクです。
　私の知り合いにも、安定した成績を維持している優秀なトレード派が何人かいます。彼らに共通しているのは、空想の世界には住んでいないということです。あくまで現実を見据え、派手な利益を狙って過剰なリスクを取らず、地味に収益を積み重ねるスタイルを貫いています。

7-8. 投資家はリアリストであるべき

　投資の世界は非情です。シンデレラがたくさんいるようなファンタジーの世界ではなく、大量の屍が散乱する世界であることをまず認識してください。

　こう書くと、とても悲観的に思われるかもしれません。しかし、現実をシッカリと見据えたところから、「では、どうすればよいのか？」という建設的な意識が芽生えます。そのために、徹底したリアリストである必要があります。

　この世界には、どんなマーケット状況でも、チャートを正確に予測するすばらしいテクニカル指標や、自分だけが知ることのできる極秘のファンダメンタル情報などはありません。もし、そういうモノの探求が投資の勉強だと思っている方がいたら、今すぐ改めるべきでしょう。その手の努力が収益に結びつくことはありません。

　もちろん、完璧な予測は無理でも、ある程度の方向性はファンダメンタルやテクニカルなど、さまざまな分析手法で予測することが可能かもしれません。

　しかし、どれだけ努力をしても、為替レートの方向を予測し続けることは、やはり難しいのです。ある時期に通用した手法が、別の時期にまったく通用しなくなることが、当たり前のように起きます。

　一方でスワップ派は、スワップ金利のみを収益の源泉とすることで、最初からキャピタルゲインによる収益は狙いません。為替レートの方向を予測することは放棄しています。代わりに、ポートフォリオ理論

> 1年もすれば億万長者だ！

> このポジションが1年後に
> **利益を得る確率**は32%
> **損失確率**は68%
> **破産する確率**は52%…

どれだけ楽しい夢を見るかではなく、どれだけ厳しく現実を直視するかが重要！

によって、資産の変動そのものをリスクとしてコントロールします。正しく最適化されたポートフォリオは資産変動を抑え、長期的に安定した運用を目指すことができます。

　私は、堅実な資産運用をしたいと考える個人にとって、スワップ運用は非常に適したやり方だと考えています。明確で統計的な理論根拠があるぶん、学習努力が収益に結びつきやすいからです。

　特に言いたいのは「短期間で高い収益を得る確実な方法などない」ということです。どんな投資法であれ、高いリターンを得るには相応の高いリスクを取らなければなりません。短期間での一攫千金には夢がありますが、それはあっという間に悪夢へと変わります。

　個人投資家は、必勝法の探求や、不確かな情報をもとにしたギャンブルに走るべきではありません。自らが明確に定めた適切なリスクとリターンを追求することに、その努力を向けるべきです。

　スワップ派は、そのような投資家の学習努力に対して明確に応えてくれる、非常に有効な投資法だと思います。ぜひ、本書で得た知識や学んだことを、あなたの運用に役立ててください。

北山広京のクオンツコラム⑦
機関投資家 vs. 個人投資家

　機関投資家はどのような運用をしていると思いますか？
　個人投資家には絶対に手に入らないような情報を入手したり、スーパーコンピュータを駆使して、非常に有利な運用をしていると思われているでしょうか。

　実際には、そんなことはありません。機関投資家のファンドマネジャーは、法的規制を含むさまざまなルールによってガチガチに縛られており、その点だけでも個人投資家に比べて不利な運用をせざるを得ません。また、相互チェックの仕組みも強化され、インサイダー情報で売買などしようものなら、まず間違いなく失職することになります。

　以前は、機関投資家にしか購入できない投資対象や情報もたくさんありましたが、現在はインターネットの普及によって、個人投資家でも多様な金融商品を購入できるようになりました。情報も機関投資家とほとんど遜色のないレベルでリアルタイムに見ることが可能です。
　いま現在、個人投資家は機関投資家に対してむしろ勝る環境にあるといってよいと思います。

　また、ほとんどのファンドマネジャーはサラリーマンです。皆さんが気軽に買える投資信託は、保身第一のサラリーマンによって運用されているものです。彼らにとってのリスクとは、会社をクビになることであって、けっして運用資金を拠出してくれる投資信託を購入するお客様の資産が目減りすることではありません。

　結局のところ、個人投資家がしっかりと知識を身につけて、自分で運用することこそが、もっともリスクを減らすことにつながるのです。

あとがき

　もともと建築デザインを専門としてきた私が、畑違いである投資関係の本を執筆する機会を得たのは、本当に不思議な縁からでした。

　私自身、本業の合間に趣味で始めた投資でしたが、凝り性だったせいか夢中になって、今日まで、さまざまな投資理論を勉強し、実践してきました。そのなかでも、本書でご紹介したFXのポートフォリオによる運用は、個人投資家にとって本当に優れた投資手法のひとつだと思います。

　数年前から、本書を世に出すのは自分の使命とまで考え、ずっと構想を練ってきました。今回このような形で実現したことを本当に嬉しく思います。

　もちろん、私1人の力では到底成し得ませんでした。

　特に、監修者の北山広京氏には、本業のクオンツ業務が忙しいなか、本の内容チェックからツールの作成に至るまで、相当な時間と労力を割いていただきました。私の理解不足な質問に対しても、ことさら辛抱強く返答してもらったことと思います。彼の存在なくして、本書はあり得ません。

また、パンローリング社の編集である世良敬明さん、高倉美緒さんには大変お世話になりました。高倉さんには、私が途中、何度も行き詰まり、原稿がストップするたびに、「一緒に協力して良い本にしましょう」と、温かい励ましの言葉をいただきまして、精神的にもずいぶん助けられました。

　そのほかにも、さまざまな方々に関わっていただきました。改めてこの場を借りてお礼を申し上げたいと思います。ありがとうございました。

結喜たろう

投資は学習努力が成績に反映されにくい世界ですがこのスワップ手法は、比較的、努力が利益に結びつきやすくストレスも少ないやり方のひとつだと思います
ぜひがんばってくださいね！

■著者紹介
結喜たろう(ゆうき・たろう)
本名は外尾幸洋(ほかお・ゆきひろ)。東京都立大学大学院工学研究科卒。一級建築士。都市計画・建築設計などのデザイン系事務所、不動産事業などを経て、株式会社山幸投資事業部を設立。現在、空間建築などのデザイン業務のかたわら、不動産、株式、先物、FXを利用した投資事業を行っている。
http://portstudio.jp/

■監修者紹介
北山広京(きたやま・ひろき)
日本証券アナリスト協会検定会員。現在、大手運用会社にてクオンツ責任者として勤務。本業では新たにグローバルアロケーションモデルの作成を開始。運用系システムはデータベースから最適化まで、すべて自作することをモットーとする。

2012年2月3日　初版第1刷発行

FXで究極の海外投資
為替変動に左右されない金利貯蓄型運用

著　者	結喜たろう
監修者	北山広京
発行者	後藤康徳
発行所	パンローリング株式会社
	〒 160-0023　東京都新宿区西新宿 7-9-18-6F
	TEL 03-5386-7391　FAX 03-5386-7393
	http://www.panrolling.com/
	E-mail　info@panrolling.com
装　丁	パンローリング装丁室
組　版	パンローリング制作室
印刷・製本	株式会社シナノ

ISBN978-4-7759-9111-4

落丁・乱丁本はお取り替えします。
また、本書の全部、または一部を複写・複製・転訳載、および磁気・光記録媒体に
入力することなどは、著作権法上の例外を除き禁じられています。

本文・イラスト　©Taro Yuki 2012 Printed in Japan

［免責事項］
※本書およびサンプルに基づく行為の結果発生した障害、損失などについて著者および出版社は
一切の責任を負いません。
※本書に記載されている URL などは予告なく変更される場合があります。
※本書に記載されている会社名、製品名は、それぞれ各社の商標および登録商標です。
※ Windows® および Microsoft Excel は、米国 Microsoft Corporation の米国およびその他の国に
おける登録商標または商標です。

Chart Gallery 4.0
for Windows

パンローリング相場アプリケーション
チャートギャラリー
Established Methods for Every Speculation

最強の投資環境

成績検証機能つき

● 価格（税込）
チャートギャラリー 4.0
- エキスパート　147,000 円
- プロ　84,000 円
- スタンダード　29,400 円

お得なアップグレード版もあります

www.panrolling.com/pansoft/chtgal/

チャートギャラリーの特色

1. **豊富な指標と柔軟な設定**
   指標をいくつでも重ね書き可能
2. **十分な過去データ**
   最長約30年分の日足データを用意
3. **日々のデータは無料配信**
   わずか3分以内で最新データに更新
4. **週足、月足、年足を表示**
   日足に加え長期売買に役立ちます
5. **銘柄群**
   注目銘柄を一覧表にでき、ボタン1つで切り替え
6. **安心のサポート体勢**
   電子メールのご質問に無料でお答え
7. **独自システム開発の支援**
   高速のデータベースを簡単に使えます

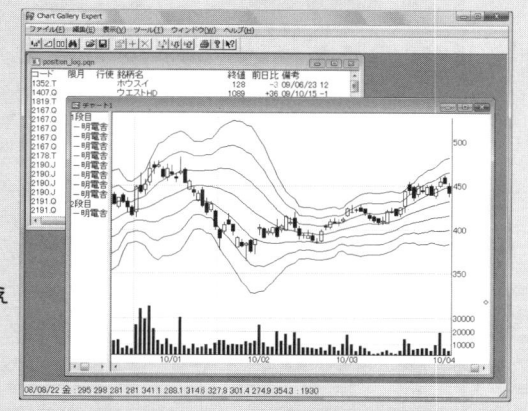

チャートギャラリー　エキスパート・プロの特色

1. 検索条件の成績検証機能 [エキスパート]
2. 強力な銘柄検索 (スクリーニング) 機能
3. 日経225先物、日経225オプション対応
4. 米国主要株式のデータの提供

検索条件の成績検証機能 [Expert]

指定した検索条件で売買した場合にどれくらいの利益が上がるか、全銘柄に対して成績を検証します。検索条件をそのまま検証できるので、よい売買法を思い付いたらその場でテスト、機能するものはそのまま毎日検索、というように作業にむだがありません。

表計算ソフトや面倒なプログラミングは不要です。マウスと数字キーだけであなただけの売買システムを作れます。利益額や合計だけでなく、最大引かされ幅や損益曲線なども表示するので、アイデアが長い間安定して使えそうかを見積もれます。

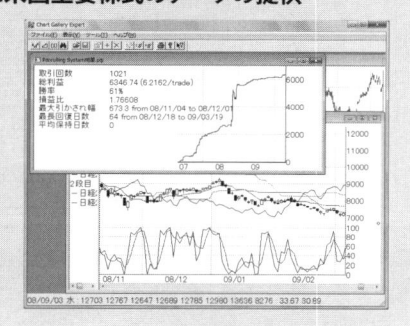

がんばる投資家の強い味方　Traders Shop

http://www.tradersshop.com/
24時間オープンの投資家専門店です。

パンローリングの通信販売サイト**「トレーダーズショップ」**は、個人投資家のためのお役立ちサイト。書籍やビデオ、道具、セミナーなど、投資に役立つものがなんでも揃うコンビニエンスストアです。

他店では、入手困難な商品が手に入ります!!

- ●投資セミナー
- ●一目均衡表 原書
- ●相場ソフトウェア
  チャートギャラリーなど多数
- ●相場予測レポート
  フォーキャストなど多数
- ●セミナーDVD
- ●オーディオブック

ラリー・ウィリアムズの
フォーキャスト
2012 上半期
年11000%の男
世界市場の方向性と転換点

ここでしか入手できないモノがある。

さあ、成功のためにがんばる投資家は
いますぐアクセスしよう!

トレーダーズショップ 無料 メールマガジン

●無料メールマガジン登録画面

トレーダーズショップをご利用いただいた皆様に、**お得なプレゼント**、今後の**新刊情報**、著者の方々が書かれた**コラム**、**人気ランキング**、ソフトウェアのバージョンアップ情報、そのほか投資に関するちょっとした情報などを定期的にお届けしています。

**まずはこちらの
「無料メールマガジン」
からご登録ください!**
または info@tradersshop.com まで。

パンローリング株式会社

お問い合わせは

〒160-0023　東京都新宿区西新宿 7-9-18-6F
Tel：03-5386-7391　Fax：03-5386-7393
http://www.panrolling.com/
E-Mail　info@panrolling.com

携帯版